Karl Feldmeyer

Schwierige Heimkehr

Karl Feldmeyer

# Schwierige Heimkehr

Neusiedler
auf altem Boden

Siedler

# Inhalt

# Vorbemerkung

Nordöstlich von Stavenhagen in Mecklenburg liegt ein Naturdenkmal, der Eichenhain von Ivenack. Seinen Bäumen sieht man ihr Alter an. Riesen gleich ragen ihre jahrhundertealten Stämme empor, und an ihren Ästen sproßte im Frühjahr 1996 das helle Grün ihrer Blätter so, wie schon im Frühjahr des Jahres 996 und in jedem Frühjahr seither. Tausend und mehr Jahre haben in den Jahresringen Spuren hinterlassen. Das macht ihre Faszination aus. Selbstverständlich stehen sie unter Schutz. Das war auch vor der Wiedervereinigung nicht anders, denn Naturdenkmäler hielt die DDR für erhaltenswert. So durchwuchsen die Eichen von Ivenack die vierzig Jahre DDR ebenso unbeschadet wie zuvor schon das dritte, das zweite und das erste Reich der Deutschen.

Der Respekt vor dem mit der Zeit Gewachsenen und in ihr Verwurzelten ist in diesem Jahrhundert jedoch Ausnahme, nicht Regel. Auf dem Weg zum Eichenhain passiert der Besucher Schloß und See Ivenack, die bis 1945 der Familie von Maltzahn gehörten. Auch sie war hier über Jahrhunderte verwurzelt. 1945 wurden die Maltzahns enteignet und vertrieben, so wie alle Großgrundbesitzer in dem sowjetisch besetzten Teil Deutschlands. Damals wurden Tausende von Familien aus ihrer Heimat herausgerissen, was großes Leid bedeutete. Bei einigen reichen die Wurzeln ebenso tief in die Vergangenheit wie die der Eichen von Ivenack.

Für fast alle Betroffenen war dies ein unumkehrbarer Vorgang. Aber es gibt Ausnahmen. Angehörige einiger der alten adligen Familien, die über Jahrhunderte in Mecklenburg, Sachsen-Anhalt, Brandenburg, Thüringen und Sachsen ansässig und mit der Landesgeschichte oft eng verbunden waren, haben sich nach der Wiedervereinigung zur Rückkehr entschieden. Damit versuchten sie zugleich eine Entwurzelung rückgängig zu machen und neu zusammenzufügen, was vor einem halben Jahrhundert mit Gewalt auseinandergerissen worden war. Von einigen dieser Familien und von den Orten, an die sie zurückgekehrt sind, ist in diesem Buch die Rede. Sympathie für sie sowie für die Menschen und das Land, in das sie zogen, sind Motiv für sein Entstehen.

# Friedrich-Christoph von Saldern:
## Das Haus vor dem Deich

Wenige Kilometer südöstlich von Schnackenburg, wo bis 1990 die innerdeutsche Grenze zwei Welten voneinander trennte, liegt das knapp fünfhundert Einwohner zählende Beuster. Zu DDR-Zeiten gab es hier eine LPG – eine Landwirtschaftliche Produktionsgenossenschaft – und eine Molkerei. Beide sind längst verschwunden. Fünf ehemalige LPG-Mitglieder bewirtschaften ihr Land inzwischen wieder selbst. Den größten Teil der einstigen Fläche aber hat ein Agrar-Unternehmer aus Holland gepachtet. Er verfügt über mehr als 3000 Hektar und ist damit der wirtschaftlich bestimmende Faktor in der kleinen Gemeinde.

Zur Elbe führt ein schmaler Weg über den Deich, der das Dorf schützt, wenn der Fluß das breite Hochwasserbett füllt. Mitten in dem Überschwemmungsgebiet zwischen dem eigentlichen Flußbett und dem Damm liegt ein künstlich geschaffener Hügel, eine Warft. Auf ihr standen einmal zwölf Gehöfte mit Wohnhäusern, Stallungen und Scheunen. Nur wenige Gebäude haben die DDR überdauert, die meisten zerfielen, denn die DDR hatte ein totales Bau- und auch Reparaturverbot erlassen. Sie begründete das mit der Hochwassergefahr, der die Warft ausgesetzt sei, was mancher für einen Vorwand hielt. Unzweifelhaft war zumindest, daß der SED jede Begründung gelegen kam, die sie in die Lage versetzte, bäuerliche Mentalität und bäuerliche Strukturen sowie all das zu zerstören, was an sie erinnerte. Dazu gehörten vor allem die Bauernhöfe.

Kurz nach der Wiedervereinigung ereignete sich hier etwas Ungewöhnliches. Ein Neubau wurde errichtet, ein schmuckes Fachwerkhaus aus handgeschlagenen Ziegeln mit tief heruntergezogenem Walmdach, allen Einsprüchen der zuständigen Baubehörde zum Trotz, die sich dem Bau nach Kräften widersetzte. Nicht minder ungewöhnlich wie der Bau selbst ist der Bauherr, Friedrich-Christoph von Saldern. Von Murnau am oberbayrischen Staffelsee zog er in diesen entlegenen Winkel an der Grenze zwischen Sachsen-Anhalt, Brandenburg, Niedersachsen und Mecklenburg-Vorpommern. Die Abgeschiedenheit seines neuen Heims ist schwer zu übertreffen. Von der Anhöhe der Warft streift der Blick von keinem Bau behindert weit hinüber ans andere Ufer der Elbe. Wald und Wiesen reichen bis zum fernen Horizont. Im Herbst fallen Tausende von Wildgänsen in die Elbauen ein. Kraniche und Störche, Reiher, Fisch- und Seeadler, ja selbst der scheue Schwarzstorch sind hier zu Hause – aber nur wenige Menschen.

Friedrich-Christoph von Saldern ist mit seinem Entschluß, sich hier niederzulassen, von mehr abgewichen als von den Normen der Baubehörden. Wenn einer 64 Jahre alt ist und im oberbayrischen Murnau seinen gerade fertiggestellten Alterssitz bezogen hat, dann ist ein Umzug ins Hochwasserbett der Elbe erklärungsbedürftig. Wer hierherzieht, setzt sich nicht nur den Gefahren der Naturgewalten aus, sondern vor allem den Widrigkeiten und Problemen einer vom Umbruch und von seinen wirtschaftlichen Nöten gebeutelten Gegend, in der es an vielen Dingen fehlt, die zu den Annehmlichkeiten des Lebens gezählt werden.

Die erste, die über Salderns Ankunft in lautes Erstaunen ausbrach, war die Pfarrfrau von Beuster, Frau Krüger. »Wieso kommen Sie denn hierher? Ich würde lieber heute als morgen nach Bayern gehen. Das kann ich nicht verstehen.« Das war im Februar 1990. Am 9. November, drei Monate zuvor, war die Mauer geöffnet worden, am 22. Dezember ein Durchgang am Brandenburger Tor. Noch standen die Grenzanlagen, noch gab es »DDR-Organe« an den Grenzübergangsstellen, aber ihre Tätigkeit war schon zur Formalität geworden.

Damit gab es für Friedrich-Christoph von Saldern kein Halten mehr. Er setzte sich in sein Auto und fuhr dorthin, wo die Salderns 393 Jahre lang, von 1552 bis 1945, ansässig gewesen waren: in die einstige »Herrschaft Plattenburg-Wilsnack« an der Elbe. Als die Familie 1945 von dort vertrieben wurde, war Friedrich-Christoph siebzehn Jahre alt, schwer verwundet und in Kriegsgefangenschaft. Das Elternhaus in Bad Wilsnack hatte er lange zuvor verlassen. Als Schüler des damals renommierten Internats Misdroy östlich von Stettin war er 1943 mit gerade fünfzehn Jahren als Marinehelfer dienstverpflichtet und als Flakhelfer nach Swinemünde einberufen worden. Der Arbeitsdienst schloß sich nahtlos an.

Im Dezember 1944 wurde von Saldern zur Wehrmacht eingezogen. In Berlin-Stahnsdorf erhielt er eine Grundausbildung als Panzer-Aufklärer, während sich die Rote Armee zum Vorstoß von der Weichsel zur Oder rüstete. Nach ersten Scharmützeln mit den vorrückenden Russen wurde er Ende März aus der Front östlich Berlins »herausgezogen« und ins thüringische Meiningen abkommandiert, um einen Offiziersbewerberlehrgang zu absolvieren. Als er mit seiner Einheit dort ankam, waren die Amerikaner bereits im Thüringer Wald. Bei einem Spähtrupp wurde er schwer verwundet und gefangengenommen. Bis November 1945 lag er im Lazarett, ambulant mußte er sich bis 1947 behandeln lassen.

Trotz dauerhafter Schäden an der rechten Hand eröffnete sich ihm nach Kriegsende ein neues Leben. 1948 holte er das Abitur nach und begann im Rheinland eine Landwirtschaftslehre. Sie war der erste Schritt in die Laufbahn des Landwirtschaftsinspektors und erwies sich als richtige Berufswahl. Die letzten 26 Jahre verbrachte von Saldern in Bayern als Güterdirektor. Ehrenamtlich setzte er sich Jahrzehnte für die berufsständischen Interessen der Land- und Forstwirtschaft und im sozialen Bereich ein. So war er Mitglied der Arbeitgeberverbände Oberbayern/München, Angehöriger von drei Tarifkommissionen und im Vorstand der Allgemeinen Ortskrankenkasse Oberbayern. Seit 1959 begleitet ihn seine Frau, die aus Vorpommern stammt und mit ihm das Schicksal der Vertreibung teilt. Das also war sein Leben bis zum Ende der DDR.

Wenn es noch eines Beweises dafür bedürfte, daß nicht nur das Sein das Bewußtsein beeinflußt, sondern umgekehrt das Bewußtsein das Sein prägen kann, Friedrich-Christoph von Saldern wäre als Beleg dafür bestens geeignet. Nicht nur die knapp siebzig Jahre seit seiner Geburt haben sein Leben geprägt. In ihm ist auch die

11

Geschichte seiner Familie lebendig. Sie hat sein Handeln und sein Selbstverständnis mitgeformt.

Die Salderns sind in der Mark Brandenburg, zu der ursprünglich ja auch die Altmark gehörte, seit vielen Jahrhunderten zu Hause. Aus dem Dorf Saldern bei Braunschweig stammte Mathias von Saldern. 1552 erwarb er als kurfürstlich-brandenburgischer Oberstkämmerer die »Herrschaft Plattenburg-Wilsnack«. Friedrich-Christophs Vater Achaz übernahm Wilsnack 1922.

1945 war der Familienbesitz verloren. Die Plattenburg, das Schloß Wilsnack und das Gutshaus in Klein Leppin wurden geplündert. Schloß Wilsnack – Friedrich-Christophs Elternhaus – und das Gutshaus Klein Leppin sind inzwischen abgerissen worden. Die Betriebe wurden beschlagnahmt und im Rahmen der sogenannten »Bodenreform« zunächst an Neubauern aufgeteilt und dann in Landwirtschaftliche Produktionsgenossenschaften überführt. Heute befinden sich etwa siebzig Prozent aller enteigneten früheren Guts- und Waldflächen im Besitz des Bundes und sollen gemäß den Bestimmungen des Treuhandgesetzes privatisiert werden.

Der Zusammenbruch im Jahre 1945 war total, insbesondere für die Deutschen im Osten, die vertrieben und enteignet wurden – und das waren nicht nur die einstigen Großgrundbesitzer, sondern fast ebenso viele Bauern, Fabrikbesitzer und Handwerker. Hoffnungen, das Verlorene wiederzugewinnen, erschienen zwar nicht realistisch, bestanden bei vielen aber insgeheim dennoch. Bei Achaz von Saldern fanden sie in seinem Testament Niederschlag, in dem er – für alle Fälle sozusagen – die 1700 Hektar Land seines einstigen Besitzes auf seine vier Söhne verteilte. Friedrich-Christoph erhielt davon den »Saldernschen Werder«, 310 Hektar Land am linken Elbufer, davon zwanzig Hektar Wald. Das übrige Gelände ist, weil Überschwemmungsgebiet, nur als Grünland nutzbar. 1990 war dieses Erbe für ihn ein wichtiges Motiv dafür, nach Wilsnack und nach Beuster zu fahren, jenem 500-Seelen-Dorf, das, direkt hinter dem hohen Elbdeich gelegen, an das ihm vererbte Land angrenzt. Ebensowichtig war für ihn sein Wunsch, dem Land und seinen Menschen dabei zu helfen, die Folgen eines gescheiterten Systems zu überwinden und, wo gewünscht, Hilfestellung zu leisten.

*Die Salderns sind in der Mark Brandenburg, zu der ursprünglich ja auch die Altmark gehörte, seit vielen Jahrhunderten zu Hause. Aus dem Dorf Saldern bei Braunschweig stammte Mathias von Saldern. 1552 erwarb er als kurfürstlich-brandenburgischer Oberstkämmerer die »Herrschaft Plattenburg-Wilsnack«. Schloß Wilsnack, 1724 erbaut, gemalt von Erwin v. Hassen.*

1945 war der Familienbesitz verloren. Die Plattenburg, das Schloß Wilsnack und das Gutshaus in Klein Leppin wurden geplündert. Schloß Wilsnack, das 1976 ausgebrannt war, und das Gutshaus Klein Leppin sind inzwischen abgerissen worden. Mittelrisalit von Schloß Wilsnack in einer Aufnahme von 1972.

*Wenige Kilometer südöstlich von Schnackenburg, wo bis 1990 die innerdeutsche Grenze zwei Welten voneinander trennte, liegt Beuster. Auf der Warft, wo früher einmal zwölf Gehöfte standen, baute Friedrich-Christoph von Saldern sein »Haus vor dem Deich«.*

Es war also eine weitgespannte Zielsetzung, mit der sich von Saldern im Februar 1990 auf den Weg machte. Ihr entsprach die Vielfalt der Gesprächspartner, die er damals aufsuchte. Zu jener Zeit war er einer von vielen, die in Richtung Osten aufbrachen. Was ihn von manchem anderen unterschied, das waren klare Zielsetzungen, gesellschaftspolitisches Engagement, Lebenserfahrung und fachliche Fähigkeiten. Er wollte sein Erbe antreten, sich eine neue Heimstatt in der alten Heimat einrichten und damit die Voraussetzung für gesellschaftspolitische Aktivitäten schaffen, für Dinge also, die er über Jahrzehnte hin in Westdeutschland mit Erfolg betrieben hatte und die er von der Pike auf beherrschte: die Land- und Forstwirtschaft, vor allem aber die Verbandsarbeit. Dies alles machte ihn unter den alten wie den neuen Mitbürgern zu einer Erscheinung, die von der Norm abwich. Es lag ihm mehr daran, etwas für die Allgemeinheit als für sich selbst zu tun.

Was macht man, wenn man nach mehr als 45 Jahren erstmals wieder die Orte der Kindheit besucht? Man sucht seine einstigen Schulfreunde und Nachbarn auf – sofern man sie noch findet. Von Saldern war in Bad Wilsnack erfolgreich; hier gab man ihm einen ersten Hinweis. Rasch folgten Besuche bei Bürgermeister und Pastor, den Direktoren der Landwirtschaftlichen Produktionsgenossenschaften (LPGs) und Volkseigenen Güter, beim gerade erst installierten Landrat und bei der Kreisverwaltung. Nachdem er sich so einen Überblick verschafft hatte, fuhr er auf die andere Seite der Elbe, dorthin, wo sein Erbteil liegt, am Rande des 500 Einwohner kleinen Dorfes Beuster.

Ein schmaler Fußweg führt über den Deich in das Hochwassergebiet der Elbe zur langgestreckten Warft, die unmittelbar an den »Saldernschen Werder«, Friedrich-Christophs Erbteil, anschließt. Von den zwölf Gehöften, deren doppelstöckige Bauweise typisch für die Altmark war und den Wohlstand der Bauern verriet, waren 1990 nur noch einige Häuser bewohnt; die anderen waren verfallen oder abgerissen worden. Von den Familien, die von Saldern dort vorfand, waren ihm zwei Namen noch aus seiner Jugend bekannt: Becker und Müller. Die suchte er auf. »Die Witwe Becker stand in der Küche, als ich ankam, und da blieben wir auch. Kein Getue, kein Abtasten. Alles war selbstverständlich.

16

Hinsetzen, Schmalz und Brot auf den Tisch – und schon begann Frau Becker zu erzählen. Von Hochwasser und Eisgang, von ihrem verstorbenen Mann und den Kindern«, erzählt er im Rückblick.

Müllers Hof war sein nächstes Ziel. Müllers waren die letzten im Dorf, die in die LPG eingetreten waren, und nun waren sie die ersten, die sie verlassen wollten, um ihren vierzig Hektar großen Hof wieder selbständig zu betreiben. Saldern konnte ihnen dabei helfen. Bereitwillig unterstützte er den »Wiedereinrichter« beim Aufbau seines Betriebes und beim Pachten zusätzlicher Flächen von Nachbarn, die den Schritt in die Selbständigkeit nicht mehr wagen wollten. Auch von der Treuhand pachtete Müller Land. Als ihm aber Flächen angeboten wurden, die aus von Saldernschem Besitz stammten, war – von Saldern erwähnt dies nicht ohne Freude – Müllers Reaktion so knapp wie eindeutig: »Von Saldernsches Land pachte ich nicht.« So etwas stärkt die Freundschaft.

Seit 1991 hat von Saldern von der Treuhand 126 Hektar Grünland und sechs Hektar Wald, die Teil der 310 Hektar sind, die ihm sein Vater vererbt hat, selbst gepachtet. Pensionsvieh weidet dort von Mai bis November. Vor allem aber steht auf der Warft neben den wenigen Häusern, die die DDR überdauerten, seit 1993 sein Neubau. Bereits im November 1990, unmittelbar nach der Wiedervereinigung, kaufte er ein 5700 Quadratmeter großes Grundstück auf der Warft; 1992 konnte er mit dem Bau eines Fachwerkbaus beginnen. Ihn selbst kostete es noch nach der Wiedervereinigung Mühe, die immer noch geltenden alten DDR-Gesetze für den Bau seines Hauses außer Kraft zu setzen.

Von diesen und vielen anderen Ärgernissen ist dem Bauherrn nichts mehr anzumerken. Wichtiger als sie sind ihm die moralischen Eroberungen, die er vorzuweisen hat. Dazu zählt er vor allem die Wertschätzung, die er und seine Frau bei ihren neuen Mitbürgern erfahren. Schon im Sommer 1990 stimmte der Gemeinderat einstimmig seiner Absicht zu, aus Bayern nach Beuster umzuziehen und sich dort niederzulassen.

Aber nicht nur dies zeigt, wie wenig das Klischee von den »Junkern« hier und den »Ossis« dort und von dem erbitterten Kampf um Land und Besitz im Einzelfall der Wirklichkeit entspricht. Auch von Saldern selbst hat durch sein Handeln das Gegenteil bewiesen. Schon 1990 war ihm das bis dahin volkseigene Gut Esack in Beuster mit etwas mehr als 400 Hektar Ackerland zur Pacht angeboten worden, wobei die Pacht nach dem, was das Treuhandgesetz vorsieht, als Vorstufe für den späteren Erwerb anzusehen ist. Von Saldern war, das erkannte die Treuhand, die über die Verpachtung zu entscheiden hatte, als erfahrener Gutsdirektor der richtige Mann für die Bewirtschaftung eines so großen Objektes. Aber er wollte nicht. »Denn das Land«, so sagt von Saldern, »gehörte früher nicht zu unserem Gut, und außerdem wollte ich anderen nichts wegpachten. Ich war gekommen, weil ich endlich nach Hause wollte, weil ich mein Erbe antreten und mich als Land- und Forstwirt und als Vertreter des Berufsstandes nützlich machen wollte.«

Danach handelte er nun. Das 400-Hektar-Gut, so fand er, sollte sein Nachbar Müller, der Wiedereinrichter, zusammen mit seinen drei tüchtigen Söhnen pachten. Der aber war nach seiner Einschätzung mit seinen eigenen vierzig Hektar und den bereits hinzugepachteten hundert Hektar an die Grenzen seiner Kapazität an Kapital, Erfahrung und Kenntnissen angelangt. Das sah die Treuhand ebenso und war deshalb zunächst auch nicht bereit, ihm das Gut Esack anzubieten – bis sich von Saldern der Sache annahm. Er sah bei aller gebotenen Vorsicht die große betriebswirtschaftliche Chance, die für Müller in der Pacht von weiteren vierhundert Hektar Ackerland lagen. Nach einigen Verhandlungen und der Zusicherung, falls nötig Unterstützung zu leisten, konnte der Wiedereinrichter Müller den bislang volkseigenen Gutsbetrieb pachten. Inzwischen sind Müller und seine Söhne längst in ihre Aufgabe hineingewachsen.

Herrn von Salderns Interesse gilt gewiß dem Einzelnen, aber mehr noch dem Ganzen: den Strukturen und Entwicklungschancen der Region. Seine Aufmerksamkeit und Tatkraft widmet er nicht nur der näheren Umgebung am linken Elbufer, sondern auch den neuen Bundesländern insgesamt. Mitgestalten will er dort, wo er sich Kompetenz erworben hat: im Verbandswesen, in der Land- und Forstwirtschaft und nicht zuletzt in der Pflege dessen, was geschichtlich und kulturell in dem Landstrich gewachsen ist, dem er sich verbunden weiß – insbesondere aber denen, die sein Schicksal und seine Leidenschaft teilen.

So kommt eine Menge an Problemen und Herausforderungen zusammen. Entsprechend groß ist von Salderns Betätigungsfeld. Am nächsten liegt die Wiederherstellung des land- und fortwirtschaftlichen Besitzes – aber eben nicht nur seines eigenen. Ihm geht es – und das macht seine Bedeutung aus – um das Entstehen von Eigentumsstrukturen in der Land- und Forstwirtschaft, die auf Eigenverantwortung, Wettbewerb und eben möglichst auf Eigentum beruhen und die Pächter mit einer breiten und vielfältigen Schicht von Eigentümern verbinden – eine wichtige Voraussetzung für die wirtschaftliche Entwicklung des Landes. Um der Verfolgung dieses Zieles willen wie auch zur Interessenvertretung der privaten Grundeigentümer wurde er im März 1993 Gründungsmitglied des »Arbeitskreises Sachsen-Anhalt land- und forstwirtschaftliche Betriebe«. Er ist – was nicht verwundert – dessen erster Vorsitzender.

Zur Zeit hat der Arbeitskreis etwa fünfhundert Mitglieder, Alteigentümer und Pächter, die wie von Saldern aus Westdeutschland gekommen sind, aber von Saldern macht keinen Hehl daraus, daß ihm dies nicht genügt. Er bemüht sich um die Mitgliedschaft der Wiedereinrichter. Diese aber haben sich nicht etwa im Deutschen Bauernverband, sondern weitgehend im »Landvolk Verband Sachsen-Anhalt« organisiert. Diese Unterteilung gehört zu den Besonderheiten der neuen Länder. Die Verteilung der landwirtschaftlichen Unternehmer auf mehrere Verbände spiegelt die emotionale Trennung ihrer Mitglieder. Sie sind einander bislang so fremd geblieben, daß sie die Mitgliedschaft in einer gemeinsamen Organisation verweigern. Die Wiedereinrichter, also jene, die nach 1990 aus den LPGs ausgetreten sind und ihr Land wieder selbständig bewirtschaften, fühlen sich denen gegenüber fremd, die aus dem Westen gekommen sind. Distanz aber wollen sie mehr noch zu den alten LPG-Kadern halten, die sich nun als landwirtschaftliche Unternehmer durchzusetzen versuchen und heute über sechzig Prozent der landwirtschaftlichen Flächen bewirtschaften. Die große Mehrzahl der Wiedereinrichter, die sich bis 1989 von ihren einstigen LPG-Vorsitzenden gedemütigt, übervorteilt, unterdrückt, ja verhöhnt empfanden, lehnten es kategorisch ab, dem aus der alten Bundesrepublik gekommenen Deutschen Bauernverband beizutreten, als sie entdeckten, daß der sich auch für die alten LPG-Führungskader geöffnet hatte. Diese Mehrgleisigkeit der landwirtschaftlich Aktiven in Bauernverband, Landvolk und in anderen Verbänden kennzeichnet die Gefühlslandschaft deutlicher als alle Worte.

Auch bei der Gründung und den Aktivitäten des Verbandes der Waldbesitzer Sachsen-Anhalts hat von Saldern mitgewirkt. Des weiteren gehört er dem Landesfischereibeirat und dem Landesforstausschuß Sachsen-Anhalts an, Gremien, die die Landesregierung in Fachfragen beraten. Mitglied aber ist er auch im erweiterten Bundesvorstand der Deutschen Grundbesitzerverbände und der Arbeitsgemeinschaft für Agrarfragen sowie assoziiertes Mitglied im Hauptausschuß der Arbeitsgemeinschaft Deutscher Waldbesitzerverbände. Die Vielzahl seiner Funktionen sichert ihm den Überblick über die Entwicklungen in diesem Bereich und die Mitwirkung an vielen berufsständischen Entscheidungen im Interesse der Land- und Forstwirtschaft.

Was von Saldern beobachtet, macht ihn eher besorgt als optimistisch. Er hält die in den neuen Ländern verfolgte landwirtschaftliche Strukturpolitik schlicht für verfehlt, weil sie das Wiedererstehen einer bäuerlichen Struktur behindert und Großbetriebe, die die DDR mit den Landwirtschaftlichen Produktionsgenossenschaften geschaffen hat, aufrechterhält. Was sich ändere, seien die Eigentumsverhältnisse, nicht die Strukturen. Verglichen mit dem, was sich herausgebildet habe, seien selbst die großen Güter aus der Zeit vor 1945 klein gewesen, von den bäuerlichen Betrieben ganz zu schweigen.

Die Zahlen, so sagt er, sprächen eine eindeutige Sprache. 1993, drei Jahre nach der Wiedervereinigung, seien nach den Angaben des Bundeslandwirtschaftsministeriums noch 80 Prozent der landwirtschaftlichen Nutzfläche in der einstigen DDR von Nachfolgebetrieben der früheren Landwirtschaftlichen Produktionsgenossenschaften bewirtschaftet worden. Als Nachfolgebetriebe der LPGs werden Agrargenossenschaften nach west-, nun gesamtdeutschem Recht bezeichnet. 1995 seien es zwar nur noch 63 Prozent der Flächen gewesen, doch habe sich diese Veränderung im wesentlichen daraus ergeben, daß sich die Rechtsform geändert habe, nicht aber die Betriebsgröße oder die personelle Führung. Aus Agrargenossenschaften als Nachfolgebetriebe der untergegangenen LPGs seien zum Teil Privatbetriebe geworden, aus ihren Vorsitzenden häufig Pächter. Von den enteigneten Flächen, die die Treuhand zu vergeben gehabt habe, seien etwa 52 Prozent an Nachfolgebetriebe der LPGs gegangen, gut dreißig Prozent an Wiedereinrichter und sieben Prozent an Pächter aus dem Westen – sei es aus der Bundesrepublik, aus Holland oder einem anderen westeuropäischen Land.

Den geringsten Anteil, ganze sechs Prozent der Treuhandfläche, hätten diejenigen pachten können, die 1945 entschädigungslos enteignet und verjagt worden seien: die Alteigentümer. Sie sind eine verschwindende Minderheit unter denen, die heute in den neuen Ländern Landwirtschaft betreiben. Insgesamt sei es wohl nur wenig mehr als zweihundert Angehörigen der vor einem halben Jahrhundert als »Junker« enteigneten und vertriebenen Familien gelungen, Land zu pachten und damit die Hoffnung zu begründen, dieses Land später als Eigentum erwerben zu können. »Dieser Vorgang ist so gut wie abgeschlossen. Das Land ist verteilt, das heißt verpachtet«, sagt von Saldern.

Für diesen Personenkreis ist er als Ratgeber und Helfer nicht weniger wichtig als für Wiedereinrichter, also für die bäuerlich strukturierte Landwirtschaft, die ihm von jeher am Herzen liegt. Sie begleitet er mit besonderer Sympathie. Daß sich diejenigen zusammengehörig fühlen, deren Familien über Jahrhunderte hin in diesem Land eine herausgehobene Rolle gespielt haben und die schon ihr Name als Angehörige einer von der DDR kollektiv diffamierten Schicht ausweist, ist nicht verwunderlich. Das Urteil des Bundesverfassungsgerichts, das sie aus der Eigentumsgarantie des Grundgesetzes ausgeschlossen hat, und die Aversion, mit der ihnen alle Parteien mehr oder weniger offen begegnen, dürften ihr Zusammengehörigkeitsgefühl zusätzlich gestärkt haben. In der Altmark, dem östlichen Teil des Landes Sachsen-Anhalt und in der Prignitz am anderen Ufer der Elbe, und somit in Brandenburg, sind zumindest einige der alten Familien wieder vertreten, deren Namen Teil der Geschichte dieses Landes sind.

Für viele von ihnen bildet von Salderns Haus so etwas wie einen Mittelpunkt. Als Albrecht von Wilamowitz-Moellendorff im Spätjahr 1993 die Agrargenossenschaft im nahen Krampfer übernahm, die auf dem einstigen Gut seiner Vorfahren entstanden war, wohnte er die ersten Monate im Salderschen Haus vor dem Deich. Er ist bei weitem nicht der einzige, der Salderns Hilfe in Anspruch genommen hat. Auch Herr von Barsewisch ist zurückgekommen, nicht als Pächter, wohl aber als Augenarzt. Seine im Schloß seiner Vorfahren neu eingerichtete Augenklinik ist landesweit bekannt. Günther und Maria von Jagow haben in Scharpenhufe das alte Rittergut der Familie gepachtet und das Gutshaus ihrer Eltern denkmalgetreu wiederhergestellt. Vier Angehörige der Familie von Katte sind zurückgekehrt, ebenso die Alvenslebens nach Wittenmoor und die Rundstedts nach Schönfeld bei Stendal. Von ihnen wird noch die Rede sein.

Bis zur Wiedervereinigung habe man von den einstigen Nachbarn nur aus den Erzählungen der Eltern und Verwandten gehört, persönliche Bekanntschaften hätten sich im wesentlichen auf die Generation der Eltern beschränkt. Das hat sich – soweit es sich um die Zurückgekehrten handelt – geändert. Man besucht sich, man informiert sich, man hilft sich. Von Saldern und seine Frau haben dabei oft die Rolle von Ratgebern, und die spielen sie gern. Das, was er für sich wollte, hat er: das Haus auf der Elb-Warft und einen Teil dessen, was ihm der Vater vererbt hatte, als Pachtland. Das, was er tun konnte, hat er getan. Die noch offenen Fragen, wie zum Beispiel der Rückerwerb des Waldes, stehen bis auf weiteres nicht zur Entscheidung an.

So bleibt ihm Zeit für anderes, so wie er es gewollt hat: für die Wiedereinrichter, die Alteigentümer, die Verbandsarbeit – und für die Beschäftigung mit der kulturellen Vergangenheit, genauer gesagt, dem, was von ihr noch zu retten ist. Das Elternhaus, Schloß Wilsnack, ist verschwunden, ebenso das Gutshaus Klein Leppin. Was von dem Besitz der Vorfahren geblieben ist, das ist die Plattenburg; 1945 enteignet und geplündert, heute im Besitz der Bundesbahn, der Treuhand, der Gemeinde und der Kirche, ist sie vor allem eines: in schlechtem baulichem Zustand, aber immerhin reparabel. Wiederhaben wollen und können die Vettern Saldern sie nicht, wohl aber möchten sie zu ihrer Erhaltung beitragen. So hilft von Saldern mit im 1991 gegründeten Förderverein Plattenburg, der sich ihre Rettung zur Aufgabe gemacht hat. Um das Innere der 1945 völlig ausgeraubten Burg wieder mit Leben zu erfüllen, stellte er Kopien von mehr als sechzig Ahnenporträts zur Verfügung, die einst die Burg geschmückt hatten und deren Kopien durch einen Zufall den Zusammenbruch von 1945 überdauerten.

Zu den selbstgewählten Pflichten von Salderns gehört auch die Mitarbeit und Unterstützung des Fördervereins, der sich des einstigen Klosters und Damenstifts Heiligengrabe annimmt. Dazu fühlt er sich schon aus Traditionsgründen verpflichtet, denn schließlich waren allein in diesem Jahrhundert zwei seiner Vorfahren Stiftshauptmann, und eine von Saldern war bis 1938 Äbtissin von Heiligengrabe. Das einstige Zisterzienserinnenkloster war über Jahrhunderte Damenstift und bevorzugte Erziehungsstätte des preußischen Landadels. Streng, karg und gottesfürchtig wurde das Leben gestaltet. Man war preußisch aus Überzeugung und blieb es auch, als die Nazis die Macht übernommen und die preußischen Werte pervertiert hatten.

Erika von Hornstein, damals eine der Schülerinnen des Stifts, setzte der Äbtissin in ihrem Buch »Adieu Potsdam« ein kleines Denkmal, in dem sie die Rede abdruckte, mit der Frau von Saldern damals sie und die anderen Zöglinge verabschiedete. Es sind Sätze, die immer noch berühren, denn sie atmen den Geist, aus dem Tresckow und Stauffenberg handelten und aus dem die Verschwörer gegen Hitler ihre Legitimation bezogen. Ihre Abschiedsworte lauteten: »Ihr kommt alle aus einer Tradition, der eure Familien sich seit Generationen verpflichtet fühlen. Unser Stand hat heute keine Rechte mehr, aber immer noch Verpflichtungen. Wir haben euch in Heiligengrabe nach den preußischen Prinzipien erzogen, die unser Vaterland einmal groß gemacht haben: Einfachheit und Schlichtheit im Äußeren, Pflichterfüllung, Strenge gegen sich selbst und Verantwortung gegenüber der Gemeinschaft. Werft die Prinzipien nicht leichtfertig über Bord!

Eure Erziehung und euer christlicher Glaube können euch einmal in schweren Stunden eine große Hilfe werden, denn niemand weiß, welche Prüfungen Gott mit der einen oder anderen von euch vorhat.«

Nun, da die Prüfungen der Generation, die damals Heiligengrabe verließ, Vergangenheit sind, gibt es neue Herausforderungen. Das Bemühen darum, das zerrissene Land wieder zusammenzufügen und mit sich und seiner Vergangenheit ins reine zu kommen, ist eine davon. Auch das, worum sich von Saldern bemüht, hat damit zu tun. Es geht ihm nicht nur um Land- und Forstwirtschaft, um Aufbau und Strukturreform oder um den Ausgleich unterschiedlicher Interessen. Es geht ihm vor allem um das Gemeinwohl. Worte darum zu machen, liegt ihm nicht. Er ist nüchtern, freundlich und zu selbstbewußt, als daß ihm daran gelegen wäre, sich selbst wortreich darzustellen. Die innere Haltung aber, zu der sich die Äbtissin vor mehr als einem halben Jahrhundert bekannte, spürt man auch bei ihm: Christlicher Glaube, Bereitschaft zur Pflichterfüllung und Verantwortung gegenüber der Gemeinschaft weisen ihn als Träger eines Erbes aus, das ihm weder die DDR noch der Einigungsvertrag, noch das Bundesverfassungsgericht nehmen können.

## Die Hardenbergs und
## Neu-Hardenberg

Wann immer sich »weit draußen in der Welt, sei's auf Island, sei's auf Java«, Ungewöhnliches ereignet, dann springt auf dem Stechlin-See im Norden der Grafschaft Ruppin ein Wasserstrahl hoch und versinkt wieder in der Tiefe. Ereignet sich gar »was Großes«, dann steigt statt des Wasserstrahls ein roter Hahn aus dem See auf und »kräht laut in die Lande hinein«.

So erzählt es Fontane. Es gibt in der Mark noch einen zweiten Ort, der auf große Ereignisse reagiert. Es ist kein See, sondern ein Dorf. Es läßt auch keine Wassersäulen oder einen roten Hahn emporsteigen. Mit ihm passiert etwas anderes: Sein Name ändert sich. Bei Fontane hieß das Dorf Neu-Hardenberg und so heißt es heute wieder. Vor Fontanes Tagen hieß es Quilitz und nach 1945 Marxwalde. Wie es morgen oder übermorgen heißen wird – wer kann das wissen?

Neu-Hardenbergs Geschichte unterteilt sich in einen literarisch belegten und in einen literarisch nicht belegten Teil: in den, den Fontane erstmals 1863 in seinen »Wanderungen durch die Mark Brandenburg« erzählt hat – und in das, was sich seither zugetragen hat. Spiegelt sich im ersteren die Geschichte Preußens und sein Aufstieg bis zum Sieg über Napoleon, so prägen die Folgen der Katastrophen dieses Jahrhunderts den zweiten Teil. Folgen wir Fontane – alles andere verbietet sich auf seinem Territorium ohnehin –, so war die Geschichte von Quilitz die eines märkischen Dorfes unter vielen anderen, bis in die Zeit Friedrichs des Großen.

Durch das Erlöschen der hohenzollernschen Seitenlinie der Markgrafen von Schwedt fiel der Gutsbezirk Quilitz 1763 in das Eigentum des Königs zurück. Das gab ihm die Möglichkeit, dem

Mann seine Dankbarkeit zu zeigen, der ihn auf dem Schlachtfeld von Kunersdorf gerettet hatte, dem damaligen Rittmeister bei den Zietenschen Husaren und späteren General der Kavallerie, Joachim Bernhard von Prittwitz. Die Großzügigkeit seines Geschenks hinderte den Alten Fritz nicht daran, Prittwitz seinen königlichen Unwillen über dessen Baupläne spüren zu lassen, die ihm unangemessen aufwendig erschienen.

1810 kam Quilitz wieder in den Besitz der Krone. So konnte es dem König von Preußen abermals dazu dienen, seine Dankbarkeit zu bezeugen. Friedrich Wilhelm III. schenkte es 1814 seinem Staatskanzler, dem Fürsten Karl August von Hardenberg. Dieser Dank schloß vieles ein: die Stein-Hardenbergschen Reformen, die nach der Katastrophe von Jena und Auerstädt im Jahre 1806 den Staat in seinem Wesen reformiert, aus Untertanen Bürger gemacht und so die Grundlage für den Wiederaufstieg Preußens gelegt hatten. Sodann die vorsichtig abwägende Politik des Fürsten als preußischer Staatskanzler seit 1809. Durch sie gelang es, Preußen davor zu bewahren, in den Jahren seiner Ohnmacht von Napoleon ausgelöscht zu werden. Schließlich auch die Wahrung von Preußens Interessen auf dem Wiener Kongreß durch die Ausdehnung seiner Territorien und seine Wiederherstellung als eine der fünf großen Mächte Europas neben Rußland, Österreich, England und Frankreich.

An diesem Verdienst gemessen, war das Geschenk des Königs keineswegs übertrieben großzügig. Friedrich Wilhelm III. hatte seinem Staatskanzler die Wahl zwischen Quilitz und der Herrschaft Schwedt gelassen. Dessen Entscheidung für Quilitz ergab sich daraus, daß er das daran grenzende Gut Tempelberg bereits besaß und so den alten und den neuen Besitz mit 7 369 Hektar Wäldern, Feldern, Wiesen und Seen zusammenfügen konnte. Die Umbenennung von Dorf und Gut Quilitz zu »Neu-Hardenberg« war eine Entscheidung Friedrich Wilhelms III. und Ausdruck seiner besonderen Wertschätzung für den Fürsten. So änderte Quilitz mit dem Besitzer auch den Namen.

Auch das Schloß und die zu ihm gehörende Kirche wurden in die Metamorphose einbezogen. Der bedeutendste Architekt Preußens, Karl Friedrich Schinkel, verwandelte den Flachbau aus der Zeit des Rokoko in ein zweigeschossiges klassizistisches Schloß. In die Neugestaltung des vierzig Hektar großen Landschaftsparks aber teilten sich zwei Landschaftsarchitekten, die kongenial zum großen Schinkel waren: Lenné und Hardenbergs Schwiegersohn, Fürst Pückler. Dem Erhalt dieses Erbes widmeten sich die folgenden Generationen.

Als das Jahrhundert zu Ende ging, an dessen Anfang Preußens Schicksal auf des Messers Schneide gestanden hatte und ohne seine Retter Stein und Hardenberg, Scharnhorst und Gneisenau wohl besiegelt gewesen wäre, war Carl-Hans Graf von Hardenberg gerade neun Jahre alt. Er sollte der letzte sein, der Neu-Hardenberg so, wie es 1814 entstanden war, besitzen sollte.

1891 in Glogau geboren, wächst er in die noch festgefügte Ordnung des kaiserlichen Deutschland und des königlichen Preußen hinein. Kindheit, Jugend und Erziehung verlaufen standesgemäß. Als am 1. August 1914 der Erste Weltkrieg beginnt, ist der 22jährige Offizier. Nach seiner dritten schweren Verwundung wird er im Frühjahr 1918 aus der Armee entlassen. Gezeichnet vom Krieg, tritt er in einen neuen Lebensabschnitt ein: Er muß sich auf die Übernahme seines Erbes und damit auf die Leitung eines landwirtschaftlichen Großbetriebes vorbereiten. 1921 übernimmt Hardenberg, der seit 1914 mit Renate Gräfin von der Schulenburg verheiratet und inzwischen Familienvater ist, die Verwaltung von Neu-Hardenberg. Es ist das drittgrößte Gut der Provinz Brandenburg. Deutschland hat den Krieg verloren und muß mit dem Vertrag von Versailles erdrückende Reparationszahlungen akzeptieren. Seine wirtschaftliche Lage ist beklemmend, lange bevor es die politische unter dem Zeichen des Hakenkreuzes wird.

In dieser großen Krise, die 1933 zum Ende Preußens und 1945 zum Untergang des Reiches führt, kehren die Hardenbergs wieder in die nationale Politik zurück. Deutschland zu retten, so wie es seinem Vorfahren, dem Staatskanzler, vergönnt gewesen war, bleibt Carl-Hans von Hardenberg und seinen Mitverschworenen vom 20. Juli 1944 versagt. Ihr Scheitern ist Teil der Tragödie. Ihren Helden und Opfern aber nimmt das Scheitern nichts von ihrer charakterlichen Größe, im Gegenteil. Sie offenbart sich darin, wie sie ihr Schicksal tragen. Fast alle bezahlen ihre Gewissensentscheidung mit dem Leben, und wer sie sind, zeigen sie damit, wie sie zu sterben wissen. Hardenberg zählt zu den wenigen, die wie durch ein Wunder überleben.

Carl-Hans von Hardenberg gehörte zum Kern der Verschwörung des 20. Juli 1944 gegen Hitler. Als sich am Tag nach dem Scheitern, am 21. Juli 1944, einer seiner engsten Freunde, Generalmajor Henning von Tresckow, von seinem Adjutanten und Vertrauten, Fabian von Schlabrendorff, verabschiedet, um auf einer Fahrt an die Front den Freitod zu suchen, rechtfertigt er seine Beteiligung an dem Attentatsplan mit dem Satz: »Ich bin nach wie vor der felsenfesten Überzeugung, daß wir recht gehandelt haben. Ich halte Hitler nicht nur für den Erzfeind Deutschlands, sondern auch für den Erzfeind der Welt.« Nun, da das Attentat gescheitert und alle Hoffnung, das Schlimmste für Deutschland verhindern zu können, zerstört ist, vertraut er sich und die Sache, für die er sein Leben gewagt hat, Gott an und sagt: »Wenn Gott einst Abraham verheißen hat, er werde Sodom nicht verderben, wenn auch nur zehn Gerechte darin seien, so hoffe ich, daß Gott auch Deutschland um unseretwillen nicht vernichten wird.«

Diese alttestamentarische Sprache entsprach der Unbedingtheit, mit der Männer wie von Tresckow, von Hardenberg, von Kleist, von dem Bussche, von Schwerin, von Gersdorff, von Schlabrendorff, von der Schulenburg und von Stauffenberg und ihre Mitverschworenen dachten, empfanden und handelten. Wer aus der heutigen gefahrfreien Lebenssituation heraus ihre Leistung bewerten will, der muß sich bewußtmachen, daß sie nicht nur die eigene, nur zu begründete Angst, festgenommen und hingerichtet zu werden, überwinden und die Entscheidung treffen mußten, sich für das Gemeinwohl – nicht etwa für einen persönlichen Vorteil – in Todesgefahr zu begeben. Sie mußten sich auch dafür entscheiden, alle Einwände und Gewissensnöte, die sich aus ihrem Selbstverständnis ergaben, zu ignorieren. Dazu gehörte die Bindewirkung des Eids ebenso wie die Erziehung zu Treue und Gehorsam.

Nicht zuletzt aber muß man sich bewußtmachen, daß die Verschwörer sehr wohl wußten und spürten, daß sie gegen die öffentliche Meinung ihrer Zeit handelten. Als der spätere Nato-Oberbefehlshaber Europa-Mitte, Johann Adolf Graf von Kielmansegg, damals Erster Generalstabsoffizier im Oberkommando des Heeres, Tresckow 1943 wissen ließ, er sei bereit, die zur Einnahme des Führerhauptquartiers erforderliche Division mit der Bahn dorthin zu transportieren, antwortete Tresckow mit der bezeichnenden Feststellung, er habe zwar genügend Divisionskommandeure, die bereit seien, Hitler festzunehmen, aber es gebe keine Division, die gegen »den Führer« vorgehe. Obwohl sie um ihre politische Isolierung wußten, handelten sie so, wie sie es für ihre bittere Pflicht hielten, gemäß den Prinzipien, die den Menschen zu einem freien und sittlichen Wesen erklären und aus denen Preußens Größe erwachsen war. Aufgewachsen und erzogen waren sie fast alle in lutherisch geprägten Elternhäusern, mit dem gleichen Pflichtbewußtsein und der Bereitschaft, »Für Gott, König und Vaterland« falls nötig das Leben zu geben, weil ihnen Gewissen und Pflichterfüllung wichtiger waren als ihr persönliches Wohlergehen.

Es ging um Ehre, Redlichkeit, Gewissen und Vaterlandsliebe, vor allem aber als letzte und oberste Instanz um die Freiheit eines Christenmenschen, die auf Luther zurückgeht und die besagt, daß der Christ Gott und seinem Gewissen mehr gehorchen muß als den Menschen im allgemeinen und einem Führer im besonderen. So kam es, daß ihre Sorge, mit ihren Idealen auch sich selbst zu verraten und zu verlieren, schließlich größer war als ihre Angst vor Hitlers Volksgerichtshof, seinen KZs und vor seinen Henkern.

Als Herr über Neu-Hardenberg war Carl-Hans Graf von Hardenberg auch in den wirtschaftlich schweren Jahren nach dem Ersten Weltkrieg ein wohlhabender Mann. Er widmete sich der Leitung seines Betriebes und beteiligte sich zugleich an der Kommunalpolitik, denn daran, daß man sich für das Gemeinwohl mitverantwortlich fühlte und entsprechend handelte, hatte das Ende der Monarchie nichts geändert. Hardenberg trug die Republik mit und lehnte die Nazis entschieden vom ersten Tag an ab. Als sie im Januar 1933 an die Macht kamen, legte er alle öffentlichen Ämter und Funktionen nieder. Die Aufforderung, der NSDAP oder einer ihrer Gliederungen beizutreten, lehnte er rundweg ab.

Damit waren die Fronten klar. Als Hitler 1939 den Zweiten Weltkrieg beginnt, wird Hardenberg als Offizier des Ersten Weltkrieges eingezogen. Der im Weltkrieg verwundete Major Graf Hardenberg wird Kommandeur des Ersatzbataillons des Infanterie-Regiments 9 in Potsdam. Das war der Traditionsverband des 1918 mit dem Ende der Monarchie aufgelösten preußischen Garde-Korps, der sich in der folgenden Zeit den Ruhm erwerben sollte, das Rückgrat des Widerstands gegen Hitler gebildet zu haben. Hardenberg bleibt in dieser Funktion nur kurze Zeit. Im Herbst 1940 holt ihn sich Generalfeldmarschall von Bock, Oberbefehlshaber der Heeresgruppe B, als persönlichen Adjutanten. Die Heeresgruppe B heißt später Heeresgruppe Mitte und ist der Großverband des Heeres, der Moskau einnehmen soll. Das scheitert. Über die Weiterführung der Operationen kommt es zu einem Zerwürfnis zwischen Bock und dem »Führer«. Hitler versetzt den General im Sommer 1942 in die Führerreserve nach Berlin.

Als Feldmarschall steht von Bock ein persönlicher Adjutant auch dann zu, wenn er ohne Kommando ist, und so geht Hardenberg mit ihm nach Berlin zurück, wo er Büro und Dienstwagen behält, bedingt durch die Umstände aber wenig zu tun hat. So kann er auf sein siebzig Kilometer östlich von Berlin gelegenes Schloß zurückkehren und seine Anwesenheit in Berlin auf die Tage beschränken, an denen er dort unentbehrlich ist. Das aber ist nur selten der Fall.

Hardenberg nutzt die Nähe seines Schlosses zu Berlin und seine dennoch gegebene Abgeschiedenheit dazu, um unbeobachtet von Gestapo und Sicherheitsdienst die Männer zusammenzubringen, die gegen Hitler putschen wollen. Stauffenberg und Tresckow, Hammerstein, Beck, Goerdeler und andere begegnen sich hier, um in den Weiten des Parks, unerreichbar für die Mikrophone der Geheimen Staatspolizei, über das reden zu können, was sie umtreibt. Eingeweiht und beteiligt sind seine Frau und seine Tochter Reinhild, die zu seiner Sekretärin im Widerstand gegen Hitler wird.

Am 20. Juli 1944 scheitert das Attentat. In der gleichen Nacht werden Stauffenberg und sein Ordonnanzoffizier, Oberleutnant von Haeften, mit dem Reinhild von Hardenberg verlobt ist, exekutiert. Am Abend des 24. Juli, eines Sonntags, steht die Gestapo in Schloß Neu-Hardenberg vor der Tür. Hardenberg will sich einer Verhaftung, so wie Tresckow es schon getan hat, durch Selbsttötung entziehen. Seine Frau ist eingeweiht. Im Sommer 1946 erinnert sich Gräfin Hardenberg an diesen Augenblick: »Als wir von Tisch aufstehen wollten, kamen die Schergen der Gestapo. Hanni (so nannte die Familie den Grafen) ging zu ihnen hinaus, um sich zu vergewissern, kam dann wieder herein und verabschiedete sich von mir mit einem lieben Handkuß. Ich war wie versteinert. Mein einziger Wunsch war nur, daß Gott ihm sein Ende erleichtern möge. Ich ging mit den Mädeln auf die Veranda, und wir hörten in der Bibliothek zwei Schüsse, denen noch vier weitere folgten, die einen anderen Klang hatten ... In der Bibliothek saß Hanni sehr matt in einem Sessel und sah sehr grau im Gesicht aus. Er hatte die Augen offen, war aber wohl nicht ganz bei Bewußtsein.«

Was Gräfin Hardenberg in diesem Augenblick erlebte, war der Selbsttötungsversuch ihres Mannes. Er hatte sich zweimal in die Brust geschossen. Überrascht und in der Annahme, die Schüsse hätten ihnen gegolten, hatten die Gestapo-Beamten daraufhin ebenfalls vier Schüsse abgegeben, mit denen sich einer von ihnen am Bein verletzte. Hardenberg aber war es nicht gelungen, sich eine tödliche Verletzung zuzufügen. Der herbeigerufene Arzt versorgt ihn. Ein weiterer Versuch, sich das Leben durch Öffnen der Pulsadern zu nehmen, wird vorzeitig entdeckt und scheitert damit ebenso.

Schwer verwundet wird Hardenberg auf die Krankenstation des KZ Oranienburg gebracht und überlebt. Sein Schutzengel heißt Paul Hofmann, ein Mithäftling, der als Krankenpfleger Dienst tut. Er ist seit 1935 in Haft, weil er Kommunist ist. Er tut weit mehr für den zudem schwer zuckerkranken »Grafen«, als es seine Pflicht gewesen wäre. Wichtiger als die Standesgrenze ist ihm dessen politische Haltung, die »antifaschistische« Kampfgemeinschaft. In einem 1993 abgefaßten Bericht schreibt er: »So erwuchs zwischen dem Mann aus dem Großadel und dem einfachen Textilarbeiter eine Freundschaft, die bis zur Trennung bei der Auflösung des Lagers gehalten hat.« Sie kam mit dem 21.

April 1945. Für die gehfähigen Häftlinge Sachsenhausens beginnt der Todesmarsch, denn die SS will sie nicht von der anrückenden Roten Armee befreien lassen. Hardenberg bleibt zurück. Die Rote Armee befreit ihn – noch bevor der Volksgerichtshof das von der Gestapo vierfach beantragte Todesurteil fällen kann.

Das Ende des Dritten Reiches bedeutet für den nun 53jährigen den Beginn eines zweites Lebens. Der Versuch, nach Neu-Hardenberg zurückzukehren, scheitert an der neuen Wirklichkeit. Die »Bodenreform«, also die Enteignung, macht auch vor ihm nicht halt. Erfolglos bleibt auch sein Bemühen, etwas für die Ernährung der Berliner zu tun. Zwar gelingt es ihm, den Kontakt zum ehemaligen Reichslandwirtschaftsminister Andreas Hermes herzustellen, der wie er ein Mann des Widerstandes ist. Hermes, der im Juni 1945 in Berlin die CDU Deutschlands gründet, haben die Sowjets zwar als Ernährungsbeauftragten für Berlin eingesetzt, doch setzen sie ihn ebenso schnell wieder ab, als sie merken, daß der Mann nicht nach ihrer Pfeife tanzt und der entschädigungslosen Enteignung seine Zustimmung verweigert. Ende 1945 geht Hermes »in den Westen«, wie es gemäß der neuen politischen Geographie in Deutschland nun heißt.

Hardenberg bleibt ebenfalls keine andere Wahl. Er geht nach Nörten-Hardenberg, dem Stammsitz der Familie. Hardenberg ist sich der historischen Zäsur bewußt. Er nimmt sich die Zeit, sich selbst schriftlich Rechenschaft über das zu geben, was geschehen ist und was er selbst getan hat: »Im Januar 1933 schied ich aus allen Ämtern aus, weil ich mich weigerte, der NSDAP oder einer ihrer Gliederungen beizutreten. In der Erkenntnis, daß die verbrecherischen Methoden des Nationalsozialismus zum Untergang des deutschen Volkes führen mußten, haben ich und meine Freunde schon damals den illegalen zielbewußten Kampf begonnen. Da die Versuche, führende Persönlichkeiten in Partei, Staat und Heer zum Handeln zu bewegen, erfolglos blieben, haben wir im Frühjahr 1940 den Entschluß gefaßt, durch Gewaltanwendung Hitler zu beseitigen. Mehrere Attentate sind mißglückt, andere durch widrige Umstände nicht zur Ausführung gekommen.«

Eng war dabei Hardenbergs Kontakt zu Tresckow. »Während des stürmischen Vormarsches in Frankreich im Jahre 1940 waren es nur wenige, die sich nicht täuschen ließen. An ihre Spitze schob sich mehr und mehr der damalige Oberstleutnant Henning von Tresckow, gleich stark an Geist und Charakter«, berichtet Hardenberg und fährt fort: »Es war ein warmer Sommerabend des Jahres 1941, als Tresckow mit mir eine lange Besprechung hatte, an den Ufern der Beresina, jener Stelle, wo noch die Pfeiler herausragten von der Brücke, die einst den Untergang der stolzen französischen Armee im Jahre 1812 gesehen hatte. Es hatte sich gezeigt, daß der bisher beschrittene Weg des Versuches der Einflußnahme auf die zur Führung berufenen Persönlichkeiten zu keinem Erfolge führte. War es die stark ausgeprägte suggestive Kraft Adolf Hitlers, war es die bei aller Tapferkeit gegenüber dem äußeren Feinde schon von Bismarck festgestellte vollkommen mangelnde Zivilcourage – niemand fand sich, der kraft seiner Stellung versuchte, sich gegen befohlene Verbrechen und militärischen Wahnsinn aufzulehnen. Je mehr Hitler dies merkte, um so hemmungsloser wurde er in seinen Zumutungen ... Es galt, zu aktiven revolutionären Taten zu schreiten, d.h. mit allem zu brechen, was uns von den Vätern gelehrt und was mit der Ehre eines preußisch-deutschen Soldaten verbunden war ... War es notwendig? War es richtig? War es zu vereinbaren mit den ethischen und christlichen Gesetzen, denen wir unterstanden? Wir schieden, als bereits der Sternenhimmel die russische Weite überdeckte, mit dem Versprechen, mit uns selber über diese Frage ins reine zu kommen ... Es dauerte Tage und Wochen, in denen diese Gedankengänge immer wieder abgesprochen wurden, bis im neuen Quartier in Smolensk der Entschluß gefaßt wurde: Wir müssen handeln ... Auch im Falle des Mißglückens muß der Welt gezeigt werden, daß es in dieser Zeit Männer gegeben hat, die, wie der Grabstein von Marwitz in Friedersdorf sagt, Ungnade wählten, wo Gehorsam nicht Ehre brachte.«

Das war gegen Ende des Jahres 1941. Nun folgten die Kontakte mit Gleichgesinnten in der Heimat: mit Goerdeler, Admiral Canaris und Oberst Oster an der Spitze der Abteilung Abwehr im OKW und zu den Oberbefehlshabern der Heeresgruppen im Osten, die zwar ähnlich dachten wie die Verschwörer Tresckow und Hardenberg, aber nicht bereit waren, zu handeln. Vom Sommer 1942 an war Hardenberg wieder in Berlin und auf seinem Schloß. Von dort konnte er sich bemühen, die Dinge voranzutreiben. Bei der Vorbereitung einer Regierungsbildung nach Hitler wurde er für das Amt des Oberpräsidenten von Brandenburg vorgesehen – vergebens, denn die entscheidende Tat, die Tötung Hitlers, kam nicht zustande. Eine Sprengladung, die Tresckow am 13. März 1943 in Hitlers Flugzeug deponieren konnte, als er das Hauptquartier der Heeresgruppe Mitte in Winniza besuchte, detonierte nicht, und die Bombe, die am 20. Juli 1944 explodierte, tötete den Diktator nicht. Tresckow und Stauffenberg, Kleist und Olbricht und viele andere mußten sterben, Hardenberg überlebte wie durch ein Wunder.

Für das Schloß, das Gut und für die Familie brachte der 24. Juli 1944 die Zäsur, mit der 130 Jahre gemeinsamer Geschichte zu Ende gingen. Die Gestapo verhaftete ihn, seine Tochter Reinhild, seinen Schwager, Wilhelm Freiherr Schilling von Canstatt und seinen Vetter, den General Winfried von der Schulenburg. Hardenbergs Frau bleibt in dem Schloß zurück, das nun beschlagnahmt und unter staatliche Verwaltung gestellt wird. Alles, was die Familie besitzt, die Konten eingeschlossen, ist damit enteignet – ein »Glücksfall«, wie sich 56 Jahre später, 1990, herausstellen wird.

Doch das ist damals das Unwichtigste. Die Familie selbst, nicht ihr Besitz, soll ebenso wie die Familien der Mitverschworenen vernichtet werden. »Sippenhaft« hieß das damals. Aber das Unwahrscheinliche wird Wirklichkeit. Als der Alptraum des Dritten Reiches in einer rauchenden Trümmerlandschaft untergegangen ist, haben alle überlebt. Hardenberg selbst im KZ, sein Sohn als Soldat der Kurlandarmee, der mit einem der letzten Schiffe Kiel erreicht, und seine vier Töchter, Reinhild eingeschlossen. Neu-Hardenberg aber ist für sie verloren. In Nörten findet sich die gesamte Familie wieder, die froh ist, das nackte Leben vor Hitler und vor den Russen gerettet zu haben.

Zwischen Nörten und Neu-Hardenberg, zwischen dem linken und dem rechten Elbufer, liegt für die nächsten fünf Jahrzehnte mehr als ein Fluß. Es sind Welten, die der Eiserne Vorhang trennt. Der Kontakt der Familie Hardenberg zu ihrem früheren Wohnort und dem einstigen Mittelpunkt ihres Lebens reißt dennoch nicht ab. Schon 1946, ein Jahr nach Kriegsende, macht sich Reinhild von Nörten nach Neu-Hardenberg auf, das Teil der sowjetischen Besatzungszone geworden war. Sie war, so erinnert sie sich fünfzig Jahre später, neugierig, und sie langweilte sich. So reiste sie »schwarz«, nämlich ohne das nun erforderliche alliierte Reisedokument, Interzonenpaß genannt, über die grüne Grenze, zunächst einmal nach Berlin, in der Hoffnung, dort Freunde und damit einen Unterschlupf zu finden.

Bei Ludwig von Hammerstein fand sie Obdach. Hammerstein, der spätere Intendant des Rias in Berlin, Ex-Leutnant des Infanterieregiments 9 und Mitverschwörer des 20. Juli 1944, war der Sohn des früheren Chefs der Heeresleitung, General von Hammerstein-Equord, ein enger Freund ihres Vaters. Gemeinsam hatte man gegen Hitler gekämpft, nun half man sich, die Folgen des Zusammenbruchs zu überleben.

Von Berlin bis Neu-Hardenberg sind es auf der alten Reichsstraße 1 – der heutigen Bundesstraße 1 – siebzig Kilometer. Reguläre Verkehrsmittel gab es nicht. So schlug sich Reinhild per Anhalter durch. Auf einem Kleinlaster erreichte sie Neu-Hardenberg.

»Es war eine unheimliche Stimmung im Ort«, erinnert sie sich. »Einige grüßten mich, andere starrten mich nur an, andere sahen weg. Schloß und Park waren ungepflegt, ein Teil des Gebäudes beschädigt. Eine Granate hatte das Schloß getroffen. Die noch intakten Räume waren leer. Das Inventar war abtransportiert worden. Nur einige Schränke und Kommoden samt Klavier standen in den leeren Sälen herum. Von der 16 000 Bände umfassenden Bibliothek lag ein kleiner Rest von etwa 200 Bänden zerfleddert auf dem Fußboden der Eingangshalle. 8000 Bücher sind bis heute verschwunden, die übrigen stehen in der Universitätsbibliothek in Potsdam. Im Kavaliershaus war der Fußboden mit Scherben übersät. Dort hatten wir die Kisten aufgestellt, in denen wir das Sèvresporzellan verpackt hatten, das der Bürgermeister von Paris 1815 dem Fürst-Kanzler zum Dank dafür geschenkt hatte, daß die preußischen Truppen die französische Hauptstadt bei der Besetzung geschont hatten. Das Porzellan war Stück für Stück aus der Verpackung herausgerissen und auf dem Boden zerschmettert worden. Als ich in den Scherben nachsuchte, fand ich vier Teller, die das Zerstörungswerk überstanden hatten.«

Einen von ihnen verwahrt Reinhild von Hardenberg bis heute in ihrer Wohnung. Auch im Forsthaus wurde sie fündig. Der Direktor der Hardenbergschen Güterverwaltung, Rudolf Bräuninger, hatte sechs oder acht Bilder, die im Schloß ihren Platz gehabt hatten, bergen können. Reinhild trug alles zusammen und überredete den LKW-Besitzer, der sie von Berlin aus mitgenommen hatte, ihr den verbliebenen Rest der einstigen Habe auf seinem Wagen nach Berlin zu fahren.

Damit war in Neu-Hardenberg für die Hardenbergs nichts mehr zu holen. Aus Neu-Hardenberg wurde Marxwalde, und aus den einstigen Großgrundbesitzern wurden Bundesbürger, die mit nichts anfingen und sich den neuen bescheidenen Wohlstand der westdeutschen Nachkriegsgesellschaft allmählich erarbeiteten, so wie andere auch. Reinhild und ihr Bruder, der von dem 1958 verstorbenen Vater zum Erben von Neu-Hardenberg eingesetzt wurde, fanden sich in Düsseldorf wieder und hielten engeren Kontakt. Zu dem, was sie mit ihrem früheren Leben verband, gehörte der jährliche Besuch in Marxwalde. Mit einem Tagesvisum versehen, fuhren sie morgens in West-Berlin mit dem Wagen los, besuchten den Pfarrer und Frau Behnke, die auch zu DDR-Zeiten ihre Gärtnerei behalten durfte, sowie einige andere Bekannte aus alter Zeit, warfen einen Blick auf das Schloß, soweit ihnen dies möglich war, genossen bei ihren Gastgebern Kaffee und Kuchen und machten sich zeitig auf den Heimweg, damit sie die Staatsgrenze der DDR wie vorgeschrieben vor 24 Uhr passiert hatten. So vergingen die Jahrzehnte und das Leben und ließen die Erinnerungen in immer weitere Ferne rücken.

Da besiegelte der Ruf »Wir sind ein Volk« das Schicksal der DDR. Was tut man, wenn von einem Tag auf den anderen von der Treuhand gefragt wird, ob man bereit sei, sein Erbe, genauer gesagt: ein Gut, ein renovierungsbedürftiges Schloß, einen verwilderten Park als Eigentum zu akzeptieren? Denn wie sich nun herausstellte, gehörte Hardenberg zu dem ganz kleinen Kreis derjenigen einstigen Großgrundbesitzer, für die die sogenannte Bodenreform nach den Bestimmungen des Einigungsvertrages rückgängig gemacht wurde. Was 1944 bittere Konsequenz der gescheiterten Verschwörung gegen Hitler war, die Beschlagnahme und Enteignung des gesamten Besitzes, erwies sich nun als Glücksfall, denn es begründete den Anspruch auf Rückgabe.

Friedrich-Carl von Hardenberg zögerte damit, sein Erbe anzutreten, nicht weil er daran nicht interessiert gewesen wäre, sondern weil er Zweifel daran hatte, ob er sich dies leisten könne. Denn so viel sah er auf den ersten Blick: Dieses Erbe kostete Geld, viel Geld und bereitete Arbeit, die in die Wiederherstellung des Schlosses und seines Parks investiert werden müßte. Dabei hatten die Gebäude die DDR in einem besseren Zustand überstanden als fast alle anderen einstigen Schlösser. Die Zerstörung durch einen Granattreffer war beseitigt, und die Gebäude waren im Laufe der Jahrzehnte vielfältig genutzt worden. Die DDR hatte sich sogar dazu entschlossen, mit der Restaurierung des Schlosses zu beginnen, um zumindest die einstigen Repräsentationsräume im Parterre als Museum nutzen zu können – hatte doch Schinkel auch in der einstigen DDR einen guten Namen. Dennoch würden, soviel war klar, Millionenbeträge erforderlich sein, um das Gebäude vollständig wiederherzustellen, Millionen, die Hardenberg ebenso fehlten wie das zur Wiederherstellung des Parks erforderliche Geld. Der war nicht nur ungepflegt, sondern durch den Bau von drei langgestreckten, grauverputzten Mietshäusern mit insgesamt achtzig Wohnungen in unmittelbarer Nähe des Schlosses verschandelt worden.

Aber selbst dann, wenn Geld kein Problem dargestellt hätte, wäre die Frage geblieben, zu welchem Zweck Schloß und Park wiederhergestellt werden sollten, denn eines stand für Hardenberg von vornherein fest: Als Wohnung war ihm das Schloß zu groß und viel zu teuer. Die Rückkehr zu den alten Lebensformen kam für ihn keinen Augenblick in Betracht. Dazu fehlten alle Voraussetzungen, nicht nur die materiellen, auch die psychologischen. Hardenberg war bei Kriegsende 21 Jahre. Sein Leben verbrachte der Junggeselle in der Industrie, die Lebensverhältnisse der Bundesrepublik hatten auch seine Entwicklung und sein Lebensgefühl beeinflußt. Als Siebzigjähriger nun die Rolle eines Schloßherrn zu spielen hätte ihm auch dann ferngelegen, wenn es ihm finanziell möglich gewesen wäre.

Als die Geschwister erstmals nach dem Ende der DDR an ihren Geburtsort kamen, ging es ihnen zunächst um anderes als um eine Bestandsaufnahme. Sie wollten einen Auftrag erledigen, den ihnen die Eltern hinterlassen hatten: die Umbettung ihrer Urnen in die Familiengruft von Neu-Hardenberg und die Enthüllung einer Gedenktafel in der Kirche. Beides verbanden sie mit einem Gottesdienst und einem Empfang in der alten Orangerie des Schlosses, mit dem sie sozusagen ihre Rückkehr offiziell sichtbar machten. Dreihundert Gäste hatte die Familie dazu geladen, zur Hälfte Freunde, die zumeist aus dem Westen angereist waren, zur anderen Hälfte Neu-Hardenberger. Bei ihrer Einladung half die orts- und menschenkundige Frau Behnke. Denn daß sich an der Einstellung zu den Hardenbergs in Marxwalde/Neu-Hardenberg die Geister schieden, das wußten sie auch damals schon. Unvergessen war ihnen der Brief, in dem der damalige SED-Bürgermeister des Dorfes, Linse, 1958 die Bitte ihrer Mutter abgewiesen hatte, die Urne mit den Überresten ihres verstorbenen Mannes in Neu-Hardenberg beisetzen zu dürfen. Die Antwort war: »Wir haben in unserem Land die Junker und Großgrundbesitzer von dannen gejagt und wollen weder sie noch ihre Asche wiederhaben.«

Das war 1990 Vergangenheit. Am 22. Juli 1990 konnten die Urnen auf dem kleinen Familienfriedhof hinter der Schinkelschen Kirche beigesetzt werden. Der neue Bürgermeister Lier forderte die Hardenbergs auf, ihr altes Eigentum wieder in Besitz zu nehmen. Dazu brauchte Hardenberg aber nicht nur die Rückübertragung der Treuhand, sondern auch einen potenten und geeigneten Nutzer für das Schloß. Bei der Suche half ihm, wie so oft im Leben, der Zufall: Hardenberg fragte einen alten Bekannten, der in führender Position des Deutschen Sparkassen- und Giroverbandes tätig war, ob er nicht ein Unternehmen, eine Bank, einen Verband oder sonst eine kapitalkräftige Organisation kenne, die sein Schloß als Tagungs- oder Studienzentrum nutzen und es dafür wiederherstellen wolle.

Der Mann dachte nach und fand einen Interessenten: seinen eigenen Verband. Der war inzwischen zu der Erkenntnis gekommen, daß sich für ihn durch den Fall des Eisernen Vorhangs ein

*Das alte barocke Schloß aus der friderizianischen Zeit, das Langhans 1785 bis 1790 umgebaut hatte. Der Fürstkanzler Hardenberg ließ es nach den Freiheitskriegen erweitern und durch Karl Friedrich Schinkel in streng klassizistischem Stil umbauen und aufstocken.*

*Schloß und Park in Neu-Hardenberg im Winter 1996. Inzwischen hat der Sparkassenverband den Besitz erworben.*

*Interieur aus Schloß Neu-Hardenberg mit Bildnis Friedrichs II. Das Gemälde Emanuel Bardous (1786) hatte immer einen Ehrenplatz.*

*Das alte Gut Lietzen mit seiner aus dem 12. Jahrhundert stammenden Komturei ist in seiner bescheidenen Würde eine der schönsten Besitzungen des östlichen Brandenburg. Heute wird es von Gebhard von Hardenberg bewohnt, der der Alt-Hardenberger Linie entstammt und von dem kinderlosen Friedrich-Carl adoptiert wurde.*

riesiges Betätigungsfeld in Mittel- und Osteuropa eröffnet hatte. Die Möglichkeit, mit Neu-Hardenberg einen repräsentativen Sitz im Osten Deutschlands zu erwerben, verbesserte die Ausgangsbedingungen hierfür. Dies ergab sich aus der geographischen Lage nahe der Oder und damit der Ostgrenze Deutschlands ebenso wie aus dem Namen. Mit Neu-Hardenberg läßt sich an den Widerstand gegen Hitler ebenso anknüpfen, wie an die Stein-Hardenbergschen Reformen von 1810, die den Städten und Gemeinden in Preußen die Selbstverwaltung brachten. Sie sind die Existenzgrundlage des Deutschen Sparkassenverbandes.

So wurde man handelseinig. Der Deutsche Sparkassen- und Giroverband verpflichtete sich, im Schloß und in den beiden zu ihm gehörenden Kavaliershäusern ein internationales Konferenzzentrum einzurichten, in dem Tagungen und Lehrgänge mit nationaler und internationaler Beteiligung stattfinden sollen. Geplant ist, Renovierung und Umbau bis zum Jahre 2000 abzuschließen. Die damit verbundenen Verpflichtungen sind erheblich. Sie schließen nicht nur die Totalrenovierung der Gebäude und die Einrichtung von Sitzungs- und Arbeitsräumen sowie sechzig Doppelzimmern für Tagungsteilnehmer ein. Teil des Vertrages ist auch der Abriß der drei tristen Mietskasernen im Park und der Neubau des dort verlorengehenden Wohnraumes an anderer Stelle in Neu-Hardenberg sowie die Wiederherstellung des 40 Hektar großen Parks.

Die Kosten für dieses Projekt werden mit achtzig Millionen Mark veranschlagt. Das ist dem Sparkassenverband die neue Adresse wert. Sie hilft ihm in seinem Bestreben, im Vergleich zu den großen deutschen Banken nicht länger als ein Mitbewerber eher provinziellen Zuschnitts wahrgenommen zu werden. Allerdings waren dem Sparkassenverband achtzig Millionen Mark zuviel Geld, um sich auf den ursprünglichen Vorschlag Hardenbergs einzulassen, Schloß und Park für 99 Jahre in Erbpacht zu übernehmen. Hardenberg beugte sich der Einsicht, daß er Schloß und Park verkaufen mußte, um sie zu erhalten und in alter Schönheit wiedererstehen zu lassen. Das fiel ihm nicht leicht, war aber die Voraussetzung dafür, die Anlage durch eine zeitgemäße Nutzung auf Dauer sichern und damit zugleich dringend benötigte Arbeitsplätze schaffen zu können. Künftig wird das Schloß nicht nur Touristen anziehen, sondern auch Gäste aus Wirtschaft und Politik des In- und Auslandes. Damit verschafft das Schloß in seiner künftigen Funktion dem Ort eine Beachtung, die ihm ansonsten versagt geblieben wäre, denn außer dem Namen Hardenberg und seinem Nimbus besitzt er nichts, was ihm jene Zuwendung verschaffen könnte, die zur Lösung seiner Probleme so dringend benötigt wird.

Daß das Schicksal des Schlosses, das Engagement seiner einstigen Besitzer und die damit verbundenen Veränderungen im Dorf bei dessen Bewohnern größte Aufmerksamkeit finden, versteht sich von selbst. Von den Umbauplänen sind besonders die Mieter der achtzig Wohnungen betroffen, die wegen der Wiederherstellung des Schloßparks abgerissen und an anderer Stelle neu gebaut werden sollen. Daß dies nicht gegen, sondern nur mit der Zustimmung der Betroffenen geschehen kann, war von Anfang an für die Hardenbergs selbstverständlich.

So wurde aus einer Vertragsverhandlung zwischen den Hardenbergs und dem Sparkassen- und Giroverband nicht nur faktisch eine öffentliche Angelegenheit, sondern auch formal. Bürgerversammlungen diskutierten das Für und Wider der angestrebten »Sparkassen-Lösung«. Sie prüften, ob die neuen Wohnungen den Wünschen der vom Umzug Betroffenen in Ausstattung, Lage und Mietpreis entsprechen. Erst als das gesichert war, konnte der Vertrag über die gütliche Einigung unterschrieben werden.

Die Diskussionen zeigten aber, daß es nicht nur um diese Fragen ging. Einem Teil der Neu-Hardenberger fiel es schwer, sich mit der Wiederinbesitznahme von Schloß und Park durch die Hardenbergs abzufinden oder ihr gar innerlich zuzustimmen. Ein halbes Jahrhundert sozialistischer Bewußtseinsbildung durch die SED zeitigte Folgen. Als Hardenberg sein Sparkassenkonzept auf einer Bürgerversammlung erläuterte, hielt ihm der letzte Altbürgermeister aus SED-Zeit, Hanke, vor, er breche mit diesem Vorhaben sein Wort, denn er habe doch versprochen, er wolle für sich im Schloß nicht mehr als zwei Zimmer in Anspruch nehmen. Nun aber fordere er das ganze Schloß, um es der Sparkasse zu überlassen. Es bleibe für ihn bei den zwei Zimmern, lautete Hardenbergs Antwort, aber was solle denn aus dem übrigen Schloß werden? »Würden Sie etwa dem Staat ein Schloß schenken, wenn Sie eins hätten?« fragte Hardenberg zurück. Die Frage blieb offen. Hanke würde das vermutlich nicht tun, aber ob dies seine emotionale Reserven mindert, ist eine andere Frage.

Der Staat jedenfalls kann hochzufrieden darüber sein, daß sich der Alt- und Neubesitzer Hardenberg selbst um sein Schloß gekümmert und eine Verwendung dafür gefunden hat, die dem Gemeinwohl dient und dem notleidenden Ort Arbeitsplätze bringt, ohne den Staat Geld zu kosten. Für die Gemeinde ist es ein Gewinn, wenn sie künftig Gäste beherbergen und Aufmerksamkeit für sich gewinnen kann. Vor allem aber müßte sie die so entstehenden Arbeitsplätze schätzen.

Das alles kann man nachvollziehen und einsehen. Ob solche Sachargumente aber auch die innere Einstellung derjenigen verändern, die von der DDR geprägt wurden, bleibt abzuwarten. Der Großgrundbesitzer galt in den Augen des Regimes als ein Klassenfeind, weil er Großgrundbesitzer war. Nun ist er zurückgekehrt und erhält als Eigentum zurück, was er aus ihrer Sicht gar nicht braucht, denn er hat ja all das, was er benötigt, um sorgenfrei leben zu können. Wozu also bekommt er noch mehr, während sie selbst doch schon zufrieden wären, wenn sie — wie sie es sich von der Wiedervereinigung erhofft haben — endlich das bekämen, was er längst hat: ein gesichertes Einkommen, eine schöne Wohnung in Düsseldorf, ein schickes Auto und als rüstiger Rentner auch noch Zeit, um Urlaub zu machen.

Warum bekommt so einer noch ein Eigentum zurück, das er, so gesehen, doch gar nicht braucht, das ihm genaugenommen sogar nur Arbeit und Probleme bereitet, um die er sich kümmern muß? Und wie steht es um die Lösung ihrer eigenen, viel drängenderen Probleme? Wo bleibt der Silberstreif, der das Ende ihrer Arbeitslosigkeit verspricht und ihrem Leben wieder Sinn und Ziel gibt?

Man kann all diese Fragen mit der Feststellung beantworten, hier würden Äpfel und Birnen miteinander verglichen, also Dinge, die nicht miteinander vergleichbar seien. Die Wiederherstellung der Eigentumsordnung sei eine Sache, der Wiederaufbau der von der SED ruinierten Volkswirtschaft eine andere. Man kann darauf hinweisen, daß der wirtschaftliche Wiederaufstieg des Landes wie des einzelnen die Achtung des Eigentums und die Ächtung des Rechtsbruchs zur Voraussetzung hat.

Das Spannungsfeld zwischen den Hardenbergs und Neu-Hardenberg, genauer gesagt, einem Teil seiner Bürger, bietet dafür ein brauchbares Beispiel. Ohne die Rückkehr Hardenbergs wären die Probleme des Dorfes kein Jota geringer, im Gegenteil. Die Investition von achtzig Millionen Mark in Renovierung und Umbau von Schloß und Park, in den Bau neuer Wohnungen und die davon ausgehenden Anreize zu weiteren Investitionen wie die Nutzung des heute stillgelegten ehemaligen Militärflughafens für den zivilen Luftverkehr werden die Arbeitslosigkeit in Neu-Hardenberg nicht erhöhen, sondern senken. Das alles läßt sich belegen und muß als Argument genutzt werden, auch wenn es nicht von heute auf morgen das Bewußtsein der Menschen verändert.

Doch dafür braucht man Geduld, Zeit und Zuwendung, denn es geht nicht nur um materielle Verbesserungen, es geht um das Selbstwertgefühl, also die »Befindlichkeit«. Bis 1989 wurde den »DDR-Bürgern« vorgegaukelt, sie selbst, die »Arbeiter und Bauern«, seien die Mächtigen, ihnen gehöre alles und alles, was geschehe, geschehe durch das Volk und für das Volk; kurz, sie selbst seien der Zweck, das Ziel und der Inhalt der Geschichte. In Neu-Hardenberg mag dies noch deutlicher spürbar sein als anderenorts. Die Folgen der Zeitgeschichte haben sich in der Zusammensetzung seiner Bevölkerung, in seiner Struktur niedergeschlagen. In dem 1948 in Marxwalde umbenannten Dorf baute die Nationale Volksarmee einen Luftwaffenstützpunkt auf. Dort waren die Flugstaffeln der Partei- und Staatsführung mit ihren Passagiermaschinen und Hubschraubern sowie ein Jagdgeschwader stationiert. Wohnungen für 2300 Soldaten und ihre Angehörigen wurden gebaut.

So ergab sich ein Ort völlig neuer Prägung. Zu dem alten Dorf mit etwa 1200 Bauern und Handwerkern kamen Piloten, Mechaniker und andere Uniformträger mit ihren Familien, alle an den neuen Staat gebunden und zur Loyalität gegenüber der Partei verpflichtet. Das führte schon zu DDR-Zeiten zu Spannungen mit den Alteingesessenen.

Dann kam die Wende. Am 1. Januar 1991 wurde mit Unterstützung der alteingesessenen Bevölkerung der alte Name Neu-Hardenberg auf den Ortseingangsschildern neu enthüllt. Abermals spielte Frau Behnke die Rolle einer politischen Kraft, erinnert sich der Marxwalder und Neu-Hardenberger Pfarrer der Wendejahre, Martin von Essen, und fügt hinzu: »Ich kann mir gut vorstellen, daß solche Rückbenennung heute nicht mehr möglich wäre, weil die Altkommunisten dort auch nach der Rückbenennung ein massives politisches Übergewicht haben. Ich erinnere mich sehr gut: Bei den ersten Kommunalwahlen gab es in Marxwalde eine Ortsgruppe von ca. 500 eingetragenen PDS-Mitgliedern. Im Vergleich dazu gab es eine Ortsgruppe der SPD mit 32 Mitgliedern und der CDU von 44 Mitgliedern. Die Regionalwahl ist nur deswegen einigermaßen glimpflich ausgegangen, weil sich die CDU und die SPD mit den Liberalen relativ schnell zu einer großen Koalition zusammengeschlossen haben. Nur so konnten sie in Marxwalde die Mehrheit bekommen, und nur durch diese Mehrheit konnten sie dann die Umbenennung per Beschluß durchsetzen. Im Verlauf der Wende konnten wir auch durchsetzen, daß wir freiwilligen Religionsunterricht anbieten durften.«

All das hat zu dem Entschluß Hardenbergs beigetragen, den Stammsitz nicht wieder zu seinem ständigen Wohnort zu machen. Auch die Entscheidung, die Leitung der Land- und der Forstwirtschaft nicht mehr in die eigenen Hände zu nehmen, war dafür wichtig. Mit Siebzig, so befand Friedrich-Carl, sei es besser, den Wiederaufbau einem Jüngeren zu übertragen, einem, der das fachliche Wissen dafür besaß – und der ihm nahestand. Dafür boten sich in der Großfamilie der Hardenbergs mehrere Kandidaten an. Friedrich-Carl entschied sich für Gebhard von Hardenberg, einen Verwandten aus der Alt-Hardenberger Linie, bei dessen Großeltern er und seine Familie 1945 eine herzliche Aufnahme gefunden hatten.

Gebhard, der 1959 in Göttingen geboren wurde, ist ein erfahrener und erfolgreicher Landwirt. Als 26jähriger hatte er 1985 das väterliche Gut Wolbrechtshausen mit 600 Hektar übernommen. Somit hatte er bereits praktische Erfahrung in der Leitung eines landwirtschaftlichen Großbetriebes, als ihn »Onkel Fritze« 1990 fragte, ob er bereit sei, den landwirtschaftlichen Betrieb von Neu-Hardenberg zu übernehmen. Welche Chance und Herausforderung dies darstellte, das konnte kaum jemand besser ermessen als Gebhard selbst. Die Fläche übertraf die seines Gutes Wolbrechtshausen um ein Vielfaches. Kraß unterschiedlich waren auch andere Faktoren wie die Bodenqualität und die Niederschlagsmenge. Auf den Flächen des Gutes Neu-Hardenberg-Lietzen liegt die Bonität des Bodens bei durchschnittlich 33 Punkten, die Niederschlagsmenge bei jährlich 460 Millimeter, beides Faktoren, die nur relativ bescheidene Erträge zulassen. Um die gleiche Menge zu ernten, für die er in Wolbrechtshausen einen Hektar benötigt, waren in Lietzen etwa zwei Hektar erforderlich.

Je genauer Gebhard das Angebot seines Onkels prüfte, um so deutlicher wurden für ihn die Probleme erkennbar, auf die er sich einließ. Rechtsgrundlage für den Anspruch des Onkels auf Rückgabe der einstigen Standesherrschaft Neu-Hardenberg war die nachgewiesene Beschlagnahme des gesamten Besitzes nach dem 20. Juli 1944 und die Verhaftung des Eigentümers. Mit ihr wurde die Enteignung eingeleitet, auf der der Anspruch auf Rückgabe beruht. Der Nachweis des alten Besitzes in den Grundbüchern aber ist nicht mehr möglich, weil die Grundbücher nicht mehr existieren. So mußten die Hardenbergs Zeitzeugen beibringen, die bereit waren, der Treuhand im einzelnen zu bezeugen, was ihnen bis 1944 gehört hatte. Das waren insgesamt 7369 Hektar, von denen 3555 Hektar Ackerfläche, 3611 Hektar Wald und 203 Hektar Wasserfläche waren. Sie waren auf acht Güter verteilt, die als selbständige wirtschaftliche Einheiten die Herrschaft Neu-Hardenberg bildeten: das Gut Tempelberg, das mit 915 Hektar schon vor der Schenkung des Königs von 1814 den Hardenbergs gehört hatte; Gölsdorf mit 752 Hektar; das Forstgut Dehmsee mit 703 Hektar; Baerwinkel mit 375 Hektar; Neu-Hardenberg mit 1534 Hektar; Neufeld mit 171 Hektar und Rosenthal mit 1004 Hektar.

Das größte der acht Güter aber war Lietzen mit 2038 Hektar gewesen. Dort hatte der Güterdirektor seinen Sitz gehabt, dort saß bis 1990 auch die Leitung des Volkseigenen Gutes »Tier- und Pflanzenproduktion Lietzen«, das 7500 Hektar Ackerland bewirtschaftete. Zentrum dieses Gutes war bis 1945 die Komturei Lietzen gewesen, ein in der Mark Brandenburg architektonisch wohl einmaliger Ort. Auf einer kleinen Anhöhe oberhalb des Küchensees stehen dort eine romanische Kirche, ein Herrenhaus und eine Scheune, alle mit steilem Dach und aus braunem, weißem und rosafarbenem Quarz und Granitsteinen gebaut. Sie und die aus dem gleichen Material aufgeschichtete Mauer, die das 19 Hektar große Areal umgibt, sind Teil der Komturei, die der Templerorden im 12. Jahrhundert hier errichtet hat. Daß sie so alt sind, bezeugt die Urkunde, mit der der Bischof von Lebus die Belehnung des Ordens im Jahre 1222, etwa 80 Jahre nach ihrem Bau, bestätigt hat. In ihr sind Kirche und Herrenhaus bereits erwähnt.

Die Hardenbergs ließen im vorigen Jahrhundert auf dem Gelände einen Wirtschaftshof aus rotem Backstein errichten, von dem heute nur noch Mauerreste stehen. Die Leitung des Volkseigenen Gutes verschmähte diesen Ort. Sie baute sich wenige Kilometer weiter eine neue Zentrale, zu der neben den Bürogebäuden für die Leitung auch umfangreiche Werkstätten, Garagen und riesige Hallen gehörten, in denen Getreide und Feldfrüchte sachgerecht gelagert und, falls nötig, getrocknet werden konnten. Die einstige Komturei aber erhielt einen neuen Bestimmungszweck. Sie wurde zum Zentrum der Schweinezucht des Volkseigenen Gutes. Dazu wurden auf dem Gelände insgesamt 25 Hallen von jeweils 60 Metern Länge und 20 Metern Breite für insgesamt 5 000 Schweine gebaut. Als die DDR Bankrott anmelden mußte, war ein Teil dieser Hallen in einem so maroden Zustand, daß die Schweine durch die durchgerosteten Gitter, auf denen sie standen, brachen und in der darunter stehenden Gülle ertranken. Ein bestialischer Gestank lag über dem Gelände. Die Entsorgung der Gülle war ein kaum mehr beherrschbares Problem geworden. »Schweine-KZ« lautete die treffende Bezeichnung für die einstige Komturei.

Gebhard hatte Lietzen 1986 als Tourist erstmals gesehen, aus familiär begründeter Neugier, nur um sich einmal anzusehen, wo die Neu-Hardenberger Vettern früher gewirtschaftet hatten. Nun, nach dem Angebot des Onkels, fuhr er 1990 abermals hin, um zu erkunden, was ihn erwarten würde, falls er das Angebot annähme. Was er vorfand, war ein Volkseigenes Gut mit etwa 300 Beschäftigten, darunter allein elf Heizer. Die Gebäude waren in den unterschiedlichsten Stadien des Verfalls, nicht weil die Betriebsleitung nichts taugte, sondern weil die ständige Erhöhung der Produktionsziele sie zwang, längst abbruchreife Ställe weiter in Betrieb zu halten.

Das Chaos von Lietzen entsetzte Gebhard zwar, schreckte ihn aber nicht ab. Den Ausschlag gaben weder die vorhersehbaren Herausforderungen und Anstrengungen noch die Trennung von den Freunden und Verwandten im bisherigen Mittelpunkt seines Lebens, sondern die Überzeugung, daß man solch eine Chance nicht ausschlagen dürfe. »Was sollen wir in zwanzig Jahren unseren Kindern sagen, wenn wir ablehnen«, lautete für Gebhard und für seine Frau Amelie die entscheidende Frage. Um die Jahreswende 1991/92 war ihre Entscheidung gefallen. Sie sagten zu und bereiteten nun mit aller Kraft den Wechsel von Niedersachsen nach Brandenburg, von West nach Ost vor.

Die nun von ihm vorangetriebenen Bemühungen um Rückübertragung der Güter führte 1993 zum ersten Teilerfolg. Zum 1. Mai konnte er die ersten 750 der 2038 Hektar des Gutes Lietzen fremdbestellt übernehmen, weitere 750 Hektar der Güter Tempelberg und Gölsdorf folgten zum 1. Oktober 1995. Mit dem Start in Lietzen war auch die Rückgabe der Komturei verbunden, und man entschied sich, sie zum neuen Lebensmittelpunkt der Familie zu machen.

Schon im Herbst 1993 begann Gebhard damit, das »Schweine-KZ« wieder zur Komturei zurückzuverwandeln, vor allem aber das alte Herrenhaus bewohnbar zu machen. Zu diesem Zeitpunkt hatte das Volkseigene Gut längst aufgehört zu bestehen. Auf den von ihm bis 1990 bewirtschafteten 7500 Hektar waren sieben Agrargenossenschaften entstanden, von den ursprünglich dreihundert ehemaligen Arbeitskräften hatte die Treuhand die meisten entlassen. In Lietzen waren noch zwanzig Mitarbeiter beschäftigt, die Gebhard übernahm, soweit sie das wollten. Heute sind davon zehn übriggeblieben, ein Verwalter, zwei Bürokräfte, ein Maurer und sechs Landarbeiter. In den Ställen standen noch tausend Schweine. Sie sind inzwischen abgeschafft. Gebhard beschränkt sich auf den Pflanzenanbau.

Fünfzehn der fünfundzwanzig Großställe sind abgerissen, die restlichen werden folgen. Sie stehen abseits der historischen Gebäude, so daß das Ensemble von Kirche, altem Lagerhaus und Herrenhaus wieder sichtbar geworden ist. Mehrere Millionen Mark hat Hardenberg bisher in den Aufbau des Betriebs, in den Abriß der Ställe und in die Renovierung des Herrenhauses gesteckt.

Wie gut sie angelegt wurden, entdeckt man beim Betreten des Gebäudes. Der langgestreckte Bau ist Teil des einstigen Hauptgebäudes der auf das Jahr 1144 zurückgehenden Komturei, deren romanische Kellergewölbe Gebhard bei der Renovierung des Gebäudes wieder freilegen ließ. Als er das Gebäude übernommen habe, seien die Deckenstukkaturen sowie Dach und Turm der Kirche renoviert gewesen. Im November 1993 begannen die Sanierungsarbeiten am Haus, im Sommer 1994 konnte die Familie ihr neues Heim beziehen. Als sie es zehn Tage später allen Bewohnern des mit der Komturei verbundenen Dorfes Lietzen und den von außerhalb kommenden Gästen öffnete, hatte dies neben dem aktuellen auch einen historischen Anlaß: der 750. Jahrestag der Gründung der Komturei im Jahre 1144.

Unabhängig von allen historischen Bezügen aber verfolgte der neue Hausherr damit einen praktischen Zweck: den Abbau von Gerüchten und Befangenheit. Dazu eignet sich nichts besser als die Befriedigung der Neugier. Natürlich wollten die Leute wissen, wie die Hardenbergs wohnten – und deshalb wollte er es ihnen zeigen. Der Anblick, der sich dem Gast beim Betreten des Hauses bietet, ist von großer Schönheit: weite, helle Wohnräume mit hohen barocken Stuckdecken, niederländischen Landschaftsbildern an den Wänden, antike Schränke und Kommoden. Sessel und Tische bilden Wohnlandschaften unaufdringlich herrschaftlichen Zuschnitts. Durch die Fenster schweift der Blick über Terrasse und Küchensee den Hang hinunter zur alten Mühle und weiter in die karge Weite der brandenburgischen Landschaft, die keine Begrenzung als den Horizont kennt.

Als Gebhard und seine Frau im Sommer 1994 ihr neues Zuhause einweihten, durchzogen lange, festlich gedeckte Tafeln die Räume. Man feierte und bekannte sich dabei zu seiner Lebensform. »Alle kamen, alle hatten ein Wort dazu. Jeder weiß jetzt, wie die Hardenbergs wohnen. Das ist wichtig, denn die Vorstellungen, die hier bestanden, waren mehr als abenteuerlich. Ich konnte ihnen dadurch am besten begegnen, indem ich die Leute einlud«, beschreibt er seine Strategie, die darauf baut, daß nur die eigene Anschauung und die eigene Erfahrung stark genug sind, um tief verwurzelte Vorurteile korrigieren zu können.

Gebhard von Hardenberg bringt die Voraussetzungen für den Erfolg in dieser schwierigen Mission mit. Er ist von einer Freundlichkeit, die seiner Zielstrebigkeit alles Bedrohliche nimmt. »Wir sind nicht gekommen, um von allen begeistert empfangen zu werden. Wir kamen hierher, um unseren Striemel durchzuziehen und zu zeigen, daß die Hardenbergs ein bürgerliches Leben nach heutigen Maßstäben führen und ihre Arbeit tun.«

Da klingt fast beiläufig ein Selbstwertgefühl und ein Bewußtsein der eigenen Qualitäten durch, das die Unbekümmertheit erklärt, mit der der jugendlich wirkende Enddreißiger die Hürden zu nehmen gewohnt ist. Eine nach der anderen. Da sind zunächst einmal die Lietzener, insbesondere die Mitarbeiter. Ihrer Befangenheit entgegenzuwirken war einer der Gründe dafür, daß er zur Einweihung seines neuen Heims in Lietzen nicht nur die Lietzener, sondern auch diejenigen einlud, mit denen er in Wolbrechtshausen zusammengearbeitet hatte.

Und als im September 1995 die Ernte in Lietzen eingebracht war, heuerte er für seine Lietzener Belegschaft einen Bus und fuhr mit ihr dorthin, wohin man es am wenigsten erwartet hätte: auf die Reeperbahn, nach St. Pauli, in die Disko und sonstwohin. Mit »dem Grafen« auf die Reeperbahn, das ist für Lietzen und Umgebung ein starkes Stück und sorgt nicht nur für Gesprächsstoff bis ins nächste Jahr. Es hat zugleich auch viele Fragen erledigt.

Daß auch für ihn, dessen Rechtstitel und Eigentum durch den Einigungsvertrag und die Bodenreform nicht angetastet werden konnten, die öffentliche Meinung nicht bedeutungslos ist, das ist Gebhard wohl bewußt, auch deshalb, weil er bisher nur einen Bruchteil seines Eigentums zurückerhalten hat: Von den 3555 Hektar landwirtschaftlicher Nutzfläche sind es gerade 1500 Hektar; auf die Rückgabe weiterer vier- bis fünfhundert Hektar hofft er in nächster Zeit. Die Hälfte der landwirtschaftlichen Nutzfläche des alten Guts wird er trotz der Enteignung durch Hitler nicht zurückerhalten. Diese Fläche wurde zwischen 1945 und 1949 an Siedler verteilt. Ihnen soll ihr Eigentum belassen werden, um neues Unrecht zu vermeiden. Damit sind auch die Hardenbergs einverstanden.

Verloren sind auch die vier Brennereien und die zu ihnen gehörenden Brennrechte, die bis Kriegsende zu Neu-Hardenberg gehörten. Die Rückgabe der 3611 Hektar Wald steht noch aus, hat aber keine Eile, zumal mit Wald derzeit angesichts der zusammengebrochenen Holzpreise ohnehin kein Geld zu verdienen ist. Für das, was ihm nicht zurückgegeben wird, hat er Anspruch auf finanzielle Entschädigung. Die aber will er nicht. Er möchte Land gegen Land eintauschen, beispielsweise staatliches Domänenland. Ein erster Schritt in diese Richtung könnte die Überlassung von Pachtland sein. Im benachbarten Oderbruch hat Gebhard sich bereits um 800 Hektar bemüht, vergebens. Die Bodenkommission, deren Empfehlungen de facto für die Vergabe entscheidend sind, hat seinen Antrag abgelehnt, und hinter der Hand hat er auch erfahren, warum: »Jeden, nur den nicht«, lautete die Devise. Ebenso entschieden ist Hardenbergs Reaktion: »Ich lasse mich hier nicht mehr vertreiben.«

Die Grenzen, die so gezogen werden, bleiben nicht auf den beruflichen Bereich beschränkt. Die Familie insgesamt bekommt sie zu spüren, nicht tagtäglich, gelegentlich aber doch. Kontakte zur Umwelt, vom Arzt bis zu Schule, Kindergarten und Gemeindeverwaltung ergeben sich nicht zuletzt durch die Kinder. Hardenbergs haben sich ganz unzeitgemäß viele Kinder gewünscht und bekommen: Anton, Emilia, Henrich und die gerade erst geborene Helene kamen 1993 aus Wolbrechtshausen mit. Inzwischen ist mit Ludwig der erste »Ossi« – wie ihn die Familie frotzelnd bezeichnet – hinzugekommen.

Aber so viele Kinder machen Arbeit, vor allem der Mutter. Amelie von Hardenberg hat in Wolbrechtshausen als Juristin gearbeitet. In Lietzen fehlt ihr dafür die Zeit. Die benötigt sie für derzeit wichtigere Tätigkeiten, Auto fahren beispielsweise. Wie anders sollen die Kinder in die Schule nach Dolgelin und wieder zurück kommen? Sie mit dem Bus fahren zu lassen würde bedeuten, daß sie den Rest des Tages im Hort verbringen müßten und erst abends wieder nach Hause kämen. Für den einzig angemessenen Hort der Kinder aber halten die Hardenbergs das Elternhaus, und so sieht Amelie von Hardenberg derzeit ihre wichtigste Aufgabe darin, ein Taxi-Unternehmen für ihre Kinder, nicht aber eine Anwaltskanzlei zur Vertretung von Rechtsansprüchen Dritter zu betreiben.

Mit der Schule sind die Hardenbergs sehr zufrieden. Sie werde sehr gut geführt, betonen sie. Die zwischenmenschlichen Beziehungen stimmten, was sich gerade dann erweise, wenn Dinge aus dem Ruder gelaufen seien – und das komme schließlich überall vor.

Was bleibt einem jungen, weltläufigen, kontaktfrohen, lebenslustigen Ehepaar, wenn es in Lietzen seine Arbeit abgeschlossen und die Kinder ins Bett gebracht hat? Der »Freizeitwert« von Lietzen ist nach landläufigen Kriterien begrenzt; die Zahl derer, zu denen sich die Hardenbergs hingezogen fühlen, ebenfalls. Bis Frankfurt an der Oder, dem nächsten Platz, an dem man, wenn man Glück hat, eine interessante Inszenierung im Theater besuchen oder wenigstens ins Kino gehen kann, ist eine halbe Autostunde entfernt, und um dorthin zu kommen, wo wirklich etwas los ist, nach Berlin, braucht man anderthalb Stunden. Für Eltern mit fünf kleinen Kindern ist das zu weit, um es mal eben als abendlichen Abstecher in Betracht ziehen zu können. Das, so sagt Hardenberg, mache er einmal im Monat, zum Konzertbesuch beispielsweise.

Ansonsten eben Landleben. So ist es letztlich auch gewollt. Ein Glück, daß es gleich nebenan in Friedersdorf die Marwitzens gibt und das alte Pastorenehepaar Krüger in Lietzen sowieso. Aber viel Zeit bleibt ohnehin nicht, und abgesehen von den Wintermonaten kann man sich über Besuch zudem nicht beklagen, im Gegenteil. »Besuch ist wichtig«, sagt Gerhard, »aber es gibt Wichtigeres.« Da hat er wohl recht, und das nicht nur in Lietzen.

# Friedersdorf
## und die Marwitze

Fast ein Dutzend Dörfer tragen in Brandenburg den Namen Friedersdorf. Fällt der Name in Gesprächen, in denen es um die Geschichte des Landes geht, ist jedoch nur von einem Friedersdorf die Rede, jenem Dörfchen, dessen Häuser sich drei Kilometer südlich von Seelow beiderseits der Bundesstraße 167 am Rande des Oderbruchs hinziehen.

Man sieht ihm die Bedeutung, die es für die Geschichte und das Selbstverständnis Preußens und seiner einstigen Führungsschicht gehabt hat, nicht an. Die Beschreibung, mit der Fontane seine Leser vor nun gut 130 Jahren in Landschaft und Dorf einführte, ist immer noch, ja fast mehr als zu seiner Zeit, zutreffend: »Die Landschaft ist reizlos, im wesentlichen auch das Dorf.« Die dieser Feststellung folgende Schilderung ist dagegen Geschichte geworden: »Erst in der Mitte desselben, wo wir die Parkbäume, die bis dahin den Hintergrund des Bildes bildeten, in einem flachen, weit gedehnten Teiche sich spiegeln und die weißgrauen Wände des Schlosses durch das ziemlich dichte Laubwerk hindurchschimmern sehen, wird es uns leichter ums Herz. Und jetzt noch eine Biegung, und durch eine von zwei Obelisken gebildete Einfahrt hin führt uns unser Weg bis vor die gastlich geöffnete Tür.« Die Tür gibt es seit 1945 nicht mehr, ebensowenig das Herrenhaus, dem sie führte und von dem Fontane sagte, es sei »so recht das, was unsere Phantasie sich auszumalen liebt, wenn wir von ›alten Schlössern‹ hören.« Alles sei charaktervoll und pittoresk, die Front- und Seitengiebel staffelförmig mit Türmchen besetzt und die Mauern von hohen Fenstern und breiten Pfeilern gegliedert. Da gibt es Rosenbäume in der Halle und mächtige alte Kastanien im Park, Kieswege, überschattete Grasplätze und gußeiserne Böller, die »an den kriegerischen Geist, der hier durch viele Generationen hin lebendig war«, erinnern. So schildert der Dichter die Szenerie, bevor er seinen Leser an die Hand nimmt und mit ihm das Haus betritt, das nun nur noch in seiner Beschreibung besteht.

Daß Friedersdorf heute wie in der Vergangenheit überregionale Aufmerksamkeit zuteil wird, hat mit dem Namen der Familie von der Marwitz zu tun, die den Ort mit der Geschichte Preußens, ja der Deutschen verbindet. Sie gehörte zum alteingesessenen Landadel, stellte dem König von Preußen Offiziere und zog Kartoffeln und Getreide, so wie viele andere auch. 1863 erwähnte Fontane, in den letzten eineinhalb Jahrhunderten seien mehrere hundert Offiziere aus ihr hervorgegangen, darunter acht Generale. Nur fünf Familien sei es vergönnt gewesen, sie darin zu übertreffen, nämlich den Kleists, die es auf vierzehn, den Schwerins, die es auf elf, den von der Goltz, die es auf zehn und den Borks und Bredows, die es auf je neun Generale gebracht hätten.

Von diesem einstigen Ruhm strahlt nichts mehr in unsere Tage herüber. Für den Rang der Familie ist dies freilich ohne Belang. Er ist von Generalsepauletten und vom Ruhm der Waffen unabhängig, obwohl sich beides in der Familiengeschichte findet. Der Glanz, der von dem Namen noch heute ausgeht, hat seinen Ursprung nicht in gewonnenen Schlachten oder politischen Erfolgen, sondern verdankt sich Zivilcourage und sittlichem Format. Ein Marwitz ging in die Geschichte ein, weil er in exemplarischer Form den rechten Mut zum Ungehorsam besaß und dadurch unsterblich wurde. Sein Grabstein kündet davon bis heute: »Wählte Ungnade, wo Gehorsam nicht Ehre brachte.«

Die Geschichte, die hinter dieser Andeutung steht, verdient es, erzählt zu werden. Der Mann, auf dessen Grabstein dieser Satz im Jahre 1781 gemeißelt wurde, war Johann Friedrich Adolf von der Marwitz, ein Zeitgenosse des Alten Fritz, dem er während der drei Schlesischen Kriege diente. Im letzten, dem alles entscheidenden Siebenjährigen Krieg (1756–1763), vertrat er den Kommandeur des Regiments Gensdarmes und erwarb sich das Ansehen, einer der besten Offiziere des preußischen Heeres zu sein. Friedrich schätzte ihn besonders. Wie Fontane zu berichten weiß, war er nicht nur ein herausragender Soldat und Truppenführer, sondern, wie der König selbst, hochgebildet, ein Weltmann und Freund der schönen Künste und der Literatur.

Im Jahre 1759 nun hatten die mit Österreich gegen Preußen verbündeten Sachsen das Schloß Charlottenburg geplündert. Dafür wollte sich Friedrich rächen. Die Gelegenheit dazu bot sich ihm im Jahr darauf in Sachsen selbst. Seine Truppen hatten das prächtige Schloß Hubertusburg besetzt. Drei Jahre später sollte dort der gleichnamige Frieden geschlossen werden, der den Krieg beendete, Friedrich die Eroberung Schlesiens sicherte und sein Königreich zu einer der fünf großen Mächte Europas werden ließ.

Doch dies konnte Friedrich damals noch nicht ahnen. Er sann auf Rache für die Verwüstung von Charlottenburg, und so befahl er, Hubertusburg zu plündern. Der Mann, dem er diesen Befehl erteilte, war Marwitz. Bei genauerem Hinsehen erweist sich dieser Befehl als eine Aufforderung zur Bereicherung, denn das Mobiliar des Schlosses sollte nach dem Willen Friedrichs dem Offizier gehören, dessen Truppe die Plünderung zu vollziehen hatte. Marwitz aber ignorierte den Befehl. Als ihn Friedrich einige Tage später nach dem Vollzug fragte und den Befehl wiederholte, lehnte Marwitz ab. »Warum nicht?« wollte der König wissen. »Weil sich dies allenfalls für Offiziere eines Freibataillons schicken würde, nicht aber für den Kommandeur von Seiner Majestät Gensdarmes«, lautete die Antwort.

Das Gespräch fand an der Tafel des Königs – also öffentlich – statt. »Der entrüstete König stand von der Tafel auf und schenkte das Mobiliar des Schlosses dem Obersten Quintus Icilius, der bald darauf alles rein ausplünderte«, berichtet Fontane den weiteren Gang der Dinge. Quintus Icilius hieß eigentlich Guichard und stammte aus einer aus Frankreich nach Preußen eingewanderten Hugenottenfamilie. So kam er zu beträchtlichem Besitz, denn das in seiner Ausstattung reiche und in seinen Ausmaßen riesige Schloß Hubertusburg war eine fette Beute.

Für Marwitz aber führte seine Weigerung zum irreparablen Bruch mit dem König, der sich offenkundig in seinem Stolz verletzt fühlte. Zu Recht, denn das Verhalten seines Offiziers entblößte eine Schwäche, die sich Friedrich verständlicherweise nicht eingestehen wollte: Die Grausamkeit des von ihm begonnenen Krieges um Schlesien hatte ihn selbst erreicht und verändert. Aus dem vielgepriesenen Philosophen auf dem Thron war ein Herrscher geworden, der dem Bedürfnis nach Rache freien Lauf ließ. Und als sei das allein nicht schlimm genug, zwang ihn einer seiner eigenen Offiziere, sein Versagen stillschweigend einzugestehen, indem er den Ungehorsam ungesühnt hinnahm, statt ihn zu ahnden. Sein Versagen offen zu bekennen aber brachte Friedrich nicht über sich. Das hatte Konsequenzen für sein Verhältnis zu Marwitz. Er grollte ihm lebenslang. Friedrich verhielt sich fortan gegenüber diesem stolzen Mann ganz unköniglich, nämlich schäbig. Er mißbrauchte seine Befugnisse dazu, ungerecht zu sein, und überging den hervorragenden Offizier regelmäßig bei der Beförderung.

Für Marwitz war dies nicht nur eine Einbuße an öffentlicher Anerkennung und Einkommen, sondern vor allem eine persönliche Kränkung. Sie veranlaßte ihn dazu, dreimal um seine vorzeitige Entlassung aus dem Dienst in Friedrichs Armee nachzusuchen. Aber lassen wir Fontane berichten: »Bei allen Revuen« – so nannte man damals Truppeninspektionen – »nach dem Frieden [von 1763] war nun der König immer höchst unzufrieden, andere Offiziere wurden dem tapferen Gensdarmenobersten vorgezogen, und Marwitz forderte seinen Abschied. Der König verweigerte ihn. Neue Kränkungen blieben indes nicht aus, und Marwitz kam abermals um seine Entlassung ein. Keine Antwort. Da tat Johann Friedrich Adolf keinen Dienst mehr und blieb ein ganzes Jahr lang zu Hause. Nun lenkte der König ein und versprach ihm das nächste vakante Regiment. Aber vergeblich. Er ließ antworten: er habe so gedient, daß er sich kein passe-droit« – kein Übergangenwerden bei der Beförderung – »brauche gefallen zu lassen; was geschehen sei, sei geschehen und könne kein König mehr ungeschehen machen. Zugleich forderte er zum drittenmal seinen Abschied und erhielt ihn nun (1769).«

Mit 46 Jahren zog sich Marwitz nach Friedersdorf zurück, um zu privatisieren. Der Konflikt mit dem König muß ihn sehr belastet haben. Nun, da dieses Kapitel für ihn mit der Verweigerung der ihm sonst sicheren militärischen Karriere in Armee und Staat abgeschlossen war, fehlte ihm die Entschlußkraft zu einem neuen

Anfang als Gutsbesitzer. Er lebte, wie Fontane erzählt, in den Tag hinein und vertrieb sich die Zeit mit Gesellschaften und Glücksspielen, wozu er sich im Park eigens eine Laube hatte bauen lassen. Einer seiner Mitspieler war jener Oberst Guichard, der statt seiner das Schloß Hubertusburg geplündert und das Inventar an sich gebracht hatte. Zu seiner Beute hatte auch die Bibliothek des Schlosses gehört, und die setzte Guichard nun beim Spiel als Pfand ein. Marwitz spielte mit Erfolg. Stück für Stück brachte er die einstige Schloßbibliothek von Hubertusburg an sich, die er als Kriegsbeute ausgeschlagen hatte. Bis 1945 hatte sie in Friedersdorf ihren Platz.

Was hatte Marwitz getan? Worin lag die Bedeutung seiner Entscheidung? Zunächst einmal hatte er einen Befehl seines Königs ignoriert, sodann seinen eigenen Vorteil ausgeschlagen. Daß beides deckungsgleich ist, kommt selten vor. Hier haben wir es mit einer der wenigen Ausnahmen zu tun. Der Vollzug des Befehls wäre mit einer enormen Selbstbereicherung identisch gewesen – und Marwitz wußte das. Damit widerstand er der Versuchung, dem Befehl seines Königs und zugleich seinen materiellen Interessen zu folgen. Er tat sogar genau das Gegenteil: Er mißachtete einen Befehl und setzte sich damit formal ins Unrecht, ja er setzte sich der Gefahr aus, die Folgen einer Befehlsverweigerung tragen zu müssen, also die Todesstrafe in Kauf zu nehmen. Aber selbst wenn Marwitz dies aufgrund seiner Nähe zum König nicht zu befürchten brauchte: daß er eine enorme Beute ausschlug, war offenkundig. Ebenso war absehbar, daß dies seine Beziehungen zum Monarchen nicht fördern, sondern belasten mußte. Und dennoch: Wichtiger als der Befehl und die möglichen Konsequenzen war ihm das, was man Ehre nennt, der Anspruch an sich selbst, so zu handeln, wie es die eigene Einsicht in das, was gut und was böse, was falsch und was richtig ist, fordert. Die Kraft und die Überwindung, die erforderlich sind, um dieser Einsicht auch dann zu folgen, wenn es mit äußeren Nachteilen verbunden ist, nennt man Mut. Marwitz hatte also den Mut, das zu tun, was sein Ehrgefühl von ihm forderte. Damit erwies er sich als eine sittliche Persönlichkeit, die die Freiheit in Anspruch nahm, das zu tun, was das Gewissen als richtig und damit als notwendig vorgab.

Eben das ist es, was Johann Friedrich Adolf von der Marwitz, geboren 1723, gestorben 1781, zu einer exemplarischen Persönlichkeit gemacht hat. Dadurch wurde er zu einer moralischen Leitfigur, zum Symbol für recht verstandenes Preußentum. Zu seinen Vorzügen gehört, daß ihm der blinde Gehorsam fremd ist, weil es den bedingten, den von der Einhaltung sittlicher Normen abhängigen Gehorsam will. Deshalb hat in seinem Wertsystem auch der verantwortete Ungehorsam seinen Platz.

Zum Symbol dieser Lebenseinstellung wurde die schon zitierte Inschrift seines Grabsteins: »Wählte Ungnade, wo Gehorsam nicht Ehre brachte.« Sie galt Generationen von Junkern und preußischen Offizieren als vorbildlich. Das so geprägte Bewußtsein wirkte noch, als sich Deutschland schon auf dem Weg in die Katastrophe befand. Carl-Hans Graf von Hardenberg, einer der Männer des 20. Juli 1944, erinnerte sich in seinen Aufzeichnungen, wie er schon im Sommer 1941, während des Vormarsches der Wehrmacht über die Beresina, mit Henning von Tresckow über die Notwendigkeit, Hitler zu beseitigen, gesprochen habe und wie sie beide schließlich zu der Einsicht gekommen seien, Hitler müsse mit Gewalt beseitigt werden. »Es dauerte Tage und Wochen, bis im neuen Quartier in Smolensk der Entschluß gefaßt wurde: Wir müssen handeln. Das Wohl des Volkes verlangt den vollen Einsatz von uns. Auch im Falle des Mißglückens muß der Welt gezeigt werden, daß es in dieser Zeit Männer gegeben hat, die, wie der Grabstein von Marwitz in Friedersdorf sagt, Ungnade wählten, wo Gehorsam nicht Ehre brachte.«

Hardenberg, einer der Hauptbeteiligten der Verschwörung, stellt damit einen unmittelbaren Bezug zwischen der ethischen Haltung Marwitzens und derjenigen der Verschwörer gegen den Tyrannen her. Sein Selbstverständnis wurde ihnen zur Verpflichtung, das sittlich Gebotene zu tun – und koste es das Leben.

Aber so hoch wir Johann Friedrich Adolf von der Marwitz auch zu schätzen wissen – er war bei weitem nicht der einzige, der in der Geschichte seines Landes etwas bedeutet hat. Viele Mitglieder der Familie haben zu ihrer Zeit eine herausragende Rolle gespielt. Von Bedeutung für uns Nachgeborene ist auch Friedrich August Ludwig von der Marwitz, der von 1777 bis 1837 lebte und zum

Haupt der konservativen Reaktion gegen die preußischen Reformer Stein und Hardenberg wurde.

Fontane nahm ihn zum Vorbild für Berndt von Vitzewitz, eine der Hauptfiguren seines ersten Romans »Vor dem Sturm«.

Friedrich August trat mit dreizehn Jahren in die Armee ein, mit 25 verließ er sie erstmals. Aber nicht seine militärischen Leistungen machten ihn bedeutsam, sondern der offene Widerstand, mit dem er sich der Reformpolitik des Fürstkanzlers Hardenberg widersetzte, als der die Rechte der Landstände, also der Standesorganisation des Landadels, brach, indem er ihr Vermögen einzog. Für Hardenberg ging es darum, zwei Probleme auf einmal zu lösen: die Finanznot des Staates zu mildern und den Ständestaat in einen modernen Verfassungsstaat umzuwandeln, der die rechtliche Gleichheit aller seiner Bürger zur Voraussetzung hat.

Bei der Verfolgung dieser Ziele war Hardenberg, der nach dem von Napoleon erzwungenen Rücktritt des Freiherrn vom Stein am 6. Juni 1810 zum preußischen Staatskanzler mit umfassenden Kompetenzen geworden war, nicht wählerisch und scheute auch vor der Verletzung fundamentaler Rechtsnormen nicht zurück. So berichtet Fontane davon, daß Hardenberg Domänen, die der Staat bereits an die Stände veräußert hatte, ein weiteres Mal an Privatpersonen verkaufen ließ, so daß die Stände vom Staat um ihr Eigentum geprellt wurden. Tilgungsfonds, die die Stände gebildet hatten, wurden von Hardenberg eingezogen, ohne daß er den Ständen die Schulden erlassen hätte, für deren Tilgung sie angelegt worden waren. Und als sei dies alles noch nicht genug an Rechtsbrüchen, drangen Beamte gewaltsam in das Landschaftshaus, den Sitz der Landstände, ein, erbrachen die Kasse des Landarmeninstituts, der ständischen Sozialversicherung, und konfiszierten die Gelder.

Kern des politischen Konfliktes zwischen Hardenberg und den Ständen war die Abschaffung der ständischen Privilegien, etwa die Abschaffung der Steuerfreiheit für Grundvermögen, die Aufhebung der Naturallieferungen und der Vorspannpflicht der Bauern, kurz die rechtliche Gleichstellung von Bauern und Junkern, so wie sie im »Edikt über die Regelung der gutsherrlichen und bäuerlichen Verhältnisse« vom 14. September 1811 enthalten war.

Es machte aus unfreien Hintersassen der Gutsherren freie Hofbesitzer. Dagegen kämpften die märkischen Stände und an ihrer Spitze Friedrich August von der Marwitz. Zusammen mit seinem Gutsnachbarn Graf Finckenstein protestierte er dagegen, vor allem aber gegen die von Hardenberg veranlaßten Rechtsbrüche so nachdrücklich, daß der Staatskanzler zurückschlug und dafür sorgte, daß Marwitz und Finckenstein vom Berliner Kammergericht im Juli 1811 für einige Wochen in der Festung Spandau inhaftiert wurden.

Die Verbitterung hierüber war bei Marwitz zwar tief, seinem Patriotismus tat sie aber keinen Abbruch. Als sich zum Jahreswechsel 1812/1813 der Zusammenbruch der französischen Armee in Rußland und damit die Chance abzeichnete, Preußen von der Besetzung durch Napoleon befreien zu können, zögerte Marwitz keinen Augenblick, auf Hardenberg zuzugehen, um ihn für den Aufstand gegen die geschwächte französische Besatzungsmacht zu gewinnen. Hardenberg wollte noch zuwarten, aber die Entwicklung schuf neue Fakten. Marwitz trat als Major wieder in die Armee ein und wurde mit dem Aufbau einer Landwehrbrigade beauftragt, mit der er erfolgreich bei Wittenberg und Hagelberg kämpfte. An ihrer Spitze avancierte er zum General.

Fontane schätzt diesen Marwitz jedoch vor allem als politischen Kopf und sieht in ihm den Mann, der den politischen Ideenstreit in Preußen eröffnet hat. Bis zur Niederlage gegen Napoleon gab es derartiges nicht. Niemand hatte bislang das Ancien régime in Preußen in Frage gestellt. Als dies nach der Katastrophe von 1806 dann doch geschah, da ging die Veränderung von den vom König an die Spitze des Staates gestellten Reformern Stein und Hardenberg, Scharnhorst, Gneisenau, Grolmann und Boyen aus. Die erste Opposition, also die erste politische Initiative, die nicht vom König ausging oder von ihm zumindest gebilligt wurde, kam nicht von »links«, wie wir heute sagen, sondern von »rechts«. Sie war konservativ und zielte darauf, das Überkommene gegen den Willen des Königs und der Reformer zu erhalten. Ihr Repräsentant aber war Marwitz, den Fontane daher als den Urvater aller Konservativen in Preußen und im späteren Deutschland ansieht.

Deshalb auch bewertet Fontane Marwitzens Widerstand gegen den Reformer Hardenberg politisch. Rechtlich gesehen, so gibt Fontane zu, sei der Protest begründet gewesen. »Das Recht war unbestreitbar auf seiten der Stände. Der Protest war mutig und ehrenhaft.«

»Aber freilich«, so fährt der Dichter fort, »wenn er außer dem Zugeständnis, mutig und ehrenhaft gehandelt zu haben, auch noch Sympathien für die Sache wecken wollte, so mußte sich das Festhalten am Prinzip über den Verdacht einer Donquixoterie, einer bloßen *Rechtsmarotte* erheben. Auch das beste Recht, wenn es sich sträubt, einem neuen Platz zu machen, muß den Beweis erbringen, daß es mehr ist als ein toter Buchstabe, als eine Last und ein Hemmnis. Es bleibt ›Recht‹ auch ohne diesen Beweis, aber ein Recht, dem jeder wünscht, daß es dem formellen Unrecht unterliegen möge.«

Das ist eine engagierte politische Parteinahme von großer Aktualität. Denn das, was Fontane zu dem Konflikt zwischen dem »linken« Hardenberg und dem »rechten« Marwitz sagt, ist ein Plädoyer, das sich auf die heutige Zeit übertragen läßt. Auch da geht es ja wieder um Recht und Politik. Die Enteignung, mit der der Staatskanzler Hardenberg das Recht der märkischen Stände verletzte, fordert den Vergleich mit dem, was den zwischen 1945 und 1949 von den Kommunisten Enteigneten heute widerfährt, geradezu heraus. Ist es also auch heute wieder eine »Donquixoterie«, eine »bloße Rechtsmarotte«, um mit Fontanes Worten zu sprechen, wenn sich die »Junker« nicht damit abfinden wollen, daß das, was Stalin und Ulbricht anordneten, auch heute für Rechtens gilt? Gewiß wünschen sich auch heute wieder viele, daß das alte, das überlieferte Recht dem neugeschaffenen unterliegen möge. Aber steht dahinter auch heute wieder eine große Idee, die »opferfreudige Begeisterung« wecken könnte, wie Fontane sie damals erkannte? Darüber zu sprechen und mit Argumenten zu streiten, statt sich hinter Paragraphen zu verschanzen, das wäre der Mühe wert.

Zwischen der Diskussion um Hardenbergs Reformen und dem Streit um die »Landreform« der Kommunisten liegen fast zweihundert Jahre. Sie sahen den Aufstieg Preußens, die Gründung des Deutschen Reiches und seinen Untergang ebenso wie Aufstieg und Ende der DDR und der Sowjetunion. Für die Mark Brandenburg aber war das, was ihr in den ersten Wochen und Monaten des Jahres 1945 widerfuhr, am folgenschwersten. Damals wurde nicht nur das Land verwüstet: Seine Bewohner wurden vertrieben oder gebrochen. Fast alles, was sich später ereignete, hat hier seine Ursachen. Der von Goebbels ausgerufene totale Krieg hatte Berlin 1944 längst verwüstet. Die Dörfer der Mark aber waren bis dahin weitgehend intakt geblieben, ihre Fluren waren bestellt und gepflegt von denen, die nicht an der Front standen. Zu ihnen gehörte Carl Bodo von der Marwitz, Herr auf Friedersdorf, Groß Kreutz und Hackenhausen. Er war Rittmeister a.D., aber mit 55 Jahren nicht mehr eingezogen worden. Die Ostfront hatte sich im Verlauf des Jahres 1944 zwar bis an die Weichsel vorgeschoben und im nördlichen Ostpreußen die deutsche Grenze bereits überschritten, von Oder und Mittelmark aber war sie noch weit entfernt.

Das änderte sich im Januar 1945 binnen wenigen Tage. Am 12. Januar begann die Großoffensive der Sowjets. Am 31. Januar erreichten und überschritten die ersten sowjetischen Vorausabteilungen südlich von Küstrin die Oder. Damit waren sie auf Schußweite an Friedersdorf herangerückt, das an das Oderbruch unmittelbar heranreicht. Marwitz hatte Vorsorge getroffen und Frauen und Kinder abtransportieren lassen. Nur einige Bauern und er selbst waren zur Versorgung des Viehs und in der vagen Hoffnung zurückgeblieben, es könne noch etwas gerettet werden.

Das hoffte damals auch Leopold Graf Rothkirch, Leutnant in der 1. Abteilung des Panzerregiments Brandenburg. Noch im Dezember hatte er mit seinem Verband, der Panzerdivision Großdeutschland, in Ostpreußen gestanden. Von dort war er nach Ungarn verlegt worden, um an der letzten deutschen Offensive an der Ostfront teilzunehmen. Mitte Januar bekam sein Verband den Befehl, Waffen und Gerät abzugeben. Mit dem Zug brachte man ihn und seine Kameraden nach Sagan in Schlesien, wo sie nochmals mit modernsten Panzern ausgerüstet wurden.

Am 3. Februar 1945 wurden sie in Rosengarten, fünf Kilometer westlich von Frankfurt an der Oder, direkt hinter der Front ausgeladen. Wenige Kilometer nördlich, am Reitweiner Sporn, hatten die Sowjets einen Brückenkopf auf dem westlichen Ufer der Oder gebildet. Aus dieser Stellung sollten sie über die Oder zurückgeworfen werden. Dazu aber reichten die Kräfte nicht. So wurden die Panzer zurückgezogen. Rothkirch erhielt den Auftrag, das Gelände zu erkunden. Dabei hatte er auch festzustellen, welche Gehöfte noch bewohnt, welche Telefonleitungen noch intakt waren.

So kam er auch nach Friedersdorf, wo er den alten Marwitz traf. Aus den Fragen, die sich aus seinem Erkundungsauftrag ergaben, entwickelte sich ein Gespräch, Marwitz bat den jungen Mann in sein Haus. Man fand Gefallen aneinander, Marwitz lud Rothkirch zum Essen ein und forderte ihn auf, wiederzukommen, was der gern tat, denn Zeit dazu hatte er genug. Man wartete auf den entscheidenden Schlag, den Angriff auf Berlin. Eines Abends fragte Marwitz seinen Gast nach seinem Geburtsjahr. »1923«, lautete die Antwort. Da bekam der Diener, der ebenso wie die Beschließerin Auguste Jahn mit Marwitz bis zuletzt die Stellung hielt, den Auftrag, den Bordeaux dieses Jahrgangs aus dem Keller zu holen.

Geeignetere Anlässe durfte man nicht mehr erwarten. Der Angriff kündigte sich mit dem stärker werdenden Feuer der Sowjets an. Das Herrenhaus wurde schwer getroffen. Die letzten Tage und Nächte verbrachten Marwitz und seine Getreuen im Keller. Am 13. April kam Rothkirch noch einmal mit der Warnung, der Angriff stehe unmittelbar bevor. Man wünschte sich ein letztes Mal Glück.

Dann ist es soweit. Vor dem Morgengrauen des 16. April 1945 setzt aus vielen tausend Rohren ein Artillerieschlag der Sowjets ein, der den Sturm auf die Seelower Höhen einleitet. Zwei Kilometer östlich von Friedersdorf, an der Abbruchkante zum Oderbruch, beginnen die deutschen Stellungen. Der deutsche Widerstand ist verbissen, aber die Überlegenheit der Sowjets bricht ihn. Am 19. April kommt Rothkirch mit seinen Panzern ein letztes Mal nach Friedersdorf. Er soll die eingedrungenen sowjetischen Panzerspitzen aus dem Dorf werfen. Am 20. April kämpft seine Abteilung noch. Aber seine letzten Panzer werden abgeschossen, sein letzter Hoffnungsfunke erlischt, der Verband löst sich auf. »Rette sich, wer kann, durchschlagen nach Westen!« lautet die letzte Parole.

Während die ersten sowjetischen Panzer in das zerschossene Dorf eindringen, reitet Marwitz vom Hof. In der Kutsche, die vor ihm losfährt, sitzen sein Diener und die Beschließerin des nun aufgegebenen Herrenhauses. Zu dem wenigen, was sie mit sich führten, gehört ein silberner Pokal, der in der Familie Marwitz einen besonderen Rang hat. Er gehörte einst jenem Friedrich August Ludwig von der Marwitz, der als Feind der preußischen Reformen und als Inbegriff des bauernfeindlichen und reaktionären »Junkers« in die Geschichte einging. Seine Friedersdorfer Bauern haben das damals offenkundig anders empfunden und ihm eben diesen Pokal als Zeichen ihrer Verehrung zur Geburt seines Sohnes Gebhard am 4. Oktober 1818 geschenkt. Datum und Widmung sind ebenso eingraviert wie die Namen derjenigen, die ihn schenkten: Bürgermeister Schulz Ostwald, Gries, Melcher, Schaale, Jänsch, Jädicke, Patischke, Wollanck, Mixdorff, Ostwald, Kliems, Kietzer und Ewald.

Wie das Verhältnis der Bauern zu ihrem Gutsherrn war, das belegt ihr Geschenk. Wie aber das des Gutsherrn zu seinen Bauern war, verrät der Rang, den das Geschenk in seinem Hause seither hatte. Marwitz benutzte es täglich, und so hielten es sein Sohn Bernhard und dessen Sohn Albert und schließlich Carl Bodo, der letzte Gutsherr in Friedersdorf.

Frau Jahn gelang es, den Pokal wohlbehalten nach Groß Kreutz zu bringen, wo sich die Familie auch nach der sowjetischen Besetzung relativ sicher wähnte, weil eine norwegische Fahne über ihrem dortigen Gutshaus wehte. Hier nämlich hatte sie Verwandten aus Norwegen Zuflucht und Unterkommen gewährt, als diese nach der Besetzung Norwegens durch die Deutschen im Jahre 1940 verhaftet und nach Deutschland deportiert worden waren.

Aber auch hier konnte die Familie nicht bleiben. Die »Landreform« vertrieb sie. Im Spätsommer 1945 muß die Familie von der Marwitz Groß Kreutz verlassen. Alle Wertgegenstände, auch der Pokal, mußten zurückgelassen werden. Abermals war es Frau Jahn, die sich seiner annahm. Sie schmuggelte ihn zunächst aus dem Gutshaus und verwahrte ihn viele Jahre. Schließlich schickte sie ihn in einem Päckchen nach Köln, wo Bodo von der Marwitz inzwischen lebte. 1982 benutzte er ihn ein letztes Mal, zwei Tage vor seinem Tod: zum Abendmahl.

In Friedersdorf aber blieb von den Marwitzen nichts. Das Haus, das ihnen über zweihundert Jahre Heimstatt gewesen war, hatte die sowjetische Artillerie verwüstet, die »Landreform« gab ihm den Rest. Die Ruine wurde als Steinbruch freigegeben, der Park den Landarbeitern als Bauland zugeteilt. Die Ackerflächen des Guts aber wurden unter die Neusiedler aufgeteilt – um wenige Jahre später in der LPG aufzugehen. Auch die Dorfkirche unmittelbar neben dem Schloß war von den sowjetischen Granaten in Mitleidenschaft gezogen worden. Sie wurde ihrem Schicksal überlassen.

Wer Anfang der achtziger Jahre auf den von Fontane vorgezeichneten Spuren nach Friedersdorf kam, der mußte suchen, um den Platz zu finden, an dem die Familie derer von der Marwitz einmal zu Hause gewesen war. Das Schloß, ja sogar die Mauern seiner Ruine waren verschwunden. Wer das Dorf von Seelow kommend durchfuhr, der passierte, kurz bevor er das Dorfende erreichte, die Reste eines Kirchleins, an das sich eine halbverfallene Mauer anschloß. Durch ihre Lücken glitt der Blick über eine Wüstenei aus Schutt und verrosteten Gerätschaften, fiel auf ein Haus, das einmal eine Scheune oder ein Stall gewesen sein mochte und dessen verfaulter First die Last der alten Dachziegel nicht mehr zu tragen vermochte. Mannshoch wucherten Disteln und andere Unkräuter über Mauerreste. Sollte hier einmal das Marwitzsche Anwesen gestanden haben? Die Nähe zur Kirche, die Reste einer einstmals stattlichen Feldsteinmauer, vor allem aber einige alte hohe Bäume, die so aussahen, als hätten sie einmal einen Park geschmückt, sprachen für diese Vermutung – mehr nicht.

Wer heute den gleichen Weg nimmt, dem bietet sich ein anderes Bild. Von weit her leuchtet ziegelrot das frisch gedeckte Kirchdach, über dem sich die neu errichtete barocke Haube des Kirchturms mit seiner vergoldeten Wetterfahne, den Schieferschindeln, dem leuchtenden Weiß des neu verputzten Turmschafts erhebt.

Gleich daneben erstreckt sich quer zum Kirchenschiff ein ebenerdiger Längsbau mit breiten, blanken Fenstern, bedeckt von einem roten Ziegeldach, aus dem drei Mansardenfenster auf die Straße hinabsehen. Rechts von dem schmucken, hell verputzten Haus stehen die Mauerreste der einstigen Scheune. Ihr eingefallener Dachfirst ist längst abgetragen. Daneben aber ist 1996 ein weiterer Bau wiedererstanden: das ehemalige Torhaus des Anwesens. Hier ist seit 1991 wieder ein Teil der Familie Marwitz zu Hause: Hans-Georg von der Marwitz, seine Frau und ihre Kinder Clara, Bernhard, Bodo, Gottfried und Johanna.

Daß sie heute wieder in Friedersdorf ansässig sind, hat jedoch nichts mit Traditionsbewußtsein zu tun. Insofern ist die Familie von der Marwitz eine Ausnahme. »Ich wollte Ackerland und hätte es auch in Österreich gepachtet, wenn ich es bekommen hätte«, sagt Hans-Georg, wenn das Gespräch diesen Punkt berührt. Diese demonstrative Distanzierung von dem Motiv, sich an angestammtem Ort wieder etablieren zu wollen und ein Eigentum, dessen man 1945 beraubt worden war, wieder in Anspruch zu nehmen, unterscheidet die Familie von der Marwitz von anderen Rückkehrern und macht die Geschichte, die dennoch zu ihrer Rückkehr führte, um so interessanter.

Hans-Georg von der Marwitz war 1990, als die DDR verschwand, gerade dreißig Jahre alt. Als er 1961 in Heidelberg als fünftes von sechs Kindern geboren wurde, war sein Vater Friedrich von der Marwitz dabei, sein Theologiestudium abzuschließen, das er als Spätberufener noch in fortgeschrittenem Lebensalter aufgenommen hatte. Der Vater, der einer in Hinterpommern ansässigen Linie der Marwitze entstammt, und die Mutter, die zweitälteste Tochter Carl Bodos von der Marwitz, waren so stark von Krieg und Vertreibung geprägt, daß davon auch ihr inneres Verhältnis zur Tradition der Familie berührt wurde. Weder die Hoffnung noch der Wunsch, das Verlorene wiederzugewinnen, blieb in ihnen lebendig. Für sie war der Besitz ihrer Familie zusammen mit der Geschichte untergegangen.

Hans-Georg von der Marwitz erinnert sich nicht daran, daß dies je ein Thema in seinem Elternhaus gewesen wäre. Er wächst zunächst in Mittelfranken, dann im oberschwäbischen Dorf Lauben bei Memmingen auf, wo der Vater Gemeindepfarrer ist. Von frühester Kindheit an ist es sein Wunsch, Bauer zu werden – eine Neigung, die die Eltern akzeptieren, ohne sie durch Karriereüberlegungen für ihren Sohn zu korrigieren. Pfarrerssöhne müssen nicht Abitur machen, lautet ihre Devise. So wächst Hans-Georg mehr in den benachbarten Bauernhäusern als im Elternhaus auf, als einer, der das breite Schwäbisch der Allgäuer Bauern schwätzt, mit denen er zu fühlen und zu denken lernt. Auf einem der Höfe beginnt er nach dem Ende der Schulzeit eine landwirtschaftliche Lehre. Als sie beendet ist, läßt sich die Frage jedoch nicht mehr verdrängen: Soll das alles sein?

Hans-Georg entschließt sich, seinen beruflichen Horizont zu erweitern, und geht an die Höhere Landbauschule nach Herford. 1985 besteht er dort, inzwischen 24jährig, die Prüfung zum staatlich geprüften Landwirt. Sein Wunsch, einen Betrieb zu übernehmen, der sich auf Pflanzenproduktion spezialisiert hat, scheint kurzfristig in Erfüllung zu gehen. In der Nähe von Verden wird er als Verwalter eingestellt.

Der Traum vom Glück ist jedoch kurz. Hans-Georg kündigt schon nach wenigen Wochen. Bevor er einen zweiten Start versucht, will er sich umsehen. Ein Jahr nimmt er sich Zeit, um andere Betriebe kennenzulernen. Erst dann gibt er dem Drängen seiner Eltern nach, das kleine Gut Missen bei Immenstadt, das die Mutter geerbt hat, zu übernehmen. Um Ackerbau zu betreiben, ist es zu klein und klimatisch zu ungünstig gelegen. Marwitz versucht es zunächst mit Rotwild, dann mit biologischer Hühnerzucht. Der Start ist mühsam. Zusammen mit seinen Eltern bemüht er sich, die Eier beim Konsumenten loszuwerden. Erst als er Zugang zum Bio-Großhandel findet, der die ebenso gesundheitsbewußten wie kapitalkräftigen Münchner mit Eiern von glücklichen Hühnern versorgt, kommt Geld in die Kasse. Marwitz beschließt seine Hühnerhaltung auf 10 000 Hühner aufzustocken – da fällt in Berlin die Mauer. Der 9. November 1989 ist da.

Dieses Datum verändert nicht nur die große Politik, sondern auch die Dispositionen des jungen Marwitz. Die sich abzeichnende Wiedervereinigung eröffnet ihm den Blick auf ein Land, das es bisher für ihn nicht gab. Damit, daß sein Großvater dort einmal

Gutsbesitzer gewesen war, hat dies nichts zu tun. Was ihn beschäftigt, ist die Hoffnung, vielleicht doch noch seinen Traumberuf ausüben, nämlich Ackerbau treiben zu können, statt auf der kleinen Fläche eines Grünlandbetriebs sein Geld durch Tierproduktion verdienen zu müssen.

Ackerbau und Viehzucht waren jedoch nicht die einzigen Dinge, die seine Phantasie damals in Anspruch nahmen. 1988 hatte er seine Frau kennengelernt, im Juni 1990 heirateten sie. Auf der Hochzeitsreise in Italien fallen die Würfel. Marwitz fragt seine Frau, ob sie bereit sei, mit ihm »in den Osten« zu gehen, falls er dort fündig werden sollte. Die Antwort war ja. Zehn Tage später fährt er nach Berlin, um zu erkunden, ob er Land kaufen oder pachten kann. Der Betrieb, den er sucht, soll möglichst nahe an Berlin liegen, denn er will zweierlei miteinander verbinden: biologischen Landbau und Direktvermarktung – so wie es sich schon im Allgäu als lukrativ erwiesen hat.

Mehr als zwanzig Betriebe sieht Hans-Georg sich an. Überall, so erinnert er sich, sei er mit offenen Armen empfangen worden. Ein Vertrag aber kommt nicht zustande. Die meist ungeklärten Eigentumsverhältnisse und die Treuhand erweisen sich als unüberwindbare Hindernisse.

So werden die Kreise, die er bei seiner Suche um Berlin zieht, immer weiter. Auch in Groß Kreutz kommt er vorbei. Hier hat das Ensemble von Kirche, Schloß und Wirtschaftsgebäuden, aus dem sein Großvater und seine Familie 1945 vertrieben worden waren, die Jahrzehnte gut überstanden. Die Voraussetzungen dafür, landwirtschaftliche Produktion, Direktvermarktung und Gastronomie miteinander zu verbinden, erscheinen ihm günstig. Er will kaufen oder pachten.

Aber in Groß Kreutz klappt es sowenig wie an allen anderen Orten, die er bislang aufgesucht hat. Alles, was er mit auf den Weg bekommt, ist der Rat, sein Glück weiter östlich zu suchen, in Briesen, bei Frankfurt an der Oder und im benachbarten Sieversdorf. Der bisherige LPG-Vorsitzende empfängt ihn zwar wie einen Retter in der Not. Aber die Fläche, die Marwitz zum Kauf angeboten wird, reicht nicht, um den Betrieb für die Banken kreditwürdig zu machen. Hans-Georg ist am Ende seines Lateins und fährt ins Allgäu zurück. »Dann eben nicht«, lautet sein Kommentar.

Dabei wäre es möglicherweise geblieben, hätte sein Vater nicht zur gleichen Zeit seinen Geburtsort Klein Nossin im heute polnischen Hinterpommern besucht. Auf dem Rückweg fährt er in Friedersdorf vorbei, um einem seiner Söhne, der ihn begleitet, den Geburtsort der Mutter zu zeigen. Während er die Wüstenei, in der einmal das Schloß stand, besichtigt, kommt er mit einem Mann ins Gespräch, der sich als Brigadier Wilke vorstellt. Er erzählt vom Ende der LPG Worin, zu der Friedersdorf bisher gehört habe, und berichtet, daß sich bisher niemand gefunden habe, der bereit und in der Lage sei, die Bewirtschaftung der 1100 Hektar großen Gemarkung von Friedersdorf zu übernehmen. Ob denn niemand aus seiner Familie bereit sei, nach Friedersdorf zu kommen? Schließlich seien die Marwitze doch lange Zeit hier zu Hause gewesen.

Das erzählte der Vater nach seiner Heimkehr ins Allgäu seinem dort inzwischen unverrichteterdinge wieder eingetroffenen Sohn. Friedersdorf hatte Hans-Georg auf seiner Reise erst gar nicht besucht. Der verheerende Eindruck, den er bei einem vorangegangenen Abstecher vom Zustand des Dorfes gewonnen hatte, und die Befürchtung, er könne als der »Junker« angesehen werden, der seinen Familienbesitz zurückzuerlangen versuche, hatten ihn bewogen, das Dorf auf seiner Erkundungsreise auszusparen. Friedersdorf stand für ihn nicht zur Diskussion. Das war der Stand der Dinge, als sein Vater ihm von dem Gespräch mit Wilke berichtete und ihm riet, nochmals nach Brandenburg zu fahren.

Hans-Georg willigte schließlich ein und nahm seinen Vater gleich mit. In Worin, dem Sitz der LPG-Leitung, wurden sie mit offenen Armen empfangen. Dr. Schulze, der Leiter der in Liquidation befindlichen, 6000 Hektar großen LPG umwarb sie geradezu, denn er suchte nicht nur für die Gemarkung von Friedersdorf einen Pächter, sondern auch für die der Nachbardörfer Diedersdorf und Neuentempel – alles zusammen 2500 Hektar. Marwitz sollte alles übernehmen oder gar nichts. Dem aber waren 2500 Hektar zuviel. Drei Wochen dauerte es, bis sich beide einig waren.

Damit aber hatte Marwitz das Land noch nicht gepachtet, sondern erst eine Voraussetzung für die Übernahme geklärt. Sein weiteres Vorgehen war von der Absicht bestimmt, nie den Eindruck aufkommen zu lassen, als strebe er eine Rückgabe dessen an, was seiner Familie 1945 genommen worden war. Er wollte Land kaufen oder pachten, so wie jeder andere es auch hätte tun können.

Um das deutlich zu machen und um die Haltung der Dorfbewohner kennenzulernen, lud er sie zu einer Dorfversamlung ein, auf der er sein Konzept erläuterte. Damit schuf er nach seiner eigenen Einschätzung nicht nur die wirtschaftliche Grundlage seiner Friedersdorfer Existenz, sondern auch die Voraussetzung dafür, daß sich entspannte und gutnachbarliche Beziehungen entwickelten.

Die Befangenheit im Umgang mit ihm, so erinnert sich Marwitz, sei während seines ersten Besuches in Friedersdorf bei einigen Dorfbewohnern verständlicherweise noch sehr deutlich gewesen. Dafür habe es auch konkrete Ursachen gegeben, etwa die Tatsache, daß etliche Bewohner ihre Häuser auf Grundstücken errichtet hätten, die bis zur Enteignung seiner Familie gehört hatten. Für diese Menschen warf die Ankunft eines Marwitz die Frage auf, ob sie nun ihr Eigentum verlieren würden. Marwitz nahm ihnen diese Ängste gleich bei seinem ersten Auftritt.

Als er drei Wochen später wieder nach Friedersdorf kam, um mit den Grundeigentümern konkret über einen möglichen Verkauf oder eine Verpachtung zu verhandeln, bekam er den Klimawechsel zu seinen Gunsten bereits deutlich zu spüren. Einge der Eigentümer verkauften ihm Land, andere verpachteten es ihm, obwohl er weniger Pacht bot als die benachbarte Agrargenossenschaft in Seelow und zudem auf einer dreißigjährigen statt auf einer zwölfjährigen Pachtdauer bestand. Bis auf fünf Friedersdorfer Familien, die ihr Land an die Agrargenossenschaft in Seelow verpachtet hätten, habe er die gesamte Gemarkung des Dorfes erhalten, vermerkt Marwitz mit einer Befriedigung, die nicht nur wirtschaftliche Gründe hat. Er sieht darin vor allem auch einen Beweis für die Sympathie und Unterstützung, die er im Dorf genießt.

Noch im Spätjahr 1990 konnte er 120 Hektar Land kaufen und 250 Hektar von 25 Friedersdorfer Familien sowie weitere 250 Hektar von der Treuhand pachten. Außerdem vereinbarte er die Nutzung von 160 Hektar Land, deren Eigentümer nicht auffindbar oder deren Besitzverhältnisse nicht eindeutig nachweisbar waren. Zu dem, was er erwerben konnte, gehörte auch das 5000 Quadratmeter große Grundstück, auf dem das Haus seiner Vorfahren gestanden hatte. Den dort angehäuften Abfall abzufahren, kostete ihn einige Tage Arbeit, aber das ist für ihn kein Thema. Daß er anzupacken weiß, das sieht man ihm an.

So hatte Hans-Georg von der Marwitz zum 1. Januar 1991 einen 780 Hektar großen Betrieb beisammen. Aber bevor er mit der Arbeit beginnen konnte, brauchte er für sich und seine Frau ein Dach über dem Kopf. Die Suche danach führte die Neuankömmlinge zur Kirchengemeinde nach Seelow, wo man ihnen eine gerade fertig gewordene Wohnung zuwies. Auf die aber hatten sich, wie Hans-Georg und seine Frau rasch feststellen mußten, schon andere gefreut, die länger als sie auf der Warteliste standen. Die fühlten sich nun benachteiligt. Genau das aber wollten Marwitz und seine Frau von Anfang an vermeiden. So verzichteten sie kurzerhand auf die Wohnung.

Die Lösung, die sie für sich fanden, war nicht bequem, hatte aber einen Vorzug: Sie nahm ihnen das ungute Gefühl, anderen etwas wegzunehmen. Von der Fahrt nach München und ins Allgäu, wo sie die Weihnachtstage bei ihren Familien verbracht hatten, kamen Marwitz und seine Frau Anfang Januar 1991 mit einem winterfesten Wohnwagen nach Friedersdorf zurück. Den stellten sie auf den ehemaligen LPG-Wirtschaftshof.

Dieses Verhalten erregte im Dorf natürlich Aufsehen – und zwar nicht nur, weil es so etwas bis dahin in Friedersdorf nicht gegeben hatte, sondern vor allem deshalb, weil es weder dem DDR-Klischee von der Lebensart des »Junkers« noch der verbreiteten Annahme entsprach, der Lebensstandard sei für einen aus dem Westen das höchste aller Güter.

Noch etwas entdeckten die Friedersdorfer im Winter 1990/91: Die jungen Leute konnten Nachbarschaftshilfe gut brauchen, ja, sie waren darauf angewiesen – beispielsweise wenn sie duschen

Friedersdorf, Post Seelow (Mark), Schloß und Kirchturm

Das alte Gutshaus Friedersdorf, seit Generationen im Besitz der von der Marwitz, stammte aus der Renaissance und war im Barock vielfältig umgebaut worden. Die sowjetische Artillerie verwüstete das Haus, die »Landreform« gab ihm den Rest. Die Ruine wurde als Steinbruch freigegeben.

Friedrich August Ludwig von der Marwitz.

Wer anfangs der achtziger Jahre auf den von Fontane vorgezeichneten Spuren nach Friedersdorf kam, der mußte suchen, um den Platz zu finden, an dem die Familie derer von der Marwitz einmal zu Hause gewesen war. Das Schloß, ja sogar die Mauern seiner Ruine waren verschwunden. Wer das Dorf von Seelow kommend durchfuhr, der passierte, kurz bevor er das Dorfende erreichte, die Reste eines Kirchleins, an das sich eine halbverfallene Mauer anschloß.

Wer heute den gleichen Weg nimmt, dem bietet sich ein anderes Bild. Von weit her leuchtet ziegelrot das frisch gedeckte Kirchdach, über dem sich die neu errichtete barocke Haube des Kirchturms mit seiner vergoldeten Wetterfahne, den Schieferschindeln, dem leuchtenden Weiß des neu verputzten Turmschafts erhebt. Im ehemaligen Torhaus des Anwesens ist seit 1991 wieder ein Teil der Familie Marwitz zu Hause.

wollten. Außerdem erwartete Frau von der Marwitz ein Kind. Nicht sie, die »Ossis«, sondern im Gegenteil die »Wessis« benötigten in diesem Fall Hilfe – und bekamen sie.

Auf welche Herausforderung er sich mit seinem Entschluß, in den Osten zu gehen, eingelassen hatte, das erfuhr Marwitz nun. Noch bevor die Frühjahrsbestellung beginnen konnte, waren Bauarbeiten in Angriff zu nehmen, und zwar nicht nur auf einer, sondern auf vier Baustellen zugleich. Zu dem, was Marwitz von der liquidierten LPG mit erworben hatte, gehörte eine Milchquote von 1,1 Millionen Liter. Das war bares Geld. Um es verdienen zu können, mußte er aber Milchkühe nachweisen. Dafür brauchte er einen Stall. Den hatte er zwar, aber einen, der speziell für die Bullenhaltung, nicht aber für die Haltung von Milchkühen ausgerüstet worden war.

Folglich mußte erst einmal umgebaut werden – und zwar schnell, denn bis zum 1. April mußte die Milcherzeugung begonnen haben. Andernfalls wäre die Milchquote verfallen. Dringend waren aber auch die überfälligen Reparaturen an der Wohnung des Inspektors, den Marwitz zum 1. Mai anstellte. Und ebenso dringend war Hilfe für die alte Dorfkirche geboten, die unmittelbar an sein Grundstück grenzt, galt es doch, den vom Einsturz bedrohten Kirchturm zu sichern.

Nicht zuletzt aber mußte dafür gesorgt werden, daß der Winter im Wohnwagen ein einmaliges Erlebnis blieb. So begannen noch im Januar 1991 zwei Maurer und ein Hilfsarbeiter damit, aus den Ruinen des Kavaliershauses einen Neubau zu errichten. Sie hatten alle Hände voll zu tun: Acht Arbeiter waren im Ackerbau, vier im Stall tätig, wo seit Mitte März an die 140 Milchkühe gemolken werden mußten.

All das kostete Geld und Kraft. Überraschende Risiken stellten sich ein und forderten rasche unternehmerische Entscheidungen von Marwitz, der sich erstmals in seinem Leben mit einer Aufgabe dieser Dimension konfrontiert sah. Marwitz bangte um seine wirtschaftliche Existenz. Daß er die Krise gemeistert habe, das verdanke er seiner Frau, die ihm die Kraft zum Durchhalten gegeben habe, sagt er, wenn er über den Beginn in Friedersdorf spricht, der erst fünf Jahre zurückliegt.

Heute steht er auf festerem Grund. Die »Veredlung«, wie die Viehhaltung in der Landwirtschaft bezeichnet wird, hatte sich 1991 als finanzielle Untiefe erwiesen, die er nur durch eine rasche Abtrennung von seinem Betrieb auffangen konnte. Was den Betrieb heute trägt, ist der Ackerbau. Böden mit einer Bonität von 55 Punkten und ein ausgeklügeltes Be- und Entwässerungssystem gewährleisten ihm in trockenen wie in nassen Jahren gute Ernten. Damit läßt sich wirtschaften.

Trotz dieser enormen Belastung blieben Marwitz genügend Zeit und Kraft, sich auch um andere Dinge zu kümmern. In der großen alten Scheune, die seit den zwanziger Jahren auf dem einstigen Wirtschaftshof des alten Gutes steht und für die er keine betriebliche Verwendung hat, entstand mit seiner Unterstützung ein kleines Museum, das der ländlichen Lebensform vor Beginn der Industrialisierung gewidmet ist. Im Gemeinderat und in verschiedenen Verbänden arbeitet er mit, vor allem aber in der Kirche und ihren Gremien. In der Kirche war er von Kindesbeinen an zu Hause, erst im Allgäu und nun in Brandenburg. Deshalb ist es ihm selbstverständlich, sich von Anfang an um die Ruine der Dorfkirche zu kümmern, die sich so unmittelbar an das einstige Schloß anfügte, daß man sie für einen Teil davon halten kann.

Dieser äußeren Nähe hatte von alters her die innere Beziehung derer von der Marwitz zu Kirche und Glauben entsprochen. Daraus ergab sich alles Weitere. Bereits im Juni, fünf Monate nach seiner Ankunft in Friedersdorf, begannen die Arbeiten zu ihrer Wiederherstellung. Ihr Zustand ließ kein weiteres Abwarten zu. Die sowjetische Artillerie hatte im Frühjahr 1945 nicht nur die nach Osten gerichtete Apsis und die Gruft getroffen und zu achtzig Prozent zerstört. Auch das Dach und der Kirchturm waren schwer beschädigt worden und seit langem einsturzgefährdet. Das gesamte Dachgebälk war verfault.

In dem Bemühen um den Wiederaufbau der Kirche fand Marwitz viele Mitstreiter, allen voran Frau Dressel, die Pfarrerin, Frau Kursawe, die Bürgermeisterin, sowie Gemeindeverwaltung und Kirchenvorstand. Alle wirkten zusammen.

Zunächst wurde die Ruine von einem Restaurator dokumentiert. Parallel dazu liefen die Aufräumarbeiten an. Dabei entdeckte man unter der einstigen Apsis die Familiengruft mit zum Teil prachtvoll gestalteten und zumeist gut erhaltenen Barocksärgen. Als erstes begann man noch 1991 damit, den Turm zu erneuern. Die Arbeiten wurden von der »Frankfurter Restaurierungsbau GmbH« aus Frankfurt an der Oder übernommen, die den Fortschritt der Arbeiten an den Zufluß der Mittel anpaßte und so ihren Auftraggeber vor Finanzierungslücken bewahrte. Darum, daß genügend Geld floß, kümmerte sich auch Marwitz. Als hilfreich erwies sich dabei, daß sich die Nachricht, ein Marwitz sei nach Friedersdorf zurückgekehrt, wie ein Lauffeuer verbreitete und zahlreiche Neugierige in das bislang gottverlassene Nest zog. Artikel wurden veröffentlicht, ein Besucher folgte dem anderen, und die meisten hinterließen einen Obolus. Einzelbeträge beliefen sich auf bis zu 50 000 Mark, so daß bis 1996 insgesamt gut 300 000 Mark an Spenden zusammenkamen, mit denen sich weitere Zuschüsse beantragen ließen. So konnten binnen fünf Jahren rund 800 000 Mark verbaut werden.

Die evangelische Kirche der Mark Brandenburg blieb zum Wiederaufbau der Friedersdorfer Kirche in auffälliger Distanz. Als sie 1993 den ersten Kredit dafür bereitstellte, waren nicht nur der Kirchturm, sondern auch Dachstuhl, Apsis und Gruft bereits wiederhergestellt und das Dach neu gedeckt worden. 1993 begann der Innenausbau. Der zerstörte Stuckputz wurde wiederhergestellt und ein neuer Fußboden gelegt. 1995 folgte die Restaurierung der Kanzel, und 1996 wurde dort, wo früher die Patronatsloge ihren Platz hatte, ein separater, gut beheizbarer Raum, die sogenannte Winterkirche eingebaut. Was noch fehlt, sind Orgel, Kirchenbänke, Heizung und Altar.

So tatkräftig die Gemeinde, die Pfarrerin, der Seelower Superintendent und Marwitz selbst bei der Restaurierung waren, so destruktiv verhielt sich die Landeskirche in Berlin. Die Kirche in Friedersdorf paßte nicht in ihr Bild von dem, was Kirche sein soll und darf – und ihre Wiederherstellung erst recht nicht. Sie war sozusagen ideologisch belastet, Ausdruck einer hierarchisch gegliederten Gesellschaft zwischen Patronatsherr oben und Gesinde unten – und all das mit dem Segen der Kirche, die die Patronatsherrschaft, die ihr nun so offenkundig peinlich ist, über Jahrhunderte legitimiert hatte.

Die Berliner Kirchenleitung hätte auf die Restaurierung der Kirche gern verzichtet, aber nachdem sie vor Ort in Angriff genommen worden war, meldete sich das Konsistorium aus Berlin 1993 zur Visite an, um zu erkunden, ob man das alles hinnehmen könne. Man könne nicht, befand man, und monierte zum einen die historisch getreue Rekonstruktion des Innenraumes. Zum anderen forderte man die sofortige Ausschaltung des Einflusses der alten Patronatsfamilie, also der Familie Marwitz. Es war, als hielte im Hintergrund noch immer der Staatssicherheitsdienst die Fäden in der Hand.

Da kam es zum Bruch, aber nicht etwa zwischen Marwitz und den Einheimischen, sondern zwischen der Friedersdorfer Pfarrerin, dem Superintendenten aus Seelow, der Bürgermeisterin und dem Kirchenvorstand einerseits und der Landeskirchenleitung andererseits. Die, so fanden sie, sei offenkundig von allen guten Geistern verlassen. Man baute weiter, zusammen mit Marwitz, und verzichtete auf den Segen aus Berlin.

Seit 1993 hat man einen eigenen Architekten, finanziert weiter mit eigenen Mitteln und ist entschlossen, die zur Fertigstellung der Kirche noch fehlenden Mittel notfalls durch den Verkauf der beiden Häuser und der Bauplätze aufzubringen, die der Gemeinde in Friedersdorf gehören. Schon jetzt finden in regelmäßigen Abständen wieder Gottesdienste in Friedersdorf statt, außerdem gelegentlich Konzerte. Sie sollen zur Finanzierung der Orgel dienen, die man bis zum Jahr 2000 wieder einbauen möchte. Die Berliner Orgelbaufirma Karl Schuke hat das Projekt schon in Angriff genommen, und ganz ohne Mittel ist man auch nicht. Das erste Benefizkonzert, das man nach Fertigstellung der Stuckdecke veranstaltete, brachte immerhin 25 000 Mark, hundert Mark pro Besucher.

Inzwischen ist auch der Konflikt mit der Landeskirche schon Geschichte. Nach anfänglichen Mißverständnissen mit dem Konsistorium in Berlin habe man einen gemeinsamen Weg gefunden, versichert die Familie von der Marwitz so vorsichtig, als formuliere sie ein Kommuniqué. Die Fakten aber sprechen für sich selbst. Die alte Kirche strahlt in neuem Glanz, und dem Konsistorium bleibt nichts, als sich damit abzufinden.

# Bernhard von Barsewisch:
## Von München nach Groß Pankow

Groß Pankow ist ein Dorf in der Prignitz, etwa auf halber Strecke zwischen Perleberg und Pritzwalk, kleinen Landstädtchen, wie sie für den nordwestlichen Zipfel der Mark Brandenburg charakteristisch sind. Die Ansammlung aus Scheunen, Ställen und Bauernhäusern, aus denen das Dorf besteht, kennt eine Ausnahme: das Schloß.

Wie etliche weitere Herrensitze in dieser Gegend gehörte es bis 1945 der Familie Gans, Edle Herren zu Putlitz. Diese Familie ist älter als die Prignitz selbst. Als Albrecht der Bär vor gut 850 Jahren von dem zum Kaiser gekrönten Sachsenherzog Lothar von Supplinburg mit der Mark belehnt wird und 1138 über die Elbe in die Prignitz vordringt, sind die Edlen Herren zu Putlitz schon dabei. Von ihrem Stammsitz, der Gänseburg bei Pollitz am westlichen Elbufer, sind heute noch Mauerreste zu finden.

Als Teilnehmer von Albrechts Wendenkreuzzug im Jahr 1147 gelingt es ihnen, sich in der Prignitz einen eigenen Herrschaftsbereich zu sichern. Sie erlangen das Münzrecht und gründen die Städte Wittenberge, Perleberg und vermutlich auch Pritzwalk sowie das Kloster Marienfließ in Stepenitz. Erst um 1250 geht ihr Herrschaftsbereich in dem der Askanier auf. Als mit Friedrich VI., Burggraf von Nürnberg, 1414 der erste Hohenzoller in der Mark erscheint, sind die Putlitze dort schon fast dreihundert Jahre verwurzelt. Sie weigern sich ebenso wie die Alvenslebens und die Quitzows, ihm zu huldigen. Seine »Donnerbüchsen« brechen ihren Widerstand. Was ihnen bleibt, ist eine Vielzahl an Gütern und Herrensitzen. Bis 1945 werden Wolfshagen und Retzin, Laaske und Groß Langerwisch, Putlitz-Burghof und Putlitz-Philippshof sowie Groß Pankow von verschiedenen Zweigen der Familie ständig bewohnt.

Zu denen, die diese heute schon ferne Vergangenheit noch selbst erfahren haben, gehört Professor Dr. med. Bernhard von Barsewisch. Seit 1993 ist er der Besitzer des Schlosses von Groß Pankow, das das Arkadien seiner Kindheit war. Die von Barsewisch und die zu Putlitz sind seit Generationen miteinander verwandt. Bernhard verbrachte hier die Kriegsjahre, die ihm als kaum getrübte ländliche Idylle in Erinnerung sind. Im nahen Perleberg war der Vater Kommandeur eines Fliegerhorsts der Luftwaffe, dort ging er auch zur Schule. Zentrum seines Lebens wie seiner Erinnerung aber waren Schloß und Park seines Onkels. Das Leben in den tradierten äußeren und inneren Formen einer langen Vergangenheit prägten das Bewußtsein und verliehen dem Heranwachsenden Geborgenheit und Selbstbewußtsein. Als er Groß Pankow 1945 im Alter von zehn Jahren verlassen muß, verliert er mehr als einen komfortablen Wohnort: ein Stück seiner selbst. Die Erinnerung, die er mitnimmt, ist zugleich Sehnsucht. Sie ist stark genug, um ihn 45 Jahre später zu veranlassen, sein Leben noch einmal zu verändern und ihm ein neues Kapitel hinzuzufügen, dessen Schauplatz nicht mehr das urbane süddeutsche München ist, sondern die Weite der Kartoffel- und Getreidefelder der Prignitz.

Barsewisch haben weder das materielle Interesse noch das Bedürfnis nach beruflicher Anerkennung zu seiner Entscheidung bewogen, denn was diese Fragen betraf, so war er 1990, als ihm die Wiedervereinigung die Möglichkeit der Rückkehr an den Ort seiner Kindheit eröffnete, saturiert. Seit 1978 leitete er als Chefarzt die Karl-Theodor-Augenklinik in München, eine Stiftung der Wittelsbacher. Seine Stellung ermöglichte es ihm, neben seiner beruflichen Tätigkeit auch seinen künstlerischen Interessen nachzugehen und sich als kenntnisreicher Sammler von Gemälden, Möbeln, insbesondere aber von Porzellan zu betätigen. Dafür, daß er von Deutschlands heimlicher Hauptstadt und ihrem Charme Abschied nimmt, das heruntergewirtschaftete Gebäude, das einmal sein Lebensmittelpunkt war, aufkauft, umbaut und in ihm eine moderne Augenklinik aufbaut, nennt Barsewisch zwei Motive: zum einen die Erkenntnis, daß seine Fähigkeiten für die medizinische Versorgung in der Prignitz weit mehr gebraucht werden als in München; zum anderen die Möglichkeit, seine berufliche Tätigkeit zur Rückgewinnung und Wiederherstellung des Schlosses seiner Kindheit zu nutzen. Ohne die Gewißheit, daß sich diese große Investition lohnen würde, wäre er nicht in die Prignitz zurückgekehrt. Das aber schien ihm gewährleistet, und so kamen wirtschaftliche Machbarkeit und Neigung zusammen.

Der Anstoß zur Rückkehr nach Groß Pankow war eher zufälliger Natur, eine fast beiläufige Bemerkung. Sie fiel am Rande einer augenärztlichen Fortbildungsveranstaltung in Nürnberg, um die sich Barsewisch in seinen Münchner Jahren nicht zuletzt auch deshalb kümmerte, weil solche Veranstaltungen den von ihm eingeladenen Kollegen aus der DDR die Möglichkeit boten, die begehrte Erlaubnis ihrer Obrigkeit für eine Westreise zu erhalten. Ihn selbst zog es in den Jahrzehnten der Teilung vielfach in die DDR, auch nach Groß Pankow, wo das Schloß seiner Kindheit nun als Krankenhaus diente.

Als die DDR im Angesicht ihres Endes ihren 40. Geburtstag feiert, ist Barsewisch 54 Jahre. Wenige Tage später, am 9. November 1989, öffnet sich die Mauer. Aber neben all dem Außergewöhnlichen, das den nun folgenden Monaten ihr besonderes Gepräge und Gewicht gab, ging auch das ganz normale Alltagsleben weiter. Anfang 1990 nahm Barsewisch wieder einmal an einer Fortbildungsveranstaltung für Augenärzte in Nürnberg teil. Die Grenze war schon offen. Der Streit darüber, ob die Wiedervereinigung auf der Tagesordnung der Geschichte stehe oder nicht, hatte sich erledigt und war schon von der Diskussion darüber abgelöst worden, zu welchem Kurs die DDR-Mark umzutauschen sei. Da sagte während eines gemeinsamen Mittagessens, mit dem der augenärztliche Kongreß abschloß, einer von Barsewischs Tischgenossen: »Wer jetzt rüberginge, hätte enorm zu tun.« Dieser Satz änderte, wie Barsewisch rückblickend bekennt, sein Leben.

Enorm zu tun, das hatte er auch in München, und als eine speziell an ihn gerichtete Aufforderung war die Bemerkung auch nicht gemeint gewesen. Dennoch ließ sie ihn nicht mehr los. »Wie wäre es, wenn ich ...«, bohrte es in ihm. Je länger er darüber nachdachte, um so klarer wurde ihm, daß für den Verbleib in München kaum mehr als Beharrungsvermögen und Bequemlichkeit sprachen. Die stärkeren Argumente sprachen dagegen für den Neubeginn in Groß Pankow.

So entstand eine Konzeption. Eines Morgens war er soweit: Barsewisch rief den Verwaltungschef des Kreiskrankenhauses in Pritzwalk an und fragte ihn, ob er bereit sei, ihm das ehemalige Schloß in Groß Pankow zu verkaufen. In diesem Falle werde er dort eine Augenklinik aufbauen. Die einzige Bedingung, die er stelle, sei eine ebenso rasche wie klare Entscheidung, denn er habe nicht viel Zeit. Mit 55 könne man mit solchen Dingen nicht mehr warten.

Das verstand auch der Verwaltungschef des Kreiskrankenhauses von Pritzwalk, das in dem Schloß eine Außenstelle errichtet hatte. Ihre Schließung war unter den veränderten Bedingungen unvermeidlich und bereits beschlossene Sache. So stieß Barsewischs Angebot bei der Verwaltung des Kreises, der nach 1945 im Grundbuch als neuer Eigentümer des Schlosses eingetragen worden war, auf Interesse. Gespräche mit dem Landrat und dem Medizinaldezernenten der Kreisverwaltung verliefen positiv, obwohl Barsewisch seinen Verhandlungspartnern nicht verbarg, daß für sein Angebot familiäre Bindungen und Kindheitserinnerungen von großer Bedeutung waren.

Die Entscheidung über den Verkauf aber lag beim Kreistag. Der wollte Barsewisch kennenlernen und sich von ihm sein Vorhaben erläutern lassen, bevor er darüber abstimmen würde. Daß eine leistungsfähige Augenklinik in der gesamten Region fehlte, war unstrittig, ihr Bau folglich grundsätzlich erwünscht. Diese Lücke in der Gesundheitsversorgung aber war für den Kreistag bei weitem nicht das drängendste Problem. Weit größere Sorgen bereitete die wachsende Arbeitslosigkeit. So war es nur verständlich, daß Barsewischs Versicherung, er werde die in der Klinik anfallende Arbeit – vom Wäschewaschen bis zur Krankenpflege – nicht nach auswärts vergeben, sondern im Dorf selbst erledigen lassen, den Ausschlag gab. Barsewisch hat damals nicht zuviel versprochen. Heute hat er für mehr als vierzig der siebenhundert Einwohner des Dorfes sichere Arbeitsplätze geschaffen und ist damit sowohl der größte Arbeitgeber als auch der größte Steuerzahler am Platz – so wie es seine Vorfahren gewesen waren.

Noch etwas erleichterte die Einigung: An einem Erwerb der achthundert Hektar einstigen Gutslands war Barsewisch nicht interessiert. Damit blieben die Agrarstrukturen der DDR von seinem Vorhaben unberührt. Die bis 1990 auf dem einstigen Gutsgelände tätige Landwirtschaftliche Produktionsgenossenschaft war nach der Wiedervereinigung in die Rechtsform einer Agrargenossenschaft umgewandelt worden, der einstige LPG-Vorsitzende, Schneider, wurde ihr Geschäftsführer, blieb also, was er war: der im landwirtschaftlichen Bereich entscheidende Mann. Inzwischen kennt er die Gesetze der Marktwirtschaft und bemüht sich, Gewinne zu erwirtschaften. Dabei hilft ihm nicht nur die Rationalisierung, sondern auch ein Produkt, das in der Prignitz besonders beliebt ist: der »sure Knieper«, ein angesäuertes Kohlgericht, auf dessen Herstellung sich Schneiders Agrargenossenschaft versteht.

Nachdem das Thema Arbeitsplätze zur Zufriedenheit des Kreistages abgehandelt war, mußte noch der Kaufpreis vereinbart werden. Daß Umbau und Renovierung des Schlosses mehr als ein Neubau kosten würde, war dem Landrat ebenso klar wie Barsewisch selbst. Dennoch akzeptierte Barsewisch den Vorschlag, 400 000 Mark für den Erwerb des Schlosses, seiner Nebengebäude, des vier Hektar großen Parks und des alten Familienfriedhofs zu bezahlen. Der Verkauf kam noch 1991 zustande. Am 1. April 1992 verließen die letzten Patienten das Gebäude.

Dann kamen die Bauarbeiter. Als sie ihre Arbeit nach einneinhalb Jahren beendet hatten, war nicht nur eine moderne Tagesklinik für Augenoperationen entstanden. Auch das Schloß hatte seine einstige Schönheit wiedererhalten. 1827 hatte es ein Urgroßonkel Barsewischs erbauen lassen. 1891 war der Biedermeierbau dem Zeitgeschmack entsprechend historisierend umgebaut worden, eine Veränderung, die 1923 zusammen mit den Schäden eines Brandes beseitigt wurde. In diesem Zustand fiel es 1945 den Russen in die Hände, die von seiner Inneneinrichtung wenig übrigließen, das Gebäude selbst aber nicht zerstörten.

Wer heute das Portal passiert, hat den Eindruck, das Biedermeierschloß hätte niemals einer anderen Bestimmung als derjenigen gedient, für die es in der ersten Hälfte des vorigen Jahrhunderts gebaut worden war: der Aufgabe, den gesellschaftlichen

Rang seines Besitzers und das biedermeierlich-bürgerliche Lebensgefühl der Zeit darzustellen. Nichts wirkt improvisiert, nichts verrät, daß die Zimmerfluchten nicht mehr ihre ursprüngliche Ausstattung haben. Tapeten und Bilder, Gardinen und Volants, Türbeschläge und Möbel zeugen von der Kennerschaft und dem Stilempfinden des Hausherrn. Es scheint, als habe Barsewisch all seine Schätze wie ein Traumwandler über die Jahrzehnte hin nur zu dem Zweck erworben, das Schloß seiner Kindheit zu neuem Leben zu erwecken.

Am 15. September 1993 konnte die Klinik in Groß Pankow mit Gemeinschaftspraxis, Ambulanz, Operationssaal und einem Gästehaus mit dreißig Betten eröffnet werden. Seither werden in Groß Pankow täglich zwischen 25 und 30 Patienten operiert; Anfang 1996 war die Gesamtzahl der Operationen seit Öffnung der Klinik bereits auf mehr als zehntausend gestiegen, davon allein im Jahr 1995 mehr als fünftausend. Das Einzugsgebiet, aus dem die Patienten kommen, reicht vom niedersächsischen Kreis Lüchow-Dannenberg im Westen bis zur mecklenburgischen Küste im Norden, von der Oder im Osten bis nach Sachsen im Süden. Der Jahresumsatz der Klinik liegt derzeit bei etwa zehn Millionen Mark. An der Spitze des Teams, das diese Leistung erbringt, stehen Barsewisch und zwei weitere Augenärzte, die die Operationen durchführen. Mit ihnen arbeiten drei Assistenzärzte und zwei Ärzte im Praktikum. Sie sind aus West- und Ostdeutschland nach Groß Pankow gekommen. Dagegen stammen die acht OP-Schwestern ebenso wie die zwölf Sprechstundenhilfen, die zwei Buchhalterinnen, der Koch, die Beiköchinnen, der Hausmeister und das Hauspersonal aus Groß Pankow und seiner Umgebung.

Um all das in so kurzer Zeit zustande zu bringen, waren minutiöse Vorbereitung und jenes Fachwissen erforderlich, das Barsewisch im Laufe seines Berufslebens erworben hat. Es beschränkte sich nicht nur auf den medizinischen Bereich, sondern auch auf Fragen der Organisation und Planung einer Augenklinik. In München hatte Barsewisch bereits als Chefarzt der Karl-Theodor-Klinik Erfahrungen beim Um- und Neubau einer Klinik gesammelt. Nun konnte er mit demselben Architekten die dabei gewonnenen Erkenntnisse nutzen und weiterentwickeln. Sein Ziel war es, die

Klinik so zu gestalten, daß die meist älteren Patienten nicht zweimal den Weg in das entlegene Dorf zurücklegen müssen, sondern nach dem Eingriff von ihren Augenärzten am Wohnort versorgt werden können. Warteraum, Vorbereitungs- und Operationsraum wurden dazu so gestaltet, daß der operierende Arzt Vorbereitung, Kontrolle und Operation mehrerer Patienten kontinuierlich miteinander verbinden kann, ohne dabei durch funktionale und räumliche Mängel Zeit zu verlieren.

Ein weiteres Ziel war es, den Patienten die Angst vor der Operation zu nehmen. Dies gelang auf denkbar einfache Weise. Diejenigen, die auf den Eingriff warten, tun dies in der Cafeteria des Hauses, in der sich auch die gerade frisch Operierten bei einer ersten Tasse Kaffee von der Anspannung erholen. Dabei können sie den Wartenden erzählen, wie es ihnen ergangen und daß »alles gar nicht so schlimm« ist. Für diejenigen Patienten, die über Nacht bleiben müssen, damit der erste Verbandswechsel noch in der Klinik vorgenommen werden kann, ist das Gästehaus bestimmt. Es ersetzt somit die sehr viel teureren Krankenbetten.

Nachdem der Bau der Klinik entschieden war, ging Barsewisch planmäßig vor. Zweierlei hatte er nun zu erledigen: Er mußte sich um die Bauarbeiten in Groß Pankow und um einen Nachfolger in München kümmern, der ihn entlasten und ihm einen gleitenden Übergang in sein neues Aufgabengebiet ermöglichen konnte.Das gelang. Bis zur Eröffnung der neuen Klinik teilte sich Barsewisch mit ihm die Arbeit in München und gewann so die Zeit, die er für Groß Pankow brauchte. Zugleich bereitete er seine künftigen Mitarbeiter auf ihre neue Aufgabe vor. Unter den Krankenschwestern und Pflegern des Krankenhauses in Groß Pankow fand er genügend geeignete Bewerber. Um sie mit den Erfordernissen ihrer künftigen Tätigkeit, den Arbeitsabläufen und der von ihnen erwarteten Leistung vertraut zu machen, holte er sie in den zwei Jahren, die bis zur Eröffnung verstrichen, an seine Klinik nach München und arbeitete sie dort ein. So verfügte er bei der Fertigstellung des Neubaus nicht nur über eine perfekt ausgestattete Klinik, sondern auch über das ausgebildete Personal.

Daß Bernhard von Barsewisch angesichts dieser Leistungsbilanz bei den Behörden weder auf Schwierigkeiten noch auf Vor-

*Groß Pankow ist ein Dorf in der Prignitz, etwa auf halber Strecke zwischen Perleberg und Pritzwalk. Das Schloß – hier in seinem biedermeierlichen Zustand von 1827 gezeichnet – gehörte bis 1945 der Familie Gans Edle Herren zu Putlitz. Die von Barsewisch und die zu Putlitz sind seit Generationen miteinander verwandt.*

Für Bernhard von Basewisch war das Schloß von Groß Pankow das Arkadien seiner Kindheit – als er es 1945 als Zehnjähriger verlassen muß, verliert er auch ein Stück seiner selbst. Die Erinnerung, die er mitnimmt, ist zugleich Sehnsucht. Sie ist stark genug, um ihn 45 Jahre später zu veranlassen, sein Leben noch einmal zu verändern und ihm ein neues Kapitel hinzuzufügen, dessen Schauplatz nicht mehr das urbane süddeutsche München ist, sondern die Weite der Kartoffel- und Getreidefelder der Prignitz.

Wer heute das Portal passiert, hat den Eindruck, das Biedermeierschloß hätte niemals einer anderen Bestimmung als derjenigen gedient, für die es in der ersten Hälfte des vorigen Jahrhunderts gebaut worden war: der Aufgabe, den gesellschaftlichen Rang seines Besitzers und das biedermeierlich-bürgerliche Lebensgefühl der Zeit darzustellen. 1993 ist hier nicht nur eine Tagesklinik für Augenoperationen entstanden; auch das Schloß hat seine einstige Schönheit wiedergewonnen.

behalte stieß, ist nicht verwunderlich. Er bekennt sich dazu, daß sein Familiensinn maßgeblichen Einfluß auf seinen Entschluß hatte, nach Groß Pankow zurückzukehren und die damit verbundenen finanziellen und beruflichen Herausforderungen zu akzeptieren. »Ich zeige Flagge und ich stehe voll und ganz zu meinen Motiven«, sagt er, wenn er danach gefragt wird, und er weist dann auf den Eingang des wiedererstandenen Schlosses, wo über dem Portal die neu angebrachten Wappen der Familien Gans zu Putlitz und von Barsewisch leuchten. Er macht keinen Hehl daraus, wer er ist und warum er hier ist.

All das macht Barsewisch zu einem besonders interessanten »Fall« unter den Rückkehrern. Aufschlußreich nicht nur im Hinblick auf die Motive, die Angehörige der alten und für die Landesgeschichte oft wichtigen Familien dazu bewogen haben, in das Land ihrer Vorväter zurückzukehren, sondern auch, was die Bewußtseinslage derjenigen betrifft, zu denen sie kommen und mit denen sie gemeinsam das Land bewohnen und weiterentwickeln wollen.

Zu den Fähigkeiten, die Barsewisch hierzu beizusteuern hat, gehören nicht nur sein berufliches Können, sein Geschichts- und Familienbewußtsein, sondern auch seine ausgeprägten künstlerischen Interessen und kunstgeschichtlichen Kenntnisse. Sie spiegeln sich in der großen Zahl von Bildern und antiken Möbeln wider, die sein Schloß heute zu neuem Leben erweckt haben, aber auch in einer einmaligen Porzellansammlung. Barsewisch besitzt die größte Sammlung weiß-blau gemalten Porzellans in Deutschland. Sie ist so umfangreich, daß er sie bislang nicht in seinen eigenen Räumen unterbringen konnte. Deshalb befindet sie sich als ständige Leihgabe in der Porzellanstadt Weiden in der bayrischen Oberpfalz, wo sie jedoch, wenn es nach Barsewisch geht, nicht bleiben soll. Er möchte sie in die Prignitz verlagern, um sie in einem der Herrenhäuser auszustellen, die seine eigene Familie besessen hat.

Eines davon steht in Wolfshagen, wenige Kilometer von Groß Pankow entfernt. Dort waren die zu Putlitz von 1147 bis 1945 ansässig und errichteten 1785 ein barockes Schloß mit Haupt- und Flügelbauten, das neben dem von Rühstädt, dem Storchendorf an der Elbe, das bedeutendste Barockschloß der Prignitz ist. Nach der Enteignung wurde es als Schulgebäude genutzt. Dabei ist es bisher geblieben. Doch der dramatische Geburtenrückgang macht die Schließung unvermeidlich. Für den Erhalt der Schule gibt es in Wolfshagen wie in vielen anderen Dörfern nicht mehr genügend Kinder. Seit ihre Auflösung beschlossene Sache ist, zerbricht sich der Gemeinderat erfolglos den Kopf darüber, was aus dem einstigen Schloß werden soll. Barsewisch war auch hier bereit, zu helfen. Er unterstützte die Gründung eines Fördervereins, der aus dem Gebäude ein Schloßmuseum machen will. Die Räume im Erdgeschoß sollen den Alltag auf den Gütern der Prignitz in deren Glanz- und Entstehungszeit, dem 18. Jahrhundert, darstellen, den der Gutsherren ebenso wie den all der anderen Menschen, die damals auf den Gütern lebten und für ihren Betrieb unverzichtbar waren: die Mägde und Knechte, die Landarbeiter, die Verwalter und Handwerker.

Die Räume des ersten Stockwerks aber stellte Barsewisch für die Ausstellung seiner Porzellansammlung und damit einen Kunstgegenstand von überregionaler Attraktivität zur Verfügung. Daß dahinter die pädagogische Absicht steht, den über Jahrzehnte verteufelten und als Klassenfeind diffamierten Adel so darzustellen, wie es sich aus den Zeugnissen der Zeit belegen läßt, leugnet Barsewisch nicht.

Das Vorhaben blieb nicht ohne Erfolg. Der Förderverein kam zustande, und Bürgermeister Schulz (PDS), der sein Amt heute ebenso bekleidet, wie er es als Repräsentant der SED zu Honeckers Zeiten schon getan hatte, trat bei — zumindest formal. Dem Projekt gegenüber war seine Haltung dennoch zwiespältig. Sein Verstand sagte ihm, daß es für das Schloß keine bessere Nutzung geben würde. Nur so konnte Wolfshagen hoffen, Besucher anzuziehen, ein Strohhalm, an den sich nach der Wende alle klammern, denen sonst keine Hoffnung bleibt. Gefühlsmäßig aber ging dem Bürgermeister das alles natürlich gegen den Strich. Wie könnte auch jemand, der im Sozialismus und mit dessen Sicht auf die Welt gelebt hat, anders auf den Vorschlag reagieren, er solle dem Klassenfeind seine Reverenz erweisen und ihm ein Museum widmen?

Wie der Konflikt zwischen Verstand und Neigung schließlich ausgeht, ist eine Sache. Auch dann, wenn Barsewischs Vorschlag verwirklicht werden sollte, bleibt die Frage, was nach dem Ende der DDR von ihr an äußerer und an innerer Wirklichkeit, an tradiertem Bewußtsein erhalten geblieben ist. Um dies zu erkennen, dafür ist Wolfshagen besonders geeignet. Wer durch den Ort fährt, dem bietet sich ein Bild der Schäbigkeit. Heruntergekommen wirken Straßen und Gebäude. Die Durchgangsstraße führt an der Schule vorbei. Sie bietet keinen Anreiz zum Verweilen. Nur der, der weiß, daß die Schule einmal das Schloß war, hält an und betrachtet sie sich näher. Zwar ist die Fassade schmutzig, aber die Proportionen stimmen. Ein Schulhof umgibt das offene Karree, ungepflegt aber funktionsgerecht.

Doch wo ist der Park geblieben, die Baumgruppen und Perspektiven, die der berühmte Lenné angelegt hatte? Sie sind abgeholzt. Die einstigen Perspektiven sind mit Mietskasernen im DDR-Einheitsstil zugebaut worden. Das Zerstörungswerk sozialistischen Hasses auf das Ererbte – hier ist es vollendet. Nichts erinnert an das Gewesene, nichts verweist auf vergangene Schönheit.

In Wolfshagen wurde ein Exempel statuiert. Wenn hier etwas des Besichtigens wert ist – dann dies. Nicht nur, was das Ensemble von Dorf und Schloß, sondern auch was seine Struktur und Bevölkerung angeht. Wolfshagen war, seit es die Putlitz im 17. und 18. Jahrhundert weitgehend aufgekauft hatten, ein Gutsdorf gewesen. 1945 war damit Schluß. Die ideologische Gegenmacht, die nun den Gang der Dinge bestimmte, wirkte gründlich. Wolfshagen wurde nicht etwa zu einem »Volkseigenen Gut« – was den Erhalt seiner Struktur ermöglicht hätte. Zunächst wurde es »aufgesiedelt«, also an besitzlose Landarbeiter und an Vertriebene aus dem Osten aufgeteilt. 1950 war auch ihre Zeit vorbei. Die Kollektivierung der Landwirtschaft in der gerade gegründeten DDR begann, die Landwirtschaftlichen Produktionsgenossenschaften entstanden.

In Wolfshagen ging der Wandlungsprozeß jedoch weiter. Die Bevölkerungsstruktur des Ortes wurde zunächst durch die Ansiedlung der Flüchtlinge, dann durch Industrieansiedlung verändert. Das Geflügel-Ausrüstungs-Kombinat Düpow errichtete hier ein Zweigwerk. Um die 300 Arbeiter zogen mit ihren Familien hierher, zumeist aus Sachsen und aus Mecklenburg. Dort, wo Lenné den Park angelegt hatte, entstanden Mietshäuser und Wohnungen für sie. Das, was dafür vernichtet worden war, kannten sie nicht. Sie sollten es auch nicht erfahren, denn das hätte nur ihr Einverständnis mit dem Neuen, für das sie gewonnen werden sollten, gefährden können.

So wurde die gewollte Ignoranz, die Beziehungslosigkeit und der Bruch mit dem Vergangenen und geschichtlich Gewachsenen zum politischen Programm. Es ist kein Wunder, wenn die Menschen, die das Schicksal nach dem Krieg in das Dorf gespült hat, dem Alten, das sie nie erleben konnten, am ablehnendsten gegenüberstehen. Ihnen fehlt auch die mündliche Überlieferung von Eltern und Großeltern, die als Korrektiv zur staatlichen Propaganda gegen die »Junker« hätte wirken können. Bernhard von Barsewisch sieht sich einer Zwiespältigkeit gegenüber, mit der er bis auf weiteres leben muß und als ein in jeder Hinsicht Unabhängiger wohl auch leben kann: Es ist die Zustimmung zu seinem Tun bei gleichzeitigem Befremden ob seines Seins.

# Krampfer und die Familie
# Wilamowitz-Moellendorff

Krampfer ist ein Dorf, hat derzeit 252 Einwohner und liegt in der Prignitz, dem nordwestlichen Zipfel der Mark Brandenburg. Von Perleberg führt die Landstraße über Kleinow und Groß Gottschow zu dem verlassen wirkenden Flecken. Die beiderseits des Wegs gelegenen Häuser sind zumeist aus karmesinroten Ziegeln gefertigte flache, langgestreckte Bauten. Nur die mitten im Dorf aus großen Feldsteinen gebaute Kirche und der daneben gelegene zweistöckige Bau, der einmal ein Herrenhaus war, heben sich davon ab. Bis 1945 war hier die Familie von Moellendorff zu Hause. Mit Pfarrer, Lehrer, Gutsverwalter und den Familien der Landarbeiter lebte sie hier seit mehr als 600 Jahren. Wie sie dies tat, das prägte das Dorf Krampfer und gab ihm sein bis heute erkennbar gebliebenes Gesicht.

1994 ist die Familie zurückgekommen, genauer gesagt, Albrecht von Wilamowitz-Moellendorf ist mit seiner Frau in eine Art Wochenendhaus eingezogen. Es liegt wenige Minuten von dem einstigen Sitz ihrer Vorfahren entfernt. Das ehemalige Herrenhaus wirkt heute fast wie ein Fremdkörper, denn alle anderen Gebäude machen einen gepflegten Eindruck. Die Fassade des einstmals ersten Hauses am Platze dagegen ist grau und verwittert, seine Fenster sind blind. Es steht leer. Sein heutiger Eigentümer ist das aus der Treuhand hervorgegangene Grundstücks- und Vermögensamt Brandenburg. Es unterscheidet sich von allen vorherigen Besitzern des Herrenhauses, das man in Krampfer noch immer »das Schloß« nennt, vor allem in einem: Es kümmert sich nicht um das Gebäude. Das war vorher anders, auch zu DDR-Zeiten. Daß die Moellendorffs ihr Eigentum pflegten, das versteht sich von selbst, auch wenn heute nur noch wenig davon zeugt.

Wer den einstigen, nun verwilderten Park durchstreift, kann auf der Rückseite des Hauses noch die ursprüngliche Fassade und ihren Wappenschmuck erkennen, den die DDR-Oberen an der Vorderfront abschlagen und durch unansehnlichen grauen Glattputz ersetzen ließen. Er läßt die der Straße zugewandte Front des Hauses heute schmutzig und abweisend erscheinen. Das beeinträchtigt sein Erscheinungsbild, nicht aber die Bausubstanz, denn ordentlich verputzt und damit witterungsbeständig war das Gebäude all die Jahre, nicht aus denkmalschützerischen, sondern aus praktischen Gründen. Die DDR nutzte es. 1945 wurde es zunächst Beute der Roten Armee. Die sowjetischen Besatzer warfen die Moellendoffs aus ihrem Haus und plünderten das Gebäude, bevor es, so wie viele andere Schlösser auch, auf Befehl der sowjetischen Militäradministration zerstört werden sollte. Der Bürgermeister von Krampfer »sabotierte« das listig und erfolgreich, wie der Pfarrer des Dorfes noch fünfzig Jahre später berichten kann – was belegt, wie gut die mündliche Überlieferung im Dorf alle Brüche der Zeit überstanden hat.

So blieb von der alten Einrichtung nichts übrig. Auch das repräsentative Eingangsportal wurde auf Befehl abgerissen. Die Räumlichkeiten selbst aber blieben intakt und wurden zunächst als Krankenstation, dann als Kindergarten und als Schule genutzt. Die großräumig angelegte einstige Schloßküche diente der in den fünfziger Jahren entstandenen LPG, die den dort Beschäftigten – und damit dem größten Teil der Dorfbevölkerung – wochentags das Kochen abnahm. Gewiß, investiert wurde nur das Nötigste, und die Substanz wurde abgenutzt und verschlissen. Das Gebäude aber blieb intakt, das Dach dicht und die Mauern trocken.

Das änderte sich 1990 – aber nicht zum Besseren, denn die Treuhand war weder gewillt, das Haus zu renovieren und zu nutzen, noch es den alten Eigentümern zu Bedingungen zurückzugeben, die für sie akzeptabel gewesen wären. Auch gelang es ihr nicht, das Anwesen kompetenten Anbietern zu verkaufen. Ein Erwerb durch die Kurklinik Bad Wilsnack wäre, so meint man in Krampfer, möglich gewesen, doch diese Chance wurde von der Behörde vertan. Zu ihren Konditionen fand sich kein Interessent, und so schloß sie das große alte Haus ab. Den Schlüssel nahm sie mit. Der liegt nun in ihrer Außenstelle Brandenburg und rostet. Das Haus aber verrottet. Sein Mauerwerk ist schon feucht, denn die desinteressierte Landesbehörde läßt es zu, daß ein Nachbar den alten Entwässerungskanal, der das Haus trocken hielt, zugeschüttet hat, um einen Teich aufstauen zu können. Nun blüht der Salpeter auf dem Verputz, der sich von den Wänden löst. Das Ende zeichnet sich ab, obwohl die Wiederherstellung der Entwässerungsanlage eine Kleinigkeit wäre.

Aber nicht nur das einst Moellendorffsche Herrenhaus leidet unter dem Desinteresse seines derzeitigen Eigentümers. Ebenso ergeht es dem gegenüberliegenden ehemaligen Wirtschaftshof des Gutes. Bis 1945 war er das Zentrum des Dorfes und seiner täglichen Arbeit. Das verlagerte sich zwar durch die Gründung der LPG, doch wurde der Wirtschaftshof, dessen Bauten bis heute ihre preußische Solidität belegen, weiter genutzt und blieb so erhalten. Heute stehen Ställe, Scheunen und Stellmacherei ebenso leer wie das Schloß, und auch sie verfallen.

Den Kontrapunkt zu diesem traurigen Anblick setzt gleich nebenan die Kirche. Frisch eingedeckt und renoviert, sticht sie ins Auge. Ihr Glück ist es, daß ihr Schicksal nicht von den Beamten und Behörden des Staates abhängt, sondern vor allem vom Engagement des zuständigen Pfarrers. Der heißt Groß, und entsprechend handelt er. Groß, zu dessen Sprengel Krampfer gehört, hat seit der Wiedervereinigung in Krampfer und in anderen Gemeinden seines Zuständigkeitsbereiches fast schon Wunder vollbracht. Kirchen wurden saniert und Fundamente gesichert, vor allem aber wurde in Krampfer das Kirchendach erneuert. Auch das Innere der viele Jahre ungenutzten Kirche ist renoviert. Sogar die Orgel konnte, nachdem sie für viele Jahre verstummt war, 1994 restauriert und wieder eingebaut werden.

Dort, wo Groß Hand anlegt, ist der Fortschritt in Krampfer unübersehbar. Das gilt auch für das der Kirche schräg gegenüberliegende alte Pfarrhaus. Als sich 1990 durch die günstigen finanziellen Begleiterscheinungen der Wiedervereinigung die einmalige Chance bot, das schöne, aber schon baufällige alte Haus von Grund auf sanieren zu lassen, zögerte er keinen Augenblick, sondern ging seinen Vorderen in der brandenburgischen Landeskirche mit der ihm eigenen Entschiedenheit so lange auf die Nerven, bis er sich durchgesetzt hatte. Er selbst bewohnt ein bildschön renoviertes altes Pfarrhaus im sechs Kilometer entfernten Rosenhagen, das all denen in Krampfer offensteht, für die sonst keine Institution – die Eltern hoffentlich ausgenommen – etwas übrig hat, schon gar nicht Zuwendung und Geld: den Jugendlichen und Heranwachsenden. Groß hat das Pfarrhaus umfunktioniert, einen Billardtisch aufstellen und die Räume so ausstatten lassen, daß sich die Jugendlichen angezogen und wohl fühlen können. Daß er dem Dorf damit an einer im Ortsbild hervorgehobenen Stelle einen besonders schönen Bau brandenburgischer Backsteinarchitektur erhalten und auf einige Zeit gesichert hat, ist dabei allenfalls ein Nebenaspekt. So zählt Groß insgesamt zu den wenigen Positiva, die dem Dorf geblieben sind. Statt sie sich selbst, der Langeweile und dem Überdruß des Leerlaufs zu überlassen, sorgt er dafür, daß die jungen Leute beschäftigt sind, zum Beispiel mit einer Radtour nach Norwegen – die er selbstverständlich mitmacht.

Gleich neben dem Pfarr- und Gemeindehaus ist der Kindergarten untergebracht – noch. Es ist dieses »noch«, das schwer auf den Krampferanern lastet. Man spürt es, sobald man sie danach befragt, denn von selbst sprechen sie das Thema nicht an. Früher – gemeint ist die Zeit vor 1990 –, da gab es selbstverständlich, so wie in jedem Dorf der DDR, eine Kinderkrippe für die ganz Kleinen bis zum 3. Lebensjahr und für die Vorschulkinder einen Kindergarten. Dafür sorgte die LPG. Für die Kinder aber sorgten die jungen Ehepaare in Krampfer wie andernorts auch, denn jung zu heiraten, das war in der DDR üblich – »in«, wie es in westneudeutsch heute heißt.

Aber dieser Generationenvertrag gilt nicht mehr. Die LPG kann keine Kinderkrippe und keinen Kindergarten mehr stellen, weil es sie nicht mehr gibt, und die jungen Leute haben das Heiraten und das Kinderkriegen gleichermaßen weitgehend eingestellt. Die Kinderkrippe ist in Krampfer längst aufgelöst. Auch der Kindergarten sieht seinem alsbaldigen Ende mehr oder weniger gefaßt entgegen. »Wir kämpfen«, versichern die beiden verbliebenen Kindergärtnerinnen tapfer. 1994 betreuten sie noch dreißig

Kinder, 1995 noch neunzehn und 1996 noch zwölf. »1997 müssen wir schließen, weil das erforderliche Minimum unterschritten wird«, weiß die Kindergärtnerin ebenso wie Bürgermeister Wernicke aus dem benachbarten Groß Gottschow, mit dem Krampfer zusammen eine Gemeinde bildet. Auch Pastor Groß ist bei aller Zuversicht, zu der er sich sozusagen dienstlich verpflichtet fühlt, angesichts dieses Niedergangs seiner Gemeinde überfordert. »Das Land ist jetzt schon leer. Die Frage, was aus ihm werden soll, diese Frage stelle ich mir nicht mehr«, bekennt er.

Zynismus oder zumindest Sarkasmus von Menschen, die keine positive Antwort mehr finden? Mag sein, daß selbst ein Mann wie Pastor Groß mit seinen erst gut dreißig Jahren und dem Optimismus, zu den ihn Alter und Gottvertrauen verpflichten sollten, nicht ganz frei davon ist. Aber was aus seinem Geständnis spricht, das ist eher Ratlosigkeit, wie angesichts solcher irreversibler Vorgaben die Zukunft gestaltet werden soll. Was soll aus einem Land werden, dessen Volk ausstirbt und dessen Regierung dies ignoriert, bagatellisiert oder sagt, dafür sei sie nicht zuständig, der Kanzler könne schließlich nicht alles selbst machen?

Aber so wie im Großen, so ist es auch hier im Kleinen: Die nächstliegenden Probleme lenken von denen ab, die ihnen folgen werden, und so ist das Thema Arbeitslosigkeit ganz ungewollt nicht nur das Problem schlechthin im Bewußtsein der meisten, sondern es hat auch einen Nebeneffekt, der vielen nicht bewußt wird: Es lenkt von den noch viel schwerwiegenderen Anschlußproblemen wie dem Geburtenschwund und seinen Folgen ab. Hier im Zentrum von Krampfer, wo baulich die Vergangenheit noch präsent ist, hat im dialektischen Sinne schon die Zukunft Einzug gehalten, denn Arbeitslosigkeit erscheint hier deshalb nicht als konkret erlebbares Problem, weil es hier fast keine Menschen mehr gibt – und folglich auch keine Arbeitslosen. Beim Umherstreifen begegnen wir einem Frührentner – Vorruheständler, wie dies in der die Arbeitslosigkeit verschleiernden offiziellen Sprache der Sozialpolitik heißt – und im Kindergarten den Erzieherinnen und ihren Kindern, die noch nicht ahnen, welche Zukunft ihrer harrt.

Die alte Mitte von Krampfer ist kein Ort der Arbeit mehr. Wirtschaftlich ist sie tot, die Straßen sind nahezu menschenleer. Die wenigen Kinder, die es noch gibt und die die Zukunft tragen sollen, muß man hinter verschlossenen Türen des Kindergartens suchen. So ist Krampfers alte Mitte, ohne daß es weiter auffällt, Denkmal der eigenen Vergangenheit wie der Zukunft in einem.

Der Gegenwart und der jüngsten Vergangenheit begegnet man in Krampfer erst, wenn man sich von der Mitte zum Ortsrand hin begibt, dorthin, wo sich die Straße nach links und rechts abbiegend teilt. Der Blick nach links bleibt an mehrstöckigen Wohnhäusern der DDR-Einheitsnorm hängen. Sie stellen nicht nur architektonisch einen Bruch mit den Bauten im Ortskern dar, sondern auch bevölkerungsmäßig. Wer dort wohnt, der war in Krampfer nie als eigenständiger Bauer ansässig, und er gehörte auch nie zum Gut, so wie die meisten Familien, die in den roten Ziegelhäusern entlang der Hauptstraße zu Hause sind. Wer am Rande des alten Dorfes, jenseits des einstigen Forsthauses seine Bleibe gefunden hat, ist aus der Sicht der Alt-Krampferaner auch fünfzig Jahre nach dem Krieg, dessen Folgen ihn hierhin verschlagen haben, zwar nicht mehr fremd, aber anders. Im Dorf achtet man noch auf »Sekundärtugenden« wie Ordnung, Sauberkeit und Pünktlichkeit, und deshalb kehrt hier auch − fast − jeder noch vor seiner eigenen Haustür. Wer es aber nicht tut − und das, so heißt es in Krampfer, sei in dem einen oder anderen Anwesen des nach dem Krieg hinzugekommenen Ortsteils bis heute gelegentlich der Fall −, über den hat sich das Dorf seine Meinung gebildet, und die ist nicht schmeichelhaft. Hier säßen, so sagt man, die Alkoholiker und Leistungsschwachen, die mit den neuen Herausforderungen nicht zurechtkämen.

Der Graben zwischen den »Krampferanern« und den später Zugezogenen ist bis heute nicht zugeschüttet, wie Leute wissen, die hier zu Hause sind. Auch der inzwischen eingetretene Generationswechsel hat dies nicht zu leisten vermocht. Das gilt insbesondere für jene, die als sogenannte »Asoziale« zu DDR-Zeiten auffällig wurden und deshalb aus den Städten, in denen sie wohnten, zwangsweise auf das flache Land umgesiedelt wurden, um sich hier »in der Produktion«, wie man sagte, zu bewähren − oder auch nicht. In Krampfer kennt jeder jeden. Man weiß, wie der einzelne

99

mit den Folgen des Umbruchs von 1990 fertig wird. Am schwersten hat es diejenigen getroffen, die beim Zusammenbruch der DDR und der LPG zwischen 45 und 55 Jahre alt waren: zu alt, um eine neue Anstellung finden zu können, und zu jung, um vom Vorruhestand profitieren zu können. Sie hatten von Anfang an keine Chance auf einen neuen Arbeitsplatz. Etliche von ihnen suchten Zuflucht im Alkohol. Die Jungen pendeln oder arbeiten auswärts, sind aber, so versichert man in Krampfer wie Groß Gottschow, nahezu alle untergekommen. Am besten aber haben es die Alten, die Rentner.

Heinz Wernicke, seit 1993 ehrenamtlicher Bürgermeister von Krampfer und Groß Gottschow, kennt jede Familie und ist selbst ein lebendes Zeugnis für das, was sich in seinem Dorf nach dem Ende des Zweiten Weltkriegs ereignet hat. Als er 1951 auf die Welt kam, war sein Vater selbständiger Bauer. Seine Mutter war aus dem Warthegau hierher verschlagen worden. Er selbst wuchs bereits in die sozialistisch umgestaltete Wirklichkeit der Landwirtschaftlichen Produktionsgenossenschaften hinein. Wernicke begann nach seiner Schulzeit eine Lehre in der Landwirtschaft und absolvierte im Anschluß daran ein auf die Tierproduktion hin ausgerichtetes landwirtschaftliches Studium in Magdeburg, das seinen weiteren Lebensweg und seinen Rang in der Sozialstruktur der DDR bestimmte. Von 1972 an bildete er im benachbarten Rosenhagen zwanzig Jahre lang Landwirtschaftslehrlinge der LPG aus. 1992 – aus der LPG war eine Agrargenossenschaft bundesrepublikanischen Rechts geworden, ihr Vorsitzender Thiel aber war geblieben und nun außerstande, den finanziellen Verpflichtungen nachzukommen – griff die Treuhand ein. Wernicke kostete das den Arbeitsplatz, schuf ihm aber, wenn auch ganz unbeabsichtigt, einen neuen: den eines ehrenamtlichen Bürgermeisters. Denn Thiel, dem Wernicke auch jetzt nichts Schlechtes nachsagt, sondern ihn ganz im Gegenteil »als fähigen sozialistischen Leiter« würdigt, war als Vorsitzender der LPG zugleich auch Bürgermeister gewesen. Da er nach seinem Scheitern als landwirtschaftlicher Unternehmer wegzog, ergab sich der Zwang zum Neuanfang auch auf kommunalpolitischer Ebene. Die Gemeinde Krampfer-Groß Gottschow brauchte einen neuen Bürgermeister und dazu wählten die 252 Krampferaner und die 142 Groß Gottschower Heinz Wernicke, der inzwischen bei einem der beiden Bauern des Dorfes, die sich wieder selbständig gemacht haben, eine Tätigkeit angenommen hat. Obwohl er einen Hof mit gut vierzig Hektar von seinem Vater geerbt hat, konnte er sich nicht dazu entschließen, sein eigenes Land zu bestellen, so wie sein Vater es so lange getan hatte, bis die SED es verbot. Seine Frau arbeite als Krankenschwester in Perleberg und wolle es bleiben. Ohne Frau aber sei eine Landwirtschaft nicht zu bewältigen, lautet seine Argumentation, und niemand außer ihm selbst weiß, ob es nicht auch die Angst vor dem unbekannten Wagnis der Selbständigkeit, den Krediten, der Verschuldung und den Behörden ist, die Wernicke letztlich zum Verzicht bewogen.

So bleibt ihm genügend Zeit für seine Aufgaben als Bürgermeister. Sie und sein Amtsbezirk sind so überschaubar, daß er ihnen ehrenamtlich gerecht werden kann. Die Kosten einer eigenen Verwaltung kann sich die Gemeinde sparen, sie ist Teil eines Verwaltungsverbundes. Auch ansonsten ist nicht viel geblieben, worum sich Wernicke kümmern müßte. Die Schule in Krampfer wurde geschlossen, ein Bus bringt die verbliebenen Dorfkinder ins nahe Perleberg oder ins benachbarte Kleinow. Der Kindergarten – das ist alles, was es derzeit noch an kommunalen Einrichtungen gibt. Hinzu kommen die Freiwillige Feuerwehr und der Anglerverein von Krampfer. Weder Sport- noch Schützenverein, geschweige denn ein Gemeindezentrum oder Kulturhaus sind zu betreuen. Alles, was es bis 1990 gab, war mit der LPG verbunden und ist mit ihr verschwunden – insbesondere die Arbeitsplätze. Bis zur Wende arbeiteten mehr als hundert Menschen in ihr. Praktisch waren das alle im Dorf, die arbeiten konnten. Mit der Umstellung zu einer Agrargenossenschaft wurde die Zahl der Arbeitsplätze schon 1990 auf fünfzig verringert, und auch das erwies sich schnell als zuviel. Als das Unternehmen 1993 am Ende war, hatte es noch 23 Mitarbeiter, die Leitung eingeschlossen.

Von denen, die arbeitslos wurden, fanden nur wenige einen Neuanfang in der Gemeinde selbst. In Groß Gottschow, einem alten Bauerndorf, brachten nur zwei ehemalige Bauern den Mut auf, ihr Land von der Genossenschaft zurückzufordern und als

»Wiedereinrichter« – so lautet der Terminus technicus für ihresgleichen – wieder in eigener Verantwortung als selbständige Bauern zu wirtschaften.

In Krampfer machte sich Herr Luedeke, der zuvor Elektriker der LPG gewesen war, selbständig. Er findet Arbeit für sich und zwei Angestellte. Auch ein Bäcker hat in Krampfer gut zu tun. Zusammen mit drei Angestellten backt und vertreibt er Brot und Brötchen nicht nur im Dorf selbst, sondern mit Lieferwagen auch in der Umgebung. Dann gibt es noch zwei Lebensmittelgeschäfte, die nicht nur ihre Besitzerinnen beschäftigen und ernähren, sondern auch zur Lebensqualität der kleinen Gemeinde beitragen, ersparen sie es den Dorfbewohnern doch, für jede Kleinigkeit in die Stadt, nach Perleberg, fahren zu müssen. Das ist alles. Wer ansonsten arbeiten will, der muß sich andernorts umsehen, und genau das tun die Jungen. Sie pendeln und ziehen, sobald es geht, ins nahe Perleberg oder ins mehr als hundert Kilometer entfernte Berlin; Hauptsache, man findet Arbeit.

Gearbeitet wird in Krampfer aber vor allem dort, wo bis 1993 die Agrargenossenschaft »Goldene Ähre« GmbH tätig war, auf den Feldern und auf dem Betriebshof der einstigen LPG Tierproduktion Krampfer. Auch er liegt – ebenso wie die Mietshäuser aus DDR-Zeit – am Dorfrand. Ein einstöckiges hell verputztes Verwaltungsgebäude, drumherum weite Betonflächen, auf denen Traktoren, Landmaschinen und andere Gerätschaften stehen, Schuppen und Hallen. Hier saß früher die Leitung der LPG. Sie war Teil eines weit größeren Betriebes, der »LPG Pflanzenproduktion Kleinow«. Die saß sieben Kilometer weiter im gleichnamigen Dorf und umfaßte die Gemarkungen mehrerer Gemeinden. Entsprechend groß war sie: etwa 8 000 Hektar hatte sie unter dem Pflug. Ihr Leiter war mehr als der Generaldirektor eines Staatsunternehmens. Soweit seine LPG reichte, war er faktisch die Obrigkeit. Bis 1989 war dies Dr. Gutke, der nun im Auftrag der Landwirtschaftlichen Agrarberatung (LAB) und damit letztlich des Landes Brandenburg tätig ist und dessen Wort in Potsdam auch heute noch Gewicht hat. Schließlich sitzen auch dort Fachleute, die Gutke aus seiner früheren Tätigkeit kennen und mit ihm zusammengearbeitet haben. In Krampfer führte Thiel unter seiner

Als die Hohenzollern 1413 in die Mark Brandenburg kamen, waren die Moellendorffs dort längst ansässig. Der Alte Fritz bezeugte General der Infanterie von Moellendorff seine Dankbarkeit unter anderem durch die Schenkung der Grafschaft Gadow, ein Forstgut ganz in der Nähe von Krampfer am östlichen Elbufer. (Gemälde von Hr. v. Eckardstein)

Hugo Graf von Wilamowitz-Moellendorff (†1865) und der in Gadow gezogene Hengst »Scherz«, der als erstes deutsches Pferd ein Rennen in England gewann. (Gemälde von Franz Krüger)

Der letzte rechtmäßige Eigentümer von Gadow erlebte die Wiedervereinigung nicht mehr. Der letzte Besitzer von Gut Krampfer (hier im Herbst 1996) starb sechs Wochen vor der Vertreibung. Sein ältester Sohn war bereits 1942 vor Stalingrad gefallen. Der 1961 in Hamburg geborene Albrecht von Wilamowitz-Moellendorff war 1989 gerade nach Australien ausgewandert, als ihn aufregende Post aus Deutschland erreichte.

Graf Wichard von Wilamowitz-Möllendorff († 1905), mit Schloß Gadow im Hintergrund. Gemälde von Theodor Schloepke.

*»Es hat immer Menschen aus der Gemeinde gegeben, die die Gräber pflegten, so gut es eben ging. Ich habe mich manchmal gefragt, wer da wieder Blumen hingestellt hat«, sagt Pfarrer Gross. Auf dem Dorffriedhof: das Erbbegräbnis, um das sich nun wieder ein Wilamowitz-Moellendorff kümmert.*

*Inzwischen hat Wilamowitz auf dem Betriebsgelände der einstigen LPG eine provisorische Blei-*
*be in einem Holzhäuschen gefunden. Seit dem Neubeginn 1994 ist in Krampfer viel geschehen.*

Oberhoheit die LPG Tierproduktion. Heute sitzen und wirtschaften hier Albrecht von Wilamowitz-Moellendorff und sein Kompagnon. Wo seine Vorfahren über 700 Jahre als Gutsherren saßen, hat er jetzt Land gepachtet.

Die Moellendorffs waren das, was man »Junker« nennt. Sie unter diesem Sammelbegriff abzubuchen, genügt indessen nicht, denn sie sind mehr: Sie sind so etwas wie ein Naturdenkmal. Wären sie eine Linde oder eine der Eichen, wie man sie in der Dorfmark findet, die DDR hätte nicht gezögert, sie unter Naturschutz zu stellen – und den hätte die Bundesrepublik dann ebenso als rechtmäßig bestätigt, wie sie nun ihre Enteignung für rechtens erklärt hat. In Krampfer waren die Moellendorffs, seit es das Dorf gibt, das 1393 erstmals urkundlich erwähnt wird. Damals zogen Goske und Gerke von Moellendorff hierher, deren Familie in der benachbarten Altmark, westlich der nahen Elbe, seit dem 9. Jahrhundert ansässig war.

Wer sich mit Theodor Fontanes »Wanderungen durch die Mark Brandenburg« in diese Landschaft begibt, begegnet der Familie mehrfach. In seinem Bericht über Aufstieg und Fall derer von Quitzow, die im nahegelegenen Quitzöbel zu Hause waren, erwähnt Fontane auch, daß »die von Möllendorf zu Wittenberge, Kumlosen, Krampfer und Abbendorf« dabei waren, als die Quitzows zusammen mit den von Rohrs, von Alvensleben, von der Schulenburg, von Rochow, von Jagow und anderen Angehörigen des landsässigen Adels 1413 gegen den Erzbischof von Magdeburg loszogen und seine Streitmacht besiegten. Die Moellendorffs, die in den etwa tausend Jahren ihrer Existenz ihren Namen mal mit oe, mal mit ö, mal mit einem und dann wieder mit zwei l und/oder f schrieben, waren also wehrhaft – und zahlreich. Krampfer war nicht ihr einziger Besitz. Vor allem aber waren sie bodenständig. Die meisten von ihnen fanden ganz offenkundig ihr Genügen darin, sich um ihre Güter zu kümmern. Selbstverständlich diente man dem König und stellte ihm das, was ihm am wichtigsten war: tapfere, tüchtige und loyale Offiziere. Einer von ihnen mußte für den jungen Kronprinzen Friedrich II. sein Haus in Neuruppin räumen, als dieser 1732 nach der Verbannung auf die Festung Küstrin in das dort stationierte Regiment »Cronprintz«

abkommandiert wurde. In der brandenburgisch-preußischen Geschichte aber treten die Moellendorffs ansonsten politisch und militärisch kaum hervor – mit einer Ausnahme, der des Generalfeldmarschalls Wichard von Möllendorf, einer der herausragenden Feldherren Friedrichs des Großen. Er kämpfte in allen drei Schlesischen Kriegen für seinen König. Was Preußen ihm verdankt, kann man auf dem großen Obelisk nachlesen, der im Park von Schloß Rheinsberg von Prinz Heinrich, dem Bruder des Alten Fritz, errichtet und 1790 »den preußischen Helden des Siebenjährigen Krieges« gewidmet wurde. Dort heißt es über von Möllendorf, General der Infanterie: »War bei allen Feldzügen von 1740 [dem Beginn der Schlesischen Kriege] bis 1778 dabei.«

Friedrich der Große, damals schon »der Alte Fritz« genannt, hatte seinem General seine Dankbarkeit unter anderem durch die Schenkung der Grafschaft Gadow bezeugt, das ein ganz in der Nähe von Krampfer am östlichen Elbufer gelegenes Forstgut mit 3500 Hektar Wald ist. Diesen schönen Besitz vererbte der General dem ältesten Sohn seiner Schwester, den er adoptierte und der fortan den Doppelnamen Wilamowitz-Moellendorff trug.

Die beiden Familien, von Möllendorff und von Wilamowitz-Moellendorff, lebten seither nicht nur in räumlicher Nachbarschaft. Sie praktizierten sie auch: man hielt zusammen und half sich. Das änderte sich weder 1945, als beide Familien ihren Besitz verloren, noch 1990, als mit der Wiedervereinigung eine völlig neue Lage eintrat. Der letzte rechtmäßige Eigentümer von Gadow, Gero von Wilamowitz-Moellendorff, der 1945 mit seiner Familie über die Elbe vor den anrückenden Russen geflohen war, erlebte die Wiedervereinigung nicht mehr. Der letzte Besitzer von Gut Krampfer, Ottokar von Möllendorff, starb am 22. März 1945, sechs Wochen vor der Vertreibung, im Alter von 68 Jahren auf Gut Krampfer. Sein ältester Sohn, der Krampfer erben sollte, war bereits im Oktober 1942 vor Stalingrad gefallen.

So gingen die Erbansprüche an dessen Bruder Goske über, der den Krieg als U-Boot-Fahrer überlebt hatte und 1990 schon 67 Jahre alt war. Verbittert durch die Entscheidung der Bundesregierung und des Bundesverfassungsgerichts, die 1945 vollzogene entschädigungslose Enteignung als rechtens anzuerkennen, resignierte er. Seinen Anspruch auf sein Erbe aber gab er nicht auf. Er übertrug ihn vielmehr auf Albrecht von Wilamowitz-Moellendorff. Der, 1961 in Hamburg geboren und dort aufgewachsen, hatte in Mannheim Betriebswirtschaft studiert und war 1989 mit frisch bestandenem Examen ausgewandert. In Australien hatte er einen Fünfjahresvertrag, alles weitere sollte sich finden.

Das tat es auch, wenn auch anders als erwartet. Albrecht hatte sich gerade eingearbeitet, als er Post aus Deutschland erhielt. Die Familie und Freunde alarmierten ihn, er möge zurückkommen und sich um das Erbe in der Prignitz kümmern. Die Rückgabe der enteigneten Güter erschien allen als Selbstverständlichkeit. Erst der Spruch des Bundesverfassungsgerichtes zeigte, wie sehr man sich darin geirrt hatte.

Da aber war Albrecht schon längst zur Stelle, hatte seine gerade erst in Australien errichteten Zelte wieder abgebrochen und war nun arbeitslos, denn die Annahme, er werde gebraucht, um das Forstgut der Familie zu leiten, erwies sich als unbegründet. Das war für ihn eine Enttäuschung. Die tiefe Erbitterung aber, die seinen Vater befiel, wenn er zu DDR-Zeiten über die Elbe auf seine für ihn unerreichbar gewordenen Wälder blickte, die war ihm fremd. Die Familie, ihr Zusammenhalt und ihre Tradition, die bedeuten ihm, wie er bekennt, viel. Aber genauso offen räumt er ein, daß dies für den alten Besitz und die Heimat seiner Vorfahren so nicht gilt – nicht gelten kann. Dazu war all das für ihn zu weit weg. Die Wälder von Gadow und die Felder von Krampfer waren für ihn Erzählung, Vorstellung, Fotos im Familienalbum, gerettete Dokumente, nicht erfahrbare Wirklichkeit gewesen. Sie zu besuchen, hatte die DDR den Moellendorffs zudem verboten – wie allen ehemaligen Großgrundbesitzern. 1972 fuhr er einmal, so erinnert er sich, als gerade Elfjähriger mit dem Vater auf dem Weg nach Berlin durch die Prignitz. Das war alles, sicher nicht genug, um emotionale Bindungen entwickeln zu können.

Was also tun? Nach Australien zurückfliegen und einen neuen Start suchen oder hierbleiben und darauf setzen, daß der eigene Rechtsanspruch doch noch durchzusetzen ist? Albrecht entschied sich fürs Bleiben – aber nicht fürs Warten. Er suchte und fand zunächst einmal eine Anstellung, die ihm Zeit für die Familienangelegenheiten ließ. Noch etwas geschah: Goske von Moellendorff trat ihm seine Rechte an Gut Krampfer ab. Damit war er nicht mehr nur Alteigentümer von Gadow und somit eines Forstes, sondern auch von landwirtschaftlichem Besitz. Das war deshalb wichtig, weil sich 1993 abzeichnete, daß erst über die landwirtschaftlichen Flächen und danach erst über den endgültigen Verbleib enteigneter Wälder politisch entschieden werden sollte.

Nun konnte Albrecht von Wilamowitz-Moellendorff den Antrag auf Rückgabe von Gut Krampfer stellen. Und er tat noch etwas anderes: Statt den Entscheid über seinen Rückgabeanspruch abzuwarten, versuchte er, in Krampfer Land zu pachten – in der Hoffnung, es sich später als Eigentum sichern zu können. Ein Besuch beim Landwirtschaftsamt in Perleberg ergab im Mai 1993, daß die 1989 in Krampfer neu gegründete und von dem früheren Leiter einer LPG geführte Genossenschaft in akute finanzielle Schwierigkeiten geraten war. Man suchte einen Unternehmer, der bereit war, den 1400 Hektar großen Betrieb zu übernehmen, und den 110 Genossenschaftsmitgliedern, die ihr Land eingebracht hatten, einen möglichst hohen Teil ihrer Forderungen an die Genossenschaft auszuzahlen.

Wilamowitz wollte die darin liegende Chance, zumindest als Pächter in die Heimat seiner Vorfahren zurückkehren zu können, nutzen. Dazu brauchte er einen Partner, der über Geld und über hinreichende landwirtschaftliche Kenntnisse verfügte, denn beides fehlte dem Betriebswirt Wilamowitz. Innerhalb eines halben Jahres fand er den richtigen Mann in der Person des Landwirts Scharpenberg. Die Ansprüche, die die 110 Genossenschaftsmitglieder an ihre Genossenschaft hatten, konnte er nun zu 80 Prozent – und damit zu einem hohen Anteil – auszahlen. Das trug erheblich dazu bei, daß Wilamowitz nach seiner eigenen Beurteilung offen und freundlich aufgenommen wurde, als er im Januar 1994 zusammen mit Scharpenberg die Bewirtschaftung »seines« 1400 Hektar großen Betriebes aufnahm. 400 Hektar – sie gehörten früher zu den 900 Hektar des Gutes Krampfer – hat er von der Treuhand für zwölf Jahre gepachtet. Für die restlichen tausend Hektar mußte er mit den 110 Mitgliedern der Genossenschaft, Eigentümern von Flächen zwischen einem halben und 30 Hektar,

Einzelpachtverträge abschließen. Die Bodenwerte schwanken zwischen 80 Punkten und wenig mehr als 30. Die guten Böden sind zumeist auf jenen Flächen zu finden, die früher zum Gut gehörten. Sie bilden das wirtschaftliche Rückgrat seines Betriebes. Nach Groß Gottschow hinüber liegen die geringer wertigen Flächen. »Fliegender Sand«, sagt er, wenn er von ihnen spricht. Insgesamt aber ist er zufrieden. Krampfer gelte von alters her als Kornkammer der Prignitz. Da lasse sich wirtschaften, lautet seine Bewertung, nachdem er die zweite Ernte eingebracht hat.

Was produziert man im nördlichen Brandenburg, oder präziser gefragt, was darf man nach den Regeln der EG produzieren? Eines muß klar sein: Dort, wo die Landwirtschaft beginnt, endet die Marktwirtschaft auch » im Westen«. Und da Brandenburg seit 1990 zum »Westen« gehört, haben seine Landwirte zwar »das Lager« gewechselt, nicht aber »das System«. Was produziert werden darf, bestimmt nach wie vor »der Plan«, jetzt der Plan der EG. Für Wilamowitz-Moellendorff hat dies ganz konkrete Auswirkungen. So »darf« er im Jahr 1,7 Millionen Liter Milch produzieren. Der Staat garantiert ihm die Abnahme, nicht dagegen den Preis. Der ist, wie anderes auch in der EG-Planwirtschaft, regional verschieden. 1995 lag er in Brandenburg bei 53 bis 55 Pfennig je Liter, deutlich weniger als beispielsweise in Bayern oder Rheinland-Pfalz. Aber nicht nur der Preis differiert, sondern auch das, was der Landwirt mit der ihm zustehenden Milchmenge machen darf.

»Im Westen«, sagt Wilamowitz – und damit meint er nun die alten Bundesländer –, ist die Milchmenge frei handelbar, also verkäuflich. Ein Bauer, der einen Rechtsanspruch auf Produktion und Abnahme einer gewissen Menge Milch hat, kann diesen an einen anderen Bauern verkaufen. In den neuen Ländern steht ihm das nicht zu. »Aber das«, so gibt Wilamowitz zu verstehen, »ist nur eine Frage der Rechtsform.« Wozu gibt es Rechtsanwälte, und wozu braucht sie ein Landwirt? Richtig, er braucht sie, um die rechtlichen Hindernisse der Brüsseler Bürokraten zu überwinden. Wilamowitz wird von ihren Künsten Gebrauch machen, denn um auf Dauer Milch zu produzieren, wäre in Krampfer ein neuer Kuhstall erforderlich. Der aber würde so viel kosten, daß ihm wegen der knappen Gewinnspanne die Abnahme einer Jahresmenge von 3,4 Millionen Litern – also das Doppelte – vom Staat garantiert werden müßte, damit sich ein Neubau rentiert. Deshalb muß er die ihm zustehende Produktionsmenge anderweitig nutzen.

Milch ist nicht das einzige Produkt, das in der EG nach Plan produziert werden muß, soll die Abnahme garantiert sein. So darf Wilamowitz nur zwanzig Hektar Zuckerrüben anbauen, obwohl er viel mehr an dafür geeignetem Boden hat. Bei Raps, dessen Preis für die Bauern ebenfalls besonders lukrativ ist, sieht es nicht besser aus. Auch sein Anbau ist kontingentiert. Nur 7,5 Prozent seiner 1400 Hektar darf Wilamowitz mit Raps bestellen. Läge sein Betrieb dagegen in dem nur wenige Kilometer entfernten Mecklenburg, dann wären es 17 Prozent.

Aber dies ist nur eines von vielen Beispielen Brüsseler Regelungswillkür. Vorgeschrieben wird ihm auch, wie viele Hektar seines Betriebes jedes Jahr als Brache unbestellt bleiben müssen, damit die EG nicht in Agrarüberschüssen ertrinkt. 1995 waren es 160 Hektar. Dafür, daß er sie unbestellt liegen ließ, stand ihm pro Hektar »Rotationsbrache« – so der offizielle Begriff – ein Betrag von 607 Mark zu. Auch dort, wo die EG das Untätigbleiben prämiert, mißt sie mit verschiedenem Maß, und das nicht zugunsten der Brandenburger. In Bayern, so weiß Wilamowitz, wird die verordnete Unterlassung mit 753 Mark und in Niedersachsen gar mit 900 Mark je Hektar belohnt.

Warum das so ist? Dafür spielen Bodenwerte eine Rolle und, wer weiß das schon genau, vielleicht auch Beziehungen. Im Vorjahr war für Wilamowitz übrigens alles viel schlimmer. Da hatte er nämlich seine Äcker schon bestellt, als ihn »Brüssel« plötzlich wissen ließ, er habe weitere 40 Hektar stillzulegen. Die aber hatte er schon eingesät und so mußte er wohl oder übel seine Trecker anspannen und die junge Saat umpflügen, was ihn unter dem Strich 30 000 Mark kostete. Warum macht ein Landwirt so etwas, wo Brüssel doch aus Krampferaner Sicht so weit weg ist? Die Antwort ist denkbar einfach: weil der Staat – und dieser Begriff umfaßt aus der Sicht des Landwirts inzwischen das Land, den Bund und die EG – am längeren Hebel sitzt und demjenigen, der unbotmäßig ist, den Geldhahn zudrehen kann. Denn das muß man wissen: In der EG lebt der Landwirt nicht von dem, was er produziert und verkauft, sondern zu einem erheblichen Teil von dem, was er dafür an Subventionen bekommt – wenn er sie bekommt: Getreidesubventionen, Stillegungssubventionen, Ölsubventionen, Fördermittel für den Kuhstallbau oder für den Landerwerb, den Viehzukauf oder die Milchverbesserung, und wenn all dies nicht reicht, dann eben Betriebsmitteldarlehen, also billige Kredite. Zugang zu all diesen Wohltaten aber hat nur, wer die diversen Vorschriften befolgt, auch wenn dies 30 000 Mark zusätzlich kostet.

So viele Regelungen kann man nicht formlos bewältigen. Sie erfordern den Unterhalt einer Bürokratie, Anträge, Erlasse und Menschen, die sich in diesem planvoll errichteten Labyrinth auskennen. Spätestens dann, wenn man die Anträge ausfüllen muß, merkt man, wie sehr man auf sachkundige Helfer angewiesen ist. Vollständig müssen sie ausgefüllt werden, die Formulare, auch wenn sie mehr als 30 Seiten umfassen. Die einen müssen beim Landwirtschaftsministerium in Potsdam, die anderen bei der Investitionsbank oder gar beim Umweltministerium eingereicht werden, und dort sitzen Leute, die sich mit Anträgen auskennen – und zwar nicht erst seit gestern. Da lohnt es sich, nicht nur vollständig ausgefüllte Anträge abzugeben, sondern auch solche, die die »richtigen« Unterschriften tragen.

Dazu gehören beispielsweise die von Beratern, die bei der Bürokratie in der Landeshauptstadt wohlbekannt und -gelitten sind. Sie finden sich in der LAB – der Landwirtschaftlichen Agrarberatung –, die überall im Lande durch fachkundiges Personal vertreten ist. In vielen Fällen, so weiß Wilamowitz inzwischen, sind das Leute vom Fach, die sich auch schon um die landwirtschaftliche Produktion im Sozialismus verdient gemacht haben. Die Landwirtschaft ernährt auch jetzt nicht nur die Produzenten, sondern auch die Berater, und das offenkundig nicht einmal schlecht. Wer Wilamowitz berät, der tut das für einen fünfstelligen Betrag, und wer da von Seilschaften spricht, der sollte sich genau überlegen, ob er das nicht doch anders formulieren will, denn Beziehungen schaden bekanntlich nur dem, der sie nicht hat. Das gilt in Köln wie in Cottbus. Es macht eben einen Unterschied, ob ein Antrag immer wieder aufs neue im Stapel »nach unten« rutscht, ob ein fehlender i-Punkt die Unvollständigkeit des Antrags bedeutet oder ob der Fachmann schon an der Unterschrift erkennt, daß ein Antrag in Ordnung und zuweisungsberechtigt ist. Wie so etwas funktioniert, das lernt man ganz schnell, wenn man auf den guten Willen der Mächtigeren angewiesen ist.

Was Macht bedeutet, das erlebte Wilamowitz, als er zum Erhalt seiner Stillegungsprämie die angegebenen Flächen neu berechnen mußte. Die alte Berechnung hatte die Stillegungsfläche auf zwei Stellen hinter dem Komma ausgewiesen. Eine neue Vorschrift fordert aber Angaben, die auf vier Stellen hinter dem Komma berechnet waren. Daraus ergab sich, wie sich hinterher erwies, nur ein Unterschied von 1,6 Hektar, weit weniger als die zulässige Fehlertoleranz. »Hinterher« – das bedeutete für ihn aber nicht weniger als einen ganzen Tag am Computer. Bei alledem darf man nicht die Contenance verlieren, will man sich nicht selbst schaden. »Man muß in die Behörden hineingegangen sein und sich kaputtgeheuchelt haben, um zu wissen, was das heißt. Das ist so erniedrigend. Aber das muß man durchstehen, denn wir sind hierhergegangen, um etwas zu schaffen. Ich will das Land in zehn Jahren so sicher haben, daß ich weiß, ich und meine nächsten Generationen können davon leben«, lauten Resümee und Erklärung für die Selbstverlegung, die sich Wilamowitz abverlangt. Tausend Jahre Familientradition fortsetzen zu können – das ist ihm etwas wert, auch Selbstüberwindung.

Dabei kommt er sich keineswegs diskriminiert oder ausgegrenzt vor. Im Gegenteil, er weiß um die Vorteile, die er daraus zieht, daß von seinem Erfolg auch andere, Alteingesessene profitieren. Er ist in den Kreislauf der Interessen einbezogen und Teil einer Symbiose, und er weiß zu unterscheiden zwischen sturen Bürokraten und engagierten Leuten wie dem Kulturreferenten Torsten Fölsch im benachbarten Perleberg. Er weiß sich gut gelitten, und wenn er geduzt und als »Kollege« und »Genosse« angesprochen wird, so sieht er darin Anerkennung. Scharpenberg und er betreiben, dessen ist er sich sicher, gute, effektive Landwirtschaft. Leistung sichert Selbstbewußtsein und Anerkennung durch andere gleichermaßen. Das ist unter den Agrariern der Prignitz nicht anders als unter denen in Niederbayern oder in Dithmarschen.

Wenn Wilamowitz von »wir« spricht, dann ist das kein Pluralis majestatis, sondern der dezente Hinweis darauf, daß er nicht allein in die Prignitz gekommen ist. Nach seiner Rückkehr nach Deutschland lernte er seine Frau kennen. Als er im Januar 1994 hier seßhaft wurde, um den Betrieb zu übernehmen, kam sie, frisch verheiratet, gleich mit. Ein größerer Kontrast als der zwischen ihrem bisherigen Umfeld, dem wohlsituierten München, der Stadt mit Deutschlands größtem Freizeitwert, und der leeren Weite der Prignitz, läßt sich kaum denken. Die ersten sechs Monate waren abenteuerlich. In Krampfer fand sich für Wilamowitz und seine Frau kein Platz. Alle Häuser waren bewohnt, das Schloß – »sein« Schloß – ausgenommen, das ihm aus finanziellen Gründen verschlossen blieb. So mußte sich das junge Paar anderswo nach einer Bleibe umsehen. Es fand sie auf dem anderen Ufer der Elbe, gut vierzig Autominuten entfernt. Auf einer Warft noch vor dem Hochwasserdeich der Elbe gelegen, hatte sich Friedrich-Christoph von Saldern gleich 1990 einen Bauplatz gekauft und ein Fachwerkhaus darauf errichtet. Dort bezogen Wilamowitz und seine Frau im Januar 1994 ihr erstes Quartier.

Das war nicht nur mit der täglichen Autofahrt von mehr als einer halben Stunde verbunden. Sobald die Elbe Hochwasser führte – und das ist im Winter keine Seltenheit –, schließen ihre Fluten das Saldernsche Haus auf seiner Warft ein, so daß die Strecke bis zum Deich im Boot zurückgelegt werden muß. Ein Faltboot, das inzwischen zum Hausrat gehört, erinnert an manche winterliche Elbpartie bei Wind, Eis und Nebel über den Hochwasser führenden Fluß.

Inzwischen hat Wilamowitz auf dem Betriebsgelände der einstigen LPG – der einzige Grund und Boden, den er bisher erworben hat – eine provisorische Bleibe in einem Holzhäuschen mit fünfzig Quadratmeter Wohnfläche gefunden. Das muß bis zur Fertigstellung eines geräumigeren Hauses genügen. Seit dem Neubeginn im Jahr 1994 ist in Krampfer viel geschehen. Dreimal haben Wilamowitz und Scharpenberg zusammen mit ihren 16 Mitarbeitern 1 400 Hektar Land bestellt und abgeerntet, dabei schwarze Zahlen geschrieben und 16 Arbeitsplätze gesichert.

Aber nicht nur die weiten, wohlbestellten Ackerflächen der

Gemarkung bezeugen die Aktivität ihrer Betreiber. Veränderungen sind auch in ganz anderen Bereichen festzustellen, auf dem Dorffriedhof etwa. Auf ihm befindet sich das Erbbegräbnis der Familie von Moellendorff. Die Familie konnte sich von 1945 an nicht mehr um die Pflege kümmern, wohl aber die Dorfbewohner – und sie taten es. Pfarrer Groß registrierte, seit er seine Pfarre übernommen hatte, wie beständig die Gräber der Moellendorffs von Dorfbewohnern mitgepflegt wurden. »Es hat immer Menschen aus der Gemeinde gegeben, die die Gräber pflegten, so gut es eben ging. Ich habe mich manchmal gefragt, wer da wieder Blumen hingestellt hat«, erinnert er sich. Dennoch wuchs der Friedhof allmählich zu. Teile von ihm waren 1994 fast so überwuchert wie Dornröschens Schloß. Ein Großteil der Grabsteine war zwar umgefallen und beschädigt, aber rekonstruierbar. Längst hat Wilamowitz die Grabkreuze wieder aufgerichtet. Der letzte Stein, den die Familie vor der Vertreibung und Enteignung setzte, ziert kein Grab. Der Findling aus Granit erinnert an Otto Albrecht Wichard von Möllendorff, Rittmeister der Reserve und Kompaniechef, der am 17. Oktober 1942 im Alter von 35 Jahren vor Stalingrad fiel.

Auf den Inschriften des beschädigten Familiengrabes begegnet man zwar nicht dem Namen des berühmtesten Moellendorff, dem des Generalfeldmarschalls Friedrichs des Großen. Dessen Gebeine ruhen im benachbarten Forstgut Gudow. Aber ein anderer Generalfeldmarschall ist dort bestattet. Zu Beginn dieses Jahrhunderts war sein Name in jedem deutschen Lesebuch zu finden: Carl Constantin Albrecht Leonhard Graf von Blumenthal. In den drei Kriegen von 1864, 1866 und 1870, an deren Ende Deutschlands Einheit stand, war er eine der herausragenden Persönlichkeiten des preußischen Heeres und als Generalstabschef der Armee des Kronprinzen am Sieg über Österreich in der Schlacht von Königgrätz ebenso wie am Sieg über Frankreich bei Metz maßgeblich beteiligt. Mit Moltke war er befreundet und durch Werdegang und gemeinsam bestandene Kriege eng verbunden.

Aber wer weiß noch, wer Moltke, wer der Kronprinz war, dessen Armee Blumenthal als Chef des Generalstabs führte – von Blumenthal ganz zu schweigen. Gewolltes Vergessen, als Ausdruck des Unbehagens an der eigenen Geschichte. Aber zurück zu Blumenthal: Wilhelm I., König von Preußen mit dem Titel Deutscher Kaiser, erhob ihn in den Grafenstand. Seine Tochter Agnes heiratete einen Moellendorff, so kam er hierher.

*Tempi passati*, der Sand der Zeit hat Namen und Taten verweht. Ob Albrecht von Wilamowitz, der nun die Gräber pflegt, weiß, wer da liegt und was sich mit den Namen der dort Bestatteten an verwelktem Ruhm verbindet? Wichtiger als Erinnerungen an »Gruftis« sind ihm die herrlichen alten Bäume, in deren dichtem Schatten der Friedhof ruht. Er will diesen Platz nicht nur für die Toten reserviert sehen. Auch den Lebenden soll er dienen, als kleiner Park, mitten in der weiten, baumarmen Feld- und Acker-flur.

Noch ist es nicht soweit, denn der Umweltschutz hat auf dem Friedhof mitzubestimmen. Für den zählen neben den Menschen auch auf dem Friedhof Flora und Fauna. »Biotop« heißt das Stich-wort, und so zögert die zuständige Fachfrau der Perleberger Stadt-verwaltung bei der gemeinsamen Begehung des Friedhofs lange, bevor sie einer streng begrenzten Lichtung des Dickichts zustimmt. Abwägungen, Zweifel darüber, wessen Interessen nun Vorrang genießen sollen und wer sich unterordnen muß – das ist die eigentliche Frage, um die es geht: nicht nur auf dem Friedhof von Krampfer, sondern auch um ihn herum. Ihre Beantwortung wird letztlich darüber entscheiden, was aus Krampfer wird. Heute ist es ein architektonisch interessantes Ensemble, historisch in des Wortes doppelter Bedeutung, denn es ist nicht nur alt, sondern auch außer Betrieb, sofern man das von einem noch bewohnten Dorf sagen kann. Der alte Wirtschaftshof steht ungenutzt inmitten des verlassen wirkenden Dorfes, tot sind die Fenster des einstigen Schlosses. Noch ist das einstige LPG-Betriebsgelände Zentrum der Arbeit – aber nur auf Abruf. Die Gebäude entsprechen nicht dem, was funktional und wirtschaftlich geboten ist. Wilamowitz muß abreißen und neu bauen, er muß die Arbeitseffektivität stei-gern, wenn er Geld verdienen will.

Das alte Gut Krampfer kann er dabei so lange nicht einbezie-hen, wie es ihm die Treuhand verwehrt. Bleibt sie so unbeweglich wie bisher, dann wachsen die neuen Strukturen um das Dorf herum, statt in ihm. Dann bedeuten Neubeginn und Wandel für Krampfer nicht Renaissance, sondern Ende. Das zu erkennen ist nicht schwer. Dazu bedarf es nur eines Ganges durch das Dorf. Aber wer von den Mächtigen der Treuhand ist je bis Krampfer vorgestoßen?

Vielleicht geschehen zusätzlich zu den Wundern, die schon eingetreten sind und zu denen ganz sicher die Rückkehr des Auswanderers Albrecht von Wilamowitz-Moellendorff aus dem fernen Australien in das Dorf seiner Vorfahren gehört, auch noch all die anderen, die stattfinden müssen, damit Gut Krampfer an seine eigene Geschichte anknüpfen und an ihr weiterweben kann. Vieles fehlt – aber noch ist das Wichtigste vorhanden: die Menschen, mit denen alles steht oder fällt. Noch.

# Schönfeld
# und die Rundstedts

Der Name Schönfeld täuscht in jeder Hinsicht. Er bezeichnet kein Feld, sondern ein winziges, in einem gut hundert Jahre alten Wald verstecktes Dorf. Daß es schön sei, läßt sich derzeit nur schwer behaupten; zu tief haben sich die Spuren eines halben sozialistischen Jahrhunderts in sein Erscheinungsbild eingegraben. Sie lassen es alt und verfallen erscheinen.

Pittoresk aber ist es. Schönfeld ist so klein, daß man es mit einem Blick umfassen und in wenigen Minuten durchschreiten kann. Wer auf der Landstraße, die von Stendal nach Bismark und weiter nach Uelzen führt, kurz hinter Stendal die kleine Kreuzung mitten im Wald nicht übersieht, links abbiegt und dies nach einigen hundert Metern wiederholt, der findet sich alsbald in einer ungewöhnlichen Umgebung wieder. Zur rechten Hand ein verwilderter Park, durch dessen kahle Baumgerippe im Winter ein riesiges, offenkundig verlassenes Herrenhaus auftaucht. Gleich daneben erstreckt sich das Geviert eines halbverfallenen Gutshofes.

Links und rechts der Hofeinfahrt aber stehen zwei blitzblanke alte Wohnhäuser, die so aussehen, als gehörten sie nicht in diese postsozialistische Elendslandschaft, sondern in den Hochglanzprospekt einer Firma für Renovierungsarbeiten. Der Kontrast zwischen ihnen und den sie umgebenden Gebäuden macht deren Zerfall nur noch deutlicher sichtbar. Alte Ställe, Scheunen und Schuppen begrenzen den ehemaligen Wirtschaftshof, auf dem seit langem nicht mehr gewirtschaftet wird. Das dunkle Rot der alten Ziegelmauern verrät noch heute die Solidität, mit der man einst gebaut hat. Gegenüber, auf der anderen Straßenseite, steht eine alte Scheune in der letzten Phase ihres Zerfalls. Das Dach hat

Löcher, und das Gebälk ist so morsch, daß es unter der Last der noch verbliebenen Ziegel jeden Augenblick zusammenbrechen kann.

Wenige Schritte weiter entdeckt der Besucher zwei Kirchen. Die kleinere im Vordergrund nimmt sogleich durch die dicken Feldsteinmauern aus Granit für sich ein, die in allen Farbtönen zwischen schwarz und weiß, braun und rosa leuchten und vom Alter des sorgfältig gepflegten Baus künden. Dahinter, von Gestrüpp und Bäumen fast verdeckt, ein viel größerer, neugotischer Kirchenbau aus dunkelrot gebrannten Ziegeln, mit hohem Kirchturm und einem mächtigen, von Spitzbogenfenstern durchbrochenen Kirchenschiff. Die kurze gerade Dorfstraße führt an beiden Kirchen vorbei zu den wenigen meist flachen Häusern, die sie beidseitig begrenzen. Das ist Schönfeld heute.

Nicht alles an Schönfeld ist so leicht zu überblicken wie Gut und Herrenhaus, Kirchen und Dorfstraße. Schon Bedeutung und Ursprung seines Namens werfen Fragen auf. Dazu gehört die, ob »schön« wirklich »schön« meint, oder ob es sich im Dorfnamen von dem niederdeutschen »schän« herleitet, das soviel wie »geschädigt« oder »karg« bedeutet. Dann bedeutete Schönfeld ursprünglich so viel wie Feld des Schadens oder des Mangels, was insofern einen Sinn ergeben würde, als das winzige Dorf auf kargem Grund steht. Dort, wo sich jetzt ein gut hundertjähriger Wald ausbreitet, erstreckte sich zuvor eine Heide, auf der nur Schafe ein Auskommen fanden.

Außer jedem Zweifel steht dagegen, daß Schönfeld alt ist, älter als die Altmark, zu der es seit mehr als sechshundert Jahren gehört. Das stellte sich schon 1904 heraus, als ein gewisser Professor Sauer aus dem nahen Stendal gemeinsam mit dem Schönfelder Lehrer Wichert Urnen und Urnenscherben ausgrub. Sie waren nicht nur alt, sondern auch anders als alle anderen, die man bis dahin geborgen hatte. Die Vorgeschichtler rechnen sie der Jungsteinzeit zu. Den Fachleuten belegen sie die Existenz der »Schönfelder Kultur«. Wer Näheres wissen will, sei auf die »Praehistorische Zeitschrift«, Jahrgang 1910 verwiesen, wo sich ein einschlägiger Aufsatz von Professor Kupka über die Ausgrabungen des Berliner Völkerkundemuseums findet.

Mehr als dreitausend Jahre liegen zwischen der »Schönfelder Kultur« und der Entstehung des Dorfes gleichen Namens. Das, was dazwischen liegt, verbirgt größtenteils das oft zitierte Dunkel der Geschichte: Besiedlung durch germanische Stämme und deren Abzug im Verlauf der Völkerwanderung, Eindringen slawischer Völker und die allmähliche Besiedlung durch deutsche Bauern unter Albrecht dem Bären, dem ersten Askanier, von 1150 an.

Der Name des Dorfes taucht rund zweihundert Jahre später erstmals auf. 1370 wird der Name »schoneveld« in das Landbuch Kaiser Karls IV. eingetragen, weil ein Herr von Rochow der Kirche von schoneveld – eben jenem winzigen Kirchlein, dem man beim Gang durch das Dorf noch heute begegnet – eine jährliche Spende von dreißig Scheffel Roggen vermachte. Von schoneveld erfahren wir bei dieser Gelegenheit, es sei ein Dorf mit 25 Hufen – also Hofstellen. Viel mehr sind es nie geworden, heute sind es weniger.

626 Jahre sind seither vergangen, aber die Dorfkirche sieht immer noch so aus, wie sie damals gebaut wurde. Ihr Turm ist gerade zehn Meter hoch, 16,10 Meter in der Länge und 4,70 Meter in der Breite mißt das Kirchenschiff. Was ihm an Großzügigkeit fehlt, ersetzt es durch Solidität. Die granitenen Feldsteine seiner Mauern lassen der Zeit kaum eine Chance, ihre Spuren zu hinterlassen. 73 Zentimeter sind die Mauern dick. Die schmale Tür und die Rundbogenfenster verjüngen sich nach innen wie Schießscharten, so als sollten sie der Belagerung durch die Zeit trotzen. Niedrig ist die Holzdecke im Innenraum, der trotz Kanzel und Altar eher an ein Zimmer als an ein Kirchenschiff erinnert. Das erleichtert es, ihn während der langen und kalten Winter, die man in der Altmark ertragen muß, zu wärmen und zu nutzen.

Hier sind seit Jahrhunderten die Rundstedts zu Hause. Für den älteren Teil der Öffentlichkeit verbindet sich mit ihrem Namen die Erinnerung an den Zweiten Weltkrieg, an dem ein von Rundstedt als Oberbefehlshaber einer Heeresgruppe und Generalfeldmarschall teilnahm. In Schönfeld verbinden sich mit diesem Namen dagegen vielfältige Erinnerungen, denn dort waren sie über Jahrhunderte Gutsherren.

Die Rundstedts sind eine der ältesten Familien der Altmark. Drei pfeilförmig auf einen Punkt zielende silberne Schwerter auf blauem Grund zieren ihr Wappen. Ihr Name ist erstmals in Halberstadt belegt. In Szengenbars Sächsischer Chronik wird Reinhard von Reinstedt oder Runistedt als einer von drei Mördern des Pfalzgrafen Friedrich von Sachsen genannt. Ob das mehr als Namensverwandtschaft ist, hat sich bis heute nicht klären lassen. Als Ahnherr der Rundstedts gilt jedenfalls nicht Reinhard, sondern ein Berengar von Rundstede, den der Dompropst von Halberstadt, Ludolf, 1109 testamentarisch zum Vogt des Bistums bestimmte.

In ihrem künftigen Lebensraum, der Altmark, ist die Familie erst gut zweihundert Jahre später urkundlich nachgewiesen, nämlich in Gardelegen, einer kleinen Kreisstadt ganz in der Nähe der Dörfer Badingen und Schönfeld, in denen Rundstedts nun über Jahrhunderte bis heute leben. Auch 1331 ist der Anlaß ihrer Erwähnung ziemlich trivial. Die Markgrafen Otto II. und Johann haben einem ihrer Burgmannen Bauholz geschenkt. Die Urkunde, die dies bezeugt, enthält auch einen Hinweis auf den Eigentümer des Gutes von Hohen-Tramm: Heinrich von Ronstede, knapp vierzig Kilometer westlich von Stendal. Seit dieser Zeit lebt die Familie in der Altmark, zunächst in Badingen, dann auch in Schönfeld, wo Hermann von Ronstede als erster der Familie urkundlich nachgewiesen ist. 1536 haben die Stände der Altmark dem neuen Landesherrn und Kurfürsten Joachim II. zu huldigen. Das ist wichtig und wird festgehalten, und so wissen wir, daß unter ihnen drei Rundstedts waren: ein Herrmann aus Schönfeld und einer aus dem benachbarten Döbbelin sowie ein Jost aus dem nahen Badingen.

Seither änderte sich im Prinzip mit der Altmark und den Rundstedts nichts Grundlegendes mehr. Eingebunden in die Territorialgeschichte des Heiligen Römischen Reiches, dem die Mark Brandenburg mit ihrem Landesherrn zugleich einen von sieben Kurfürsten stellte, verlief die Geschichte derer von Rundstedt. Wie das Land und das Dorf durchlitten die Rundstedts die Verwüstungen des Dreißigjährigen Krieges, wurden durch die Pest dezimiert und verarmten mit dem Land durch die Verwüstungen und Plünderungen der Heerhaufen der Schweden wie der Kaiserlichen. 1636 sterben ein Rundstedt und seine fünf Söhne an einem einzigen Tag an der Pest; 1638 wird Schönfeld von den Truppen Tillys geplündert.

Dennoch überlebt die Familie. Sie rettet ihren Besitz über die Gefährdungen der Zeit. Man lebt als Gutsherr oder dient als Offizier in holländischen, schwedischen oder hessischen Diensten; vor allem aber in preußischen. Als der Große Kurfürst 1675 die Schweden bei Fehrbellin schlägt und den Grundstein der ruhmreichen Militärgeschichte seines Staates legt, sind zwei Rundstedts, Jobst Werner und Georg Caspar, dabei, und ihre Nachfahren dienen mit der gleichen Selbstverständlichkeit in den Heeren Friedrichs des Großen und seiner Nachfolger: in den drei Schlesischen Kriegen, in den Befreiungskriegen gegen Napoleon und in dem Feldzug gegen Frankreich, der 1871 zur Reichsgründung führt. Man heiratet standesgemäß und nach Möglichkeit reich, mal eine von Borstell aus dem benachbarten Schinne, mal eine Itzenplitz, eine Gräfin Königsmark oder eine von Lüderitz und sieht zu, daß man gemäß den sich wandelnden Maßstäben der Zeit über die Runden kommt.

Daß das Bemerkenswerteste an den märkischen Junkern – denn dieser Spezies der Landesgeschichte gehören die Rundstedts an – ihre Haltung, nicht ihr Reichtum war, das weiß man spätestens seit Fontane. Die Rundstedts sind so typisch für ihren Stand, daß auch diese Regel für sie ebenso zutrifft wie die Ausnahme von ihr: die reiche Partie, wie dies einst hieß. So, wie Fontane den jungen Stechlin eine Gräfin Barby heiraten läßt und damit den Reichtum der Magdeburger Börde in den Teil der Mark umleitet, der seiner am bedürftigsten ist, so hielt es das Schicksal mit den Rundstedts. Das große Geld, das man auf Brandenburgs kargen Äckern nie verdienen konnte, kommt 1866 mit Elisabeth Stumm in die Familie und damit nach Schönfeld. Sie war eine Tochter von Friedrich Freiherr von Stumm, Großindustrieller aus Neunkirchen an der Saar, Besitzer von Kohlebergwerken, Eisen- und Stahlhütten, kurzum: ein steinreicher Mann. Ein Teil seines damals kaum ermeßbaren Besitzes, der der Familie die Nobilitierung brachte, war Elisabeths Erbe.

Die architektonischen Spuren ihrer Ehe mit Otto von Rundstedt prägen das Dorf bis heute, denn Elisabeth war fromm, sozi-
al engagiert und von dem Wunsch besessen, sich in diesem Selbstverständnis darzustellen. Wie hätte sie das besser gekonnt als
durch zahlreiche Bauten? Sie handelte aus eigenem Antrieb und
was sie dabei schuf, ist bis heute eindrucksvoll geblieben. Das
Geld, das sie mitbrachte, machte die Rundsteds in Schönfeld
eigentlich weitgehend unabhängig vom Erfolg landwirtschaftlichen Handelns. Es machte aber auch darauf aufmerksam, daß das
große Geld auch damals nicht in der Landwirtschaft, der Existenzgrundlage der »Junker«, zu holen war, sondern in der Industrie. Für Schönfeld brach mit der Heirat und der ihr 1871 folgenden Übernahme des Gutes durch das junge Paar die kurze große
Zeit seiner Geschichte an. Geld, an dem es in Schönfeld oft
gemangelt hatte, war plötzlich kein Problem mehr. Die Mitgift
machte vieles möglich, was zuvor unerreichbar war.

Sieht man von der alten Feldsteinkirche ab, so sind fast alle
größeren Gebäude, die bis heute das Aussehen des kleinen Dorfes
prägen, in den Jahrzehnten zwischen 1866, dem Jahr der Ehe-
schießung zwischen Otto von Rundstedt und Elisabeth Stumm,
und deren Todesjahr 1921 entstanden – häufig auf ihr Betreiben
hin, zumindest aber mit dem Geld, das sie mitbrachte. Als erstes
Vorhaben wurde die Umgestaltung des Gutsbezirks in Angriff
genommen. Von 1873 bis 1875 entstand im Park, der sich an das
Geviert des alten Herrenhauses und der Wirtschaftsgebäude
anschließt, das repräsentative neue Herrenhaus. Um ihm einen
erhöhten Standort zu geben, wurde im Park ein künstlicher Hügel
angelegt. Vor dem »Schloß«, wie die Schönfelder die herrschaftli-
che Villa nennen, wurde dort, wo das Erdreich für den Hügel ent-
nommen worden war, ein künstlicher Teich angelegt und in den
großzügig erweiterten und auf einer Fläche von zwölf Hektar neu
angelegten Park eingefügt.

Der Gartenbaumeister, der diese Aufgabe übernahm, war Hermann Riemann. Die Gartenarchitekten, die damals in Berlin den
Tiergarten gestalteten, lieferten den Rundstedts nicht nur den
Entwurf für die Anlage ihres Parks, sondern auch den Mann, der
ihn umsetzen konnte. Für Riemann wurde daraus eine Lebens-

aufgabe, die ihn bis ins Rentenalter hinein beschäftigte. Als Deutschland 1990 wiedervereinigt wurde, lebte seine Tochter Lucia fast 90jährig noch in einem Nachbardorf als lebendige Erinnerung an eine versunkene Epoche.

Bei der Anlage des Parks fand Riemann einen wertvollen Baumbestand bereits vor, darunter tausendjährige Eichen. Er brauchte nicht zu sparen, im Gegenteil. Die Rundstedts ermutigten ihn, seltene und schöne Gehölze anzupflanzen, und so entstand ein Park mit neunzig verschiedenen Gehölzen, zu denen Rhododendronbüsche ebenso gehörten wie die Sequoia gigantea, der Urweltmammutbaum. In Kalifornien, wo er zu Hause ist, gibt es Bäume, die dreitausend Jahre alt und mehr als hundert Meter hoch sind. Das von Riemann im Park gepflanzte Exemplar hat es inzwischen auf mehr als hundert Jahre und etwa fünfzig Meter Höhe gebracht.

In dem heute verwilderten Park, dessen Bäume zum Teil abgestorben sind, steht das zweigeschossige Herrenhaus mit einem mächtigen Walmdach, hohen Fenstern, weit ausladendem Balkon und Terrassen leer. Noch immer zeugt es vom Formgefühl, vom Repräsentationswillen und dem Selbstverständnis seiner Erbauer. Von 1875 bis 1945 wohnten hier die Rundstedts. Danach wurde es bis zum Ende der DDR als Ausbildungsstätte für den landwirtschaftlichen Nachwuchs genutzt. Seit der Wende verfällt es.

Das ihm benachbarte alte Herrenhaus erhielt 1875 eine neue Funktion. In die eine Hälfte zog damals der Gutsinspektor ein, in die andere der von der jungen Gutsherrin gegründete Kindergarten. Elisabeth von Rundstedt war eine fromme Frau, und sie legte Wert darauf, dies zu zeigen und entsprechend zu handeln. Daß sie den Kindergarten und die von ihr angestellten Kindergärtnerinnen aus ihrer Tasche bezahlte, entsprach ihrem Glauben, ihrem Selbstverständnis als Gutsherrin und den sozialen Bedürfnissen Schönfelds gleichermaßen.

Zehn Jahre nach dem Herrenhaus nahmen Elisabeth und ihr Mann das nächste Großprojekt in Angriff: Nur einen Steinwurf von der alten kleinen Feldsteinkirche entfernt bauten sie eine neue, »ihre« Kirche. Heute erinnert sie nur von ferne an bessere Zeiten, ist im Übergang zur Ruine begriffen. Aber auch jetzt noch kündet sie von dem Lebensgefühl ihrer Erbauer, das so gar nichts mit der altmärkischen Schlichtheit zu tun hat. Wer die Architektur der neuen Kirche auf sich wirken läßt, begreift, daß die alte Kirche den emotionalen Bedürfnissen ihrer Erbauerin nicht gerecht werden konnte. Der Gefühlswelt pietistischer Frömmigkeit war die Neugotik der Gründerzeit näher, und so war Elisabeth für den Bau nichts zu teuer. Das begann beim Architekten, dem damals als Repräsentanten dieses Baustils renommierten Geheimen Baurat Hase aus Hannover. Für das Christusbild, das die Wand hinter dem Altar füllt, gewann man den damals ebenfalls angesehenen Kirchenmaler Schaper, der unter anderem das Aachener Münster ausmalte. Für das Mosaik über dem Eingang wurde ein italienischer Künstler engagiert, und die Orgel galt als das Meisterwerk des Stendaler Orgelbauers Voigt. Um ihre Klangwirkung zu erzielen, wurde der Innenraum der Kirche dem einer oberbayrischen Kirche nachgestaltet, die für ihre Akustik berühmt war. Der große schmiedeeiserne Kronleuchter, dessen Rund mitten im Kirchenschiff seinen Platz bekam, wurde dem des Doms von Hildesheim nachgebildet, und zum Schmuck des Altars wurde ein mit Halbedelsteinen verziertes Kreuz aus Italien erworben. Dem Frömmigkeitsbedürfnis der Erbauer entsprachen auch die hohen und bunten gotischen Fenster des Altarraumes.

Heute hat niemand Verwendung für die Kirche. Für die Schönfelder Bedürfnisse war sie immer zu groß, und inzwischen ist selbst die winzige alte Dorfkirche nicht mehr zu füllen. Die evangelische Kirche von Sachsen-Anhalt wäre froh, wenn sie den Bau für eine Mark los würde. Aber wer braucht schon eine Kirche – und die ausgerechnet in Schönfeld?

Auch die meisten Häuser des Dorfes verdanken ihr Entstehen den Bau- und Gutsherren Otto und Elisabeth. Unter ihnen wurde die Umwandlung des einstigen Bauerndorfs in einen Gutsbezirk abgeschlossen. Ansehnliche Tagelöhnerhäuser entstanden, das Schulhaus und das Forsthaus sowie Scheunen und Ställe des Wirtschaftshofes wurden neu gebaut oder ausgebaut. Wege wurden befestigt und gepflastert, Dränagen zur Entwässerung nasser Felder und Wiesen gelegt. 1910 erhält Schönfeld elektrischen Strom und eine elektrische Dreschmaschine, für damalige Verhältnisse ein revolutionärer Vorgang. Als nächste Infrastrukturvorhaben stehen die Kanalisierung, der Bau einer Wasserleitung und die Neupflasterung der Dorfstraße auf dem Programm der frommen Umstürzlerin überkommener Verhältnisse. Doch der Erste Weltkrieg hinderte sie einstweilen an der Verwirklichung all ihrer Vorhaben. Als der Krieg vorbei ist, setzt sie, so gut es unter den veränderten Verhältnissen geht, ihre Arbeit fort. Für die Kanalisation reichen die Mittel nun nicht mehr, aber für die Modernisierung des Schulhauses allemal.

Es ist das letzte, was ihr – inzwischen schreiben wir das Jahr 1919 – gelingt. Die Schönfelder sehen in ihr längst mehr die Wohltäterin als die Gutsherrin. Wie sie sich selbst sah und wohl auch verstanden werden wollte, verrät eine Äußerung. »Ich habe nur die eine Sorge, daß ich den Reichtum, den Gott mir gegeben hat, auch wirklich recht und zum Besten der Menschen verwende.« So beantwortete sie Fragen nach den Motiven für ihr Tun. Ihren Reichtum begreift sie als Herausforderung, an der sie sich bewähren oder – gemessen an den Kriterien ihres Glaubens – scheitern kann. Handelt es sich um einen der seltenen Fälle gelebter Nächstenliebe, oder spielten nicht auch die Eitelkeit und der heimliche Reiz der Selbstinszenierung eine Rolle? Wir wissen es nicht, wohl aber wissen wir, daß wir uns heute mit dem Glauben an das Gute im Menschen schwertun, denn wir sind vor allem eines: skeptisch. Das macht es uns nicht leicht, jemandem wie Elisabeth von Rundstedt gerecht zu werden.

Daß wir von alledem wissen, ist angesichts der Geschichtsbrüche, die seit ihrem Tod über das Land gegangen sind, alles andere als selbstverständlich. Es ist das Verdienst des Schönfelder Dorfschullehrers Hermann Stäcker. 1909 trat er in Schönfeld sein Amt an. 1927 beginnt er, Schönfelds Chronik zu schreiben, 1937 schließt er sie ab. Er hinterläßt sie seiner Frau, die sie bis ins hohe Alter aufbewahrt.

Zu DDR-Zeiten stand die Geschichte des eigenen Landes nicht hoch im Kurs, abgesehen von der des Sozialismus, versteht sich. Aber Frau Stäcker ist immun gegen den Zeitgeist. Sie will sich nicht damit abfinden, daß die Chronik ihres Mannes, in der so viel Zuwendung, Zeit und Arbeit, im Grunde ein ganzes Leben steckt, mit ihrem Tod dem Vergessen anheimfällt, und so macht sie Pfarrer Klose darauf aufmerksam. Am 3. Oktober 1959 vertraut sie ihm ihren Schatz an und ermächtigt ihn – wie Klose ausdrücklich vermerkt –, eine Abschrift dieser Chronik anzufertigen. Nun sichert Kloses Abschrift das, was Stäcker in vieljähriger Arbeit zusammengetragen hat an schriftlichen und mündlichen Quellen, zu denen 1927 noch alte Schönfelder gehören, deren Erinnerung bis in die dreißiger Jahre des vorangegangenen Jahrhunderts reicht.

Stäckers Chronik braucht keinen Vergleich zu scheuen, weder methodologisch, noch was die Fülle des Materials und die Sorgfalt seiner Verwertung angeht. Er beginnt mit dem Ursprung des Dorfnamens, geht dann zurück in die Jungsteinzeit und erwähnt die Funde aus dieser Zeit, trägt zusammen, was über die alte und die neue Kirche, die Pfarrer und die Lehrer, die Schule und das Rittergut in Archiven und Kirchenbüchern erhalten ist, erzählt die Geschichte des Dorfes und seiner Einwohner im allgemeinen und die der Rundstedts im besonderen. Er beschreibt die Entwicklung vom Bauerndorf hin zum Wald- und Gutsdorf, untersucht das Verhältnis der Schönfelder zu ihrer Gutsherrschaft und schildert die Geschichte seines Standes, den des Dorfschullehrers in der Altmark am Schönfelder Beispiel. Von den Flurnamen bis zur Einwohnerentwicklung: Nichts entgeht seiner Umsicht.

Pfarrer Kloses Beschäftigung mit der Chronik bleibt nicht ohne Folgen. Zunächst hat er anderes zu tun, als sich um ihre Fortschreibung zu kümmern. Pfarrer sein in der DDR erfordert den vollen Einsatz. Aber Ende der achtziger Jahre hat auch Klose ausgedient. Er ist von Schernikau ins benachbarte Uenglingen in den Ruhestand gezogen. Dort erreicht ihn 1989 die Nachricht vom Fall der Mauer. Das Bewußtsein, Zeuge einer Zeitenwende geworden zu sein, führt dazu, daß Klose nun selbst zur Feder greift und aufschreibt, was er selbst erlebt hat und weiß. Es beginnt im Schönfeld des Jahres 1955. Pfarrer Klose überschreibt seinen Bericht ganz bewußt als »Fortschreibung von vorhandener Gemeindegeschichte aus Kirchenbüchern, Gemeindechroniken und Schulchroniken«. Sein Thema ist die Zeit »nach dem Zusammenbruch in Deutschland 1945 bis zum Fall des Eisernen Vorhangs und der Mauer durch Europa und Berlin 1989«.

Als Klose 1950 die Pfarramtsstelle Schernikau übernimmt und Schönfeld kennenlernt, ist von dem zu einem »Volkseigenen Gut« gewordenen Rundstedtschen Besitz nichts übriggeblieben, was Klose der Erwähnung für wert gehalten hätte – mit einer Ausnahme: den ehemaligen Gutsinspektor Karl Wünderling, der seit 1904 sein Amt versehen und alle Stürme der Zeit überdauert hatte. Ihn nennt Klose »die eine Säule« seiner kleinen Gemeinde; »die andere« bilden für ihn die Bewohner des Forsthauses. Es sind die beiden Diakonissinnen i.R. Johanna Stäcker, eine Schwester des früheren Lehrers, und Magdalene Schliestedt sowie die einzige in Schönfeld verbliebene Angehörige der Rundstedts: die damals schon hochbetagte Leonie von Rundstedt. Sie alle und das aus Ostpreußen hierher verschlagene Ehepaar Nasarow gehören zusammen mit einigen anderen Schönfeldern zum Kern seiner Gemeinde.

Nun, da der Kirche der eisige Wind des staatlich gelenkten Atheismus ins Gesicht bläst, erweist sich, daß Elisabeth von Rundstedts gelebtes Christentum im Dorf Spuren hinterlassen hat. Klose weiß sie zu nutzen. Hier, abseits der Städte und großen Straßen, in der Einsamkeit eines fast vergessenen Dorfes der Altmark, verfügt er über zweierlei: erstens über eine intakte Gemeinde, die bereit ist zuzupacken und zweitens über eine relativ große intakte Kirche als Versammlungsort. Das ist die Grundlage für erstaunliche Aktivitäten. Von 1955 bis 1970, also fünfzehn Jahre lang, finden am 10. Juli in Schönfeld die Blindenfeste des Diakonischen Dienstes der Altmark statt. Bis zu dreihundert Blinde nehmen an dieser Veranstaltung teil, die Klose nur durch die massive Unterstützung seiner Gemeindemitglieder realisieren kann. In einer Zeit größter materieller Not schafft er es mit ihrer Unterstützung, die Teilnehmer zu verköstigen und zu unterhalten. 1970 und 1972 läßt es die SED sogar zu, daß er in Schönfeld sogenannte »Kinderkirchentage« ausrichtet, an denen aus neunzehn Gemeinden des Umlandes etwa vierhundert Kinder teilnehmen. In kleinerem Rahmen finden in Schönfeld zudem Missionsfeste und »Mütter-Treffen« statt.

All das ist unter den Gegebenheiten der DDR organisatorisch wie politisch eine ungewöhnliche Leistung. Bis in die siebziger

Jahre hinein blieben Zusammengehörigkeitsgefühl und kirchliche Bindung der kleinen, nur etwa achtzig Menschen zählenden Gemeinde Schönfeld groß genug, um solche Veranstaltungen durchführen und sich als Anziehungspunkt für das Umland behaupten zu können. Auch der Kontakt zu den Rundstedts blieb, wenn auch heimlich, erhalten. Klose berichtet davon, daß er 1959 auf dem Kirchentag in München die einstige Gutsherrin Wanda von Rundstedt, »die Chefin« des alten Gutsinspektors Wünderling, getroffen und ihr in dessen Auftrag »ein Dia« übergeben habe.

Außerdem lebt Leonie von Rundstedt noch im Dorf. Als sie im Januar 1959 fast neunzigjährig stirbt, bekommt ihre Nichte, Frau von Kröcher, zwar eine Einreisegenehmigung, wird aber von der Volkspolizei dann doch daran gehindert, an der Beisetzung teilzunehmen. Noch bevor die Beerdigung stattfindet, wird Frau von Kröcher abgeholt und über die Grenze in die Bundesrepublik abgeschoben.

Aber auch in Schönfeld schwindet der Zusammenhalt mit dem Wechsel der Generationen. Kloses Bericht registriert ihn. Die große Kirche muß aufgegeben werden, die Wiederherstellung der kleinen bereitet unsägliche Mühe. Immer neue Einbrüche in die Kirche und Fälle von Vandalismus registriert er – von wem sie verübt werden, läßt er unerwähnt, obwohl man annehmen darf, daß er es ebenso weiß wie alle anderen in dem kleinen Dorf, in dem jeder jeden kennt.

Einem Namen begegnet man in Schönfelds Chroniken nicht: dem des Generalfeldmarschalls Gerd von Rundstedt, und das aus gutem Grund: Als Stäckers Chronik 1937 abschloß, war der General noch keine Berühmtheit der Zeitgeschichte, und als Pfarrer Klose sie auf seine Weise fortsetzte, war er es längst nicht mehr. Für Schönfeld hat er zudem nie eine Rolle gespielt, sieht man davon ab, daß er im Herrenhaus gelegentlich zu Gast bei seinen relativ entfernten Verwandten war, mit denen er nur einen gemeinsamen Urahnen hatte, Joachim Ernst Friedrich von Rundstedt.

Gerd von Rundstedt, 1875 geboren, war wie sein Vater Berufsoffizier. Schon vor 1914 war er Generalstabsoffizier geworden, nach dem Ende der Monarchie in die Reichswehr übernommen und lange vor Hitlers Machtergreifung 1927 zum Generalmajor befördert worden. Zu Hitlers Parteigängern blieb er auf Distanz. Als Hitler den Chef des Heeresamtes, Generaloberst von Fritsch, 1938 wider besseres Wissen homosexueller Neigungen verdächtigen läßt, um so einen Kritiker seiner Kriegspläne loszuwerden, fordert Rundstedt von Hitler, er solle den Fall gerichtlich klären lassen. Fritschs Nachfolger Reichenau lehnt er offen wegen dessen Sympathien für die NSDAP ab, und Hitler gegenüber erklärt er, die Armee wünsche nicht von ihm über Ehrauffassungen belehrt zu werden.

So wird man als General bei Hofe nicht beliebter – und diese Erfahrung beschränkt sich durchaus nicht auf Hitler. Um so erstaunlicher ist es, daß Rundstedt kurz darauf, am 1. März 1938, vom General zum Generaloberst befördert wird. Die Frage, ob er bereit sei, sich an den Plänen Becks und Halders, die Hitler festnehmen und vor ein ordentliches Gericht stellen wollen, zu beteiligen, lehnt er als »nackten Verrat« ab, und bei dieser Haltung bleibt er bis zum Schluß, ohne an seiner Distanz, ja Geringschätzung für Hitler und seine Satrapen das geringste zu ändern.

Nach der Sudetenkrise, in der er den Oberbefehl über die Gruppe IV beim Einmarsch in das Sudetenland hatte, wird er zum ersten Mal verabschiedet, aber nur, um ein Jahr darauf reaktiviert und Oberbefehlshaber Süd beim Einmarsch in Polen zu werden. Danach ernennt ihn Hitler zum Oberbefehlshaber West. Als der Feldzug nach sechs Wochen mit der Kapitulation Frankreichs beendet ist, wird Rundstedt zum Generalfeldmarschall befördert. 65 Jahre ist er damals alt, und bis zum Kriegsende wechseln Ruhestand und aktiver Dienst noch dreimal. Seiner Entlassung am 2. Juli 1944 geht ein Telefonat mit Generalfeldmarschall Keitel, Hitlers rechter Hand im Oberkommando der Wehrmacht, voraus, in der Rundstedt Keitel anherrscht: »Was ihr tun sollt? Schluß machen, ihr Idioten!« Daraufhin schreibt ihm Hitler »... daß es unter den obwaltenden Umständen am besten wäre, einen Wechsel im Oberkommando vorzunehmen ...«

Am 6. Juli verläßt Rundstedt sein Hauptquartier in Saint-Germain und geht in den Ruhestand. Aber es gibt keine Ruhe. Das von ihm scharf abgelehnte Attentat auf Hitler folgt am 20. Juli 1944, und Rundstedt übernimmt den Vorsitz am »Ehrenhof des Deutschen Reiches«. Am 5. September 1944 wird er ein drittes Mal reaktiviert und Oberbefehlshaber West. Am 11. März 1945, die Ardennenoffensive ist gescheitert und die Amerikaner überqueren bei Remagen bereits den Rhein, folgt sein endgültiger Abschied. Am 1. Mai wird der 69jährige im Sanatorium in Bad Tölz zusammen mit seinem Sohn Hans Gerd von den Briten verhaftet und vier Jahre lang festgehalten. Im Nürnberger Kriegsverbrecherprozeß tritt er als Zeuge, nicht als Angeklagter auf, obwohl er aus Protest gegen die Anklage gegen seinen langjährigen Chef des Stabes, von Manstein, und als Zeichen der Solidarität mit angeklagt zu werden fordert. Er ist der Inbegriff des bewußt unpolitischen Soldaten, und dementsprechend antwortet er vor dem Nürnberger Gerichtshof auf die Frage, ob er eine Teilnahme an der Verschwörung je in Betracht gezogen habe: »Auf solche Gedanken wäre ich nie gekommen, das wäre gemeiner nackter Verrat gewesen und hätte an den Tatsachen nichts geändert. Armee und Bevölkerung glaubten damals noch an Hitler. Ein solcher Umsturz wäre nicht geglückt ... und ich würde für alle Zeiten als Verräter meines Vaterlandes dastehen.«

Rundstedt stirbt 1953, fünf Monate nach seiner Frau. Manstein charakterisiert ihn so: »Er war ein operativ begabter Soldat, er erfaßte alles Wesentliche sofort und gab sich ausschließlich mit dem Wesentlichen ab. Alles Drum und Dran war ihm völlig gleichgültig. Persönlich war er das, was man einen Kavalier der alten Schule zu nennen pflegt. Der Marschall hatte Charme. Diesem Charme erlag sogar Hitler. Zu dem Marschall hatte Hitler anscheinend echte Zuneigung gefaßt, und überraschenderweise blieb ein Schimmer dieser Zuneigung auch dann noch erhalten, als er ihn dreimal weggeschickt hatte.«

Für Schönfeld blieb das, was der Generalfeldmarschall von Rundstedt tat und unterließ, fernes Weltgeschehen. Er selbst trat im Dorfalltag aber zumindest einmal nachhaltig in Erscheinung. 1932, als er im Alter von 57 Jahren zum General der Infanterie und Oberbefehlshaber des Gruppenkommandos I in Berlin ernannt worden war, besuchte ihn der Reichswehrminister, Gene-

ral von Schleicher, in Schönfeld, wo er über die Repräsentationsräume des Herrenhauses verfügen konnte. Für das Dorf dürfte
das damals wohl ein Ereignis gewesen sein, das man gewöhnlich
einen »großen Bahnhof« nennt.

1945 mußten die Rundstedts, so wie alle Großgrundbesitzer, ihr
Hab und Gut verlassen. Sie flohen dorthin, woher sie rund achthundert Jahre zuvor gekommen waren: nach Westen. Ihre Güter
in Schönfeld wie in Badingen wurden enteignet. Das Gut Schönfeld mit 250 Hektar Wald und 160 Hektar Ackerland ging in
einem Volkseigenen Gut auf, die rund 500 Hektar des Gutes
Badingen, zehn Kilometer weiter westlich, wurden zunächst aufgesiedelt, dann wurden sie einem Volkseigenen Betrieb zugeschla-
gen. 1990, als es mit der DDR zu Ende ging, lebten die Rundstedts
im Hessischen und in Niedersachsen. Hubertus von Rundstedt,
dessen Großeltern 1945 aus Schönfeld fliehen mußten, arbeitete
als Landschaftsarchitekt in Osnabrück und in Gittelde im Harz,
sein Onkel Bodo, der jüngere Bruder seines Vaters, leitete ein Gut
in der Nähe von Melsungen. Er, der 1929 in Schönfeld geboren
worden war, erbte bereits 1942 als 13jähriger das Gut in Badingen,
nachdem dessen Besitzer, sein Halbbruder Ernst-Günther, gefallen war.

Bodo war die treibende Kraft bei den Rundstedts, denn er versuchte nicht nur Badingen für sich und seinen Sohn zurückzuge-
winnen, sondern unterstützte auch die Rückkehr seines Neffen
Hubertus nach Schönfeld. Das Urteil des Bundesverfassungsgerichtes vom 21. April 1991, mit dem die Enteignung von 1945 als
rechtmäßig bestätigt wurde, konnte beide nicht umstimmen; es
bewirkte eher das Gegenteil. Zwei Wochen nach der Verkündung
des Urteils sprachen sie bei der Treuhand in Berlin vor, um ihren
alten Besitz zu pachten.

Die Bemühungen in Berlin waren ebenso vergeblich wie die
folgenden bei der Treuhand in Magdeburg. Niemand hielt sich
für zuständig, geschweige denn für kompetent. Vor allem eines fiel
den Rundstedts auf: Keine staatliche Behörde und keiner ihrer
Mitarbeiter hatte ein Interesse daran, denen, die enteignet worden waren, die Chance zur Rückkehr zu geben, auch nicht als
Pächter. Nur einer riet ihnen, an ihrer Absicht festzuhalten: Adolf

Eimecke, der der letzte Direktor des Volkseigenen Gutes in Schönfeld gewesen war. Bis 1945 war er mit Bodo in die gleiche Klasse gegangen, also ein Schulfreund gewesen.

Sein Rat trug Früchte: 1992 erhielt Hubertus die 160 Hektar Ackerland des einstigen Gutsbesitzes als Pachtland; zunächst für ein Jahr. Sein Onkel konnte 190 Hektar der 800 Hektar pachten, die zum einstigen Familiengut Badingen gehört hatten. Während Bodo von Rundstedt als gelernter Landwirt das Land in Badingen selbst bewirtschaftet, hat Hubertus eine andere Lösung gewählt. Er, der von Beruf Gartenbauarchitekt, also kein Landwirt ist, bewirtschaftet das gepachtete Land mit zwei Landwirten aus der Gegend von Vechta.

Die Pacht des einstigen Familienbesitzes durch Hubertus ist eine Sache, seine Entscheidung, nach Schönfeld zu ziehen, eine andere. Daß das eine das andere nicht bedingt, zeigt das Verhalten seines Onkels, der weiterhin in Hessen lebt und nur dann nach Badingen kommt, wenn es die Arbeit erfordert. Hubertus dagegen wohnt in Schönfeld, ohne das Land selbst zu bewirtschaften. Als es darum ging, den Pachtvertrag für zwölf Jahre abzuschließen, bestand er – vor allem aber seine Frau – darauf, daß er zumindest den einstigen Wirtschaftshof mit einer Fläche von 4,5 Hektar und seine Gebäude sogleich kaufen konnte. Wenn er schon – so wie von ihm gewünscht – seinen Wohnsitz nach Schönfeld verlegen würde, dann wollte er die Gebäude, die er von Grund auf renovieren mußte, um sie bewohnen zu können, auch besitzen. Die Treuhand willigte schließlich ein, und so kaufte Hubertus für 180 000 Mark Gebäude und Hof – nicht aber den anschließenden Park mit dem einstigen Herrenhaus. Es war zu DDR-Zeiten als Internat genutzt und so in einem leidlichen Zustand erhalten worden. Der Betrag von drei Millionen Mark, den die Treuhand zunächst forderte, konnte er nicht aufbringen. Schon die Wiederherstellung von zwei Wohngebäuden auf dem Hofgelände – eines davon nutzt er zum Wohnen und Arbeiten – hat ihn finanziell stark gefordert. Rund 700 000 Mark habe er bisher, so erzählt Rundstedt, für Renovierungsarbeiten ausgegeben. Dafür sind zwei der Gebäude zwar stattlich wiedererstanden, die übrigen aber sehen unverändert trostlos aus.

*Der Name des Dorfes Schönfeld wird erstmals 1370 in das Landbuch Kaiser Karls IV. einge-*
*tragen, weil ein Herr von Rochow der Kirche von Schoneveld – eben jenem winzigen Kirchlein,*
*dem man beim Gang durch das Dorf noch heute begegnet – eine jährliche Spende von dreißig*
*Scheffel Roggen vermachte. Es ist ein Dorf mit 25 Hufen – also Hofstellen. Viel mehr sind es*
*nie geworden, heute sind es weniger. 626 Jahre sind seither vergangen.*

In dem heute verwilderten Park, dessen Bäume zum Teil abgestorben sind, steht das zweige-schossige Herrenhaus mit einem mächtigen Walmdach, hohen Fenstern, weitausladendem Balkon und Terrassen – leer. Noch immer zeugt es vom Formgefühl, vom Repräsentationswillen und dem Selbstverständnis seiner Erbauer. Von 1875 bis 1945 wohnten hier die Rundstedts. Danach wurde es bis zum Ende der DDR als Ausbildungsstätte für den landwirtschaftlichen Nachwuchs genutzt. Seit der Wende steht es leer und zerfällt.

Für Schönfeld blieb das, was der Generalfeldmarschall von Rundstedt tat und unterließ, fernes Weltgeschehen. Gerd von Rundstedt, hier mit General von Witzleben, 1941. Wenig später endete Witzleben am Galgen des Volksgerichtshofs. Rundstedt aber saß dem Gremium vor, das die Verschwörer des 20. Juli aus der Armee ausschloß.

*Hell und Dunkel, Positives und Negatives stehen hier eng beieinander, so wie das gerade renovierte alte Herrenhaus und die verfallene Scheune. Schönfeld ist ein Ort ganz besonderer Art. Abgesehen von den Rundstedts hat sich nach der Wiedervereinigung kaum ein Besucher aus dem Westen Deutschlands hierher verirrt.*

Die Hubertus zur Verfügung stehenden finanziellen Mittel reichen bei weitem nicht aus, um alle Gebäude des einstigen Gutsareals wiederherzustellen, geschweige denn, um darüber hinaus zu investieren. So bezeugen diese Gebäude nicht nur eine vielhundertjährige Familiengeschichte; in ihrem deprimierenden Zustand sind sie auch Symbol der gescheiterten DDR. Diese Umgebung ist für die junge Familie alles andere als eine Idylle. Ohnmächtig zusehen zu müssen, wie die noch verbliebene alte Bausubstanz weiter verfällt, belastet. Rundstedt macht auch keinen Hehl daraus, daß sich die schwierige wirtschaftliche Situation der neuen Länder auf seinen eigenen Betrieb auswirkt. Sich hier als Landschaftsgärtner zu behaupten ist für ihn schwieriger, als das zuvor in der alten Bundesrepublik der Fall gewesen ist. Seinem Architekturbüro im niedersächsischen Gittelde kommt unter diesen Bedingungen besondere Bedeutung zu. Gittelde war gewiß nicht der Nabel der Welt, und die Rundstedts und ihre Kinder mögen gerade dies an ihm geschätzt haben. Schönfeld aber ist ein Ort ganz besonderer Art. Abgesehen von den Rundstedts hat sich auch nach der Wiedervereinigung kaum ein Besucher aus dem Westen Deutschlands hierher verirrt.

All das bestimmt den Alltag der Rundstedts in Schönfeld. Hell und Dunkel, Positives und Negatives liegen hier eng beieinander, so wie das von ihnen gerade renovierte alte Herrenhaus und die verfallene Scheune. Dennoch ist es ein behaglicher Ort, mit viel Platz für antike Möbel, für einen wohlige Wärme verströmenden offenen Kamin und für die vier Kinder Hagen, Donata, Folkert und Freya, die – wie die Eltern nicht ohne Stolz hervorheben – 1994 als erste Rundstedts nach mehr als einem halben Jahrhundert wieder in Schönfeld geboren wurden. Platz ist auch für Freunde da, die die Rundstedts bei der Wiederherstellung der Gebäude unterstützen, und natürlich auch für die Arbeitsräume der Architekturbüros, in denen Hubertus, der Landschaftsarchitekt, und seine Frau, die Innenarchitektin, arbeiten. Auf der gegenüberliegenden Seite der alten Hofeinfahrt steht das renovierte und vermietete einstige Wohnhaus des Gutsverwalters. Alles andere muß bis auf weiteres so bleiben, wie es die DDR hinterlassen hat, denn das Vermögen seiner Urgroßtante Elisabeth steht nicht mehr zur Verfügung.

Aber nicht nur materiell sind die Möglichkeiten begrenzt. Die Rundstedts bekommen die Grenzen dessen, was ihnen an Entfaltungsspielraum bleibt, auch in anderen Lebensbereichen zu spüren. Noch ist der Umgang der Deutschen west- und mitteldeutscher Herkunft miteinander nicht so selbstverständlich und unbefangen, wie sie sich das wünschen. Je länger die Rundstedts in Schönfeld sind, um so sensibler werden sie für die Zwischentöne; etwa dafür, wie man sich grüßt und miteinander spricht. Nach dem Fall der Mauer reisten Hubertus und seine Frau unverzüglich nach Schönfeld. Das Dorf war ihnen ein Begriff, sie besaßen eine Vorstellung davon – nämlich diejenige, die sie sich aus den Erzählungen der Eltern gebildet hatten. In ihm spielten zwei Familien des Dorfes eine besondere Rolle: die Bades und das Ehepaar Platte. Sie waren über die Jahrzehnte der Trennung hin die wichtigste menschliche Bindung an das ferne Dorf geblieben. Daran hat sich nichts geändert. Ihnen können die jungen Rundstedts vertrauen, und das erleichtert es ihnen, sich zu orientieren und selbst Verbindungen im Dorf zu knüpfen, in dem ihnen so viele Bewohner fremd sind. »Gewiß«, fügt Frau von Rundstedt nach kurzem Überlegen hinzu, »da gibt es noch zwei Nenntanten für die Kinder, aber das ist dann mehr oder weniger alles.«

Denken die Rundstedts an das, was ihnen an Positivem begegnet, so stehen Schule und Kindergarten ganz obenan. Der Kindergarten in Schernikau und die Schule in Schinne – zu deren Erhalt die Rundstedts mit ihren vier Kindern nicht unerheblich beitragen – haben ihre Erwartungen weit übertroffen. »Die sind mehr als in Ordnung«, urteilen die Eltern übereinstimmend und vergessen nicht, darauf hinzuweisen, daß sich dies auf Erziehung wie Wissensvermittlung erstrecke. Jedesmal, wenn sie mit ihren Kindern »in den Westen«, also nach Gittelde, kommen, stellen sie fest, daß ihre Kinder ihren Altersgenossen im Westen deutlich voraus sind.

Rundstedts pauschalieren nicht, sondern sind genaue Beobachter, und dort, wo ihnen Probleme entgegentreten, suchen sie nach den Ursachen. Das gilt insbesondere für die Zurückhaltung, der sie mancherorts begegnen. Dies hat, wie sie erläutern, mit der DDR-Vergangenheit zu tun. Denn wie andernorts auch, leben in

Schönfeld alteingesessene Familien neben Zugezogenen, die von der Vergangenheit des Dorfes und seiner Menschen wenig, vielleicht nichts wissen. Wie soll der Bürgermeister, der das auch zu DDR-Zeiten war und dessen Familie erst nach Schönfeld kam, als die Rundstedts es längst verlassen hatten, ein inneres Verhältnis zu ihnen gewinnen? So lebt man beziehungslos nebeneinander her, nicht feindselig, aber fremd, kontaktarm und wohl auch befangen. Und so wie ihm, dem Bürgermeister, geht es anderen auch. »Es gibt Leute im Dorf, die nicht mal den Gruß erwidern. Da fragt man sich manchmal, warum machst du das?« entfährt es Rundstedt fast ungewollt. Bei den letzten Kommunalwahlen kandidierte er als Unabhängiger, wurde auch gewählt, bekam sogar das viertbeste Ergebnis unter zwölf Kandidaten der Hauptgemeinde und das beste in Schönfeld. Ein Achtungserfolg, aber für einen Sitz im Ortsparlament genügte es nicht. Bemühungen um Kontakte im erweiterten Umfeld von Schönfeld waren nur bedingt erfolgreich. Gewiß, beide gehören zu »Lions«, Sektion Stendal. Gleichaltrige Leute zwischen dreißig und vierzig gibt es natürlich auch hier, aber gerade der Kontakt zu ihnen läßt die Rundstedts spüren, wie tief die Unterschiede bis in die kleinsten Alltäglichkeiten sind.

»Wenn wir hier gleichaltrige Paare kennenlernen und mit ihnen ausgehen wollen, dann treten Schwierigkeiten auf, an die wir nie gedacht hätten. Wir brauchen für unsere vier Kinder einen Babysitter. Hierzulande aber hat man in unserem Alter längst erwachsene Kinder, und manche sind sogar schon Großeltern. Das geht einmal, auch zweimal gut, aber dann fällt es denen doch schwer, immer wieder auf uns Rücksicht zu nehmen. Spontane Entschlüsse können wir eben nicht fassen«, beschreibt Frau von Rundstedt eines ihrer Probleme mit dem Vollzug der Wiedervereinigung.

So bleibt hier oft nur der Kontakt mit denen, die ebenso wie die Rundstedts selbst von West nach Ost gegangen sind, den Jagows in Scharpenhufe oder den Kattes von Lucke aus Büttnershof. Ansonsten steigt man ins Auto und macht einen Abstecher zu den alten Freunden in Osnabrück und im Harz, wo beide studierten und zehn Jahre lang einen eigenen Betrieb geführt haben. Nichts erscheint vor diesem Hintergrund weniger selbstverständlich als der Entschluß, nach Schönfeld zu ziehen. Die Antwort auf die Frage, warum sie es dennoch getan haben, bereitet den Rundstedts Schwierigkeiten. Nicht, daß sie ihren Beschluß bereuten oder nicht mehr zu ihm stünden. Davon kann keine Rede sein. Aber es war wohl ein langer Kampf mit sich selbst, den die beiden auszutragen hatten, bis sie am 26. August 1993 umzogen. Frau von Rundstedt hatte sich zunächst entschieden widersetzt: »Bis hin zur Drohung, mich scheiden zu lassen«, bekennt sie. Aber dann überwogen die Argumente, die für den Umzug sprachen.

Gewarnt waren sie. Man hatte sie darauf hingewiesen, daß sie als »Junker« auf Vorbehalte stoßen könnten. Sie kannten den Zustand des Anwesens, das sie sanieren mußten, um es bewohnen zu können, und wußten um die bescheidenere wirtschaftliche Lage jenseits der unsichtbar gewordenen, aber spürbar gebliebenen innerdeutschen Grenze. Daß sich dies auch auf die eigenen Geschäfte auswirken würde, war nicht schwer vorherzusagen. Sie kamen dennoch. Ob freiwillig, ob aus innerem Zwang – das wissen nur sie selbst.

# Zettemin – oder das zweite Leben
# des Grafen Eckhard Hahn von Burgsdorff

Die Karte aus der »Schmettow'schen Landesaufnahme« ist ein zierlicher Stahlstich, angefertigt im Jahr 1793, vier Jahre nach Ausbruch der Französischen Revolution. Sie enthält viele Angaben über das Land südlich des Kummerower Sees, seine Grenzen und Besitzverhältnisse. Beide, die Grenzen zwischen Mecklenburg-Strelitz und dem Staat Preußen sowie die Besitzverhältnisse von damals, sind längst überholt.

Ihre Bedeutung haben sie dennoch nicht ganz verloren. Aus gutem Grund hängt die Karte heute wieder in Mecklenburg, im Haus eines Mannes, der 1992 aus Westdeutschland kam und der nun auf seine nicht mehr ganz jungen Tage in dieser Landschaft heimisch zu werden versucht, allen Widerständen zum Trotz: Eckhard Graf Hahn von Burgsdorff.

Wer sich den alten Stich, der die Wand seines Wohnzimmers in Zettemin schmückt, genauer ansieht, erhält Aufschluß über die damaligen Besitzverhältnisse dieser Region. Alle die Dörfer, Flecken und Weiler um Malchin, Stavenhagen und Teterow gehörten zu Gutsherrschaften: Torgelow und Hungersdorf, Groß Giewitz und Klein Giewitz, Faulenrost und Demzin, Christinenhof und Lankwitz, Basedow und Rittermannshagen, Zettemin und Kittendorf.

Allein Gielow bildete eine Ausnahme: Es war ein Bauerndorf und damit exotisch für diese Gegend, denn hier war das Land der Großgrundbesitzer, der Hahns und der Schwerins, der Malzahns, der Oertzens und der Bassewitz. Großgrundbesitz prägt dieses Land von alters her. Das Jahr 1945 änderte die Besitzverhältnisse, nicht aber die Strukturen. An die Stelle der Rittergüter des mecklenburgischen Landadels traten staatseigene Güter und LPGs –

und die Gutsbesitzer wurden von den LPG-Vorsitzenden und den Leitern der Volkseigenen Güter abgelöst.

Die Prägung durch den Großgrundbesitz hat die Landschaft bis heute beibehalten. Sie ist weit, offen und leer. Alleen von unbeschreiblicher Schönheit durchziehen sie. Klein sind die Dörfer, groß die einstigen Gutshäuser, die auch noch in ihrem heutigen Zustand von Reichtum, Geschmack und Repräsentationswillen ihrer Erbauer künden. In Basedow, dem einstigen Hauptsitz der weitverzweigten Familie von Hahn, steht ein Schloß, das in seinen Dimensionen denen an der Loire nicht nachsteht. Dem ausladenden Flügelbau des Rokokoschlosses in Zettemin, in dem die Schwerins zu Hause waren, hat die Verwahrlosung die Schönheit des Verfalls gebracht, jener verwandt, der wir beim Betrachten der Veduten des Piranesi oder der Ruinenlandschaften eines Watteau begegnen.

Anders als die Schlösser haben die Häuser der Dörfer in ihrem Daseinszweck nie einen Bruch erfahren. Hier wohnen Landarbeiter. Nur noch wenige von ihnen haben Arbeit. In Liepen, Lankwitz, Schwinkendorf, Tressow, Demzin oder Basedow, kurzum in all den Dörfern, die einst Eigentum der Hahns waren, fällt nicht nur die Einheitlichkeit auf, in dem die in dunkelrotem Klinker gemauerten Häuser dastehen. Die meisten von ihnen tragen ein in die Giebelwand eingemauertes Emblem: »A.& K.v.H., 1859«. Das ist ein Hinweis auf die Bauherren: die Gutsbesitzer Agnes Editha und Kuno Graf von Hahn. Sie lebten im vorigen Jahrhundert und waren wohlhabend genug, um ganze Dörfer neu bauen zu können, was ihnen zugleich Gelegenheit bot, den eigenen sozialen Rang und Reichtum öffentlich zur Schau zu stellen.

Wie es um das Lebensgefühl des vermögenden Landadels im vergangenen Jahrhundert bestellt war, vermittelt eine Anekdote, die Georg Graf von Schwerin, der bis 1945 im benachbarten Zettemin in seinem Schloß lebte, in seinen Anfang der fünfziger Jahre in Westdeutschland veröffentlichten Erinnerungen mitteilt. In der Zeit, da der spätere Deutsche Kaiser Wilhelm I. seinen unheilbar erkrankten Bruder König Friedrich Wilhelm IV. als Regent vertrat, also zwischen 1858 und 1861, sei die Gräfin zu Basedow, so erzählt Schwerin, wieder einmal mit ihrer sechsspännigen Kutsche in Berlin unterwegs gewesen. Bei der Fahrt auf eine der Brücken über die Spree, die damals noch so eng waren, daß zwei Kutschen nicht aneinander vorbeifahren konnten, sei ihr eine von »nur« vier Pferden gezogene Kutsche entgegengekommen. Anstatt zur Seite zu fahren und dem entgegenkommenden Sechsspänner die Vorfahrt zu lassen, sei der Vierspänner, der die Brücke zuerst erreicht hatte, ohne Zögern über die Spree gefahren, so daß sein Gegenüber anhalten und warten mußte. Schwerin berichtet: »Voller Empörung rief sie – die Gräfin Hahn – aus: ›Platz da, ich bin die Hahn aus Basedow!‹ und ließ die Pferde angaloppieren. Worauf es zurückschallte: ›Und ich bin der Schulze von Berlin!‹ Es war der Regent Prinz Wilhelm, der nachmalige Kaiser Wilhelm I.«

Dort, wo Land und sein Besitz im Mittelpunkt des Lebens stehen, gibt es oben und unten, bei den Bauern und Söldnern ebenso wie bei den Großen und den ganz Großen, zu denen bis 1945 die Hahns gehörten, die alles in allem mehr als 8000 Hektar Land besaßen. Das war selbst für ostelbische Verhältnisse viel, sehr viel. Die Schwerins im benachbarten Zettemin besaßen gerade mal 2231 Hektar Land – und gehörten dennoch nicht zu den armen Leuten.

Aus der Sicht der Landarbeiter, Diener, Kindermädchen, Kutscher und Verwalter, aber auch der Hauslehrer und der Herren Pastoren waren die ganz großen und die etwas weniger großen Junker eine geschlossene Gesellschaft. Bildung und Lebensstil waren für die Trennung in zwei streng geschiedene Welten meist wichtiger als das, was heute Lebensstandard genannt wird, denn Verzicht und Bedürfnislosigkeit standen damals gerade in ihren Kreisen hoch im Ansehen, und in den Verdacht zu geraten, sich dem Wohlleben zu ergeben, konnte gesellschaftliche Ächtung nach sich ziehen. Gerade deshalb war es der Lebensstil einer Herrenschicht.

Schwerin beschreibt dies alles in seinem Buch ebenso anschaulich wie das Ende dieser Kultur: die Plünderung und Besetzung seines Schlosses und die letzte Fahrt, mit der er und seine Familie an einem regnerischen kalten Oktobertag des Jahres 1945 auf einem offenen Kastenwagen von zwei Pferden zur Bahnstation

Malchin gezogen wurden: eine Fahrt ohne Wiederkehr. Zu diesem Zeitpunkt war der Lebensstil, den die Güter ermöglicht hatten, untergegangen, seine einstigen Träger geächtet, enteignet, vertrieben, verhaftet oder getötet. Die Erinnerung an ihre Lebensform aber hat sich erhalten. Sie lebt fort, wird bewundert und imitiert, ebenso aber gehaßt und gefürchtet.

45 Jahre lagen zwischen ihrem endgültigen Ende und dem Untergang der DDR, die sich nach Kräften bemühte, die Spuren der Kultur zu tilgen, die das Land einst geprägt hatte. Auch für Eckhard Graf Hahn von Burgsdorff, im Jahr der Wiedervereinigung 49 Jahre alt und Oberstleutnant der Bundeswehr mit Dienstsitz in Hannover, stellten sich 1990 vor allem zwei Fragen, die für sein weiteres Leben folgenreich waren: Welche Berufsaussichten bot ihm eine Bundeswehr, die binnen vier Jahren ein gutes Drittel ihrer Soldaten entlassen mußte, und welche Möglichkeiten eröffneten sich durch die Wiedervereinigung für ihn und seine Familie? Die Hoffnung derjenigen, die zwischen 1945 und 1949 enteignet worden waren, das ihnen zugefügte Unrecht werde sich rückgängig machen lassen, wurde schon im April 1991 vom Bundesverfassungsgericht enttäuscht. Der Wunsch, die Güter der Väter wieder in Besitz nehmen und bewirtschaften zu können, lebte in Eckhard von Hahn trotzdem weiter. Als am 1. Januar das Personalstrukturgesetz in Kraft trat, das die vorzeitige Pensionierung von Berufssoldaten und damit ihr Ausscheiden aus dem aktiven Dienst vor Erreichen der Altersgrenze möglich machte, gehörte Hahn zu den ersten Antragstellern.

Bereits im Februar schied er aus, um nunmehr das zu tun, was er sich inzwischen vorgenommen hatte. Da er mit einer Rückübertragung des Eigentums seiner Familie nicht mehr rechnen konnte, wollte er wenigstens die Chance nutzen, einen Teil des Landes zu pachten, das ihr einmal gehört hatte. Wegen seiner Zugehörigkeit zur Bundeswehr und den damit verbundenen Einschränkungen konnte er erst zu einem relativ späten Zeitpunkt aktiv werden. Die ersten Pachtverträge waren schon 1990, also zwei Jahre zuvor, geschlossen worden. So mußte er froh sein, daß er überhaupt noch zum Zuge kam. Als er bei der BVVG, der Bodenverwertungs- und -verwaltungsgesellschaft, vorstellig wurde, war das Land, das der Familie gehört hatte, zum allergrößten Teil bereits anderweitig verpachtet. Nur noch achtzig Hektar einstmals Hahnsches Land konnte er pachten. Allerdings wurden ihm weitere 210 Hektar in der Nachbargemarkung Zettemin zur Pacht angeboten, nicht als geschlossene Fläche, sondern aufgeteilt in 142 Einzelparzellen. Das konnte er im Einvernehmen mit seinen Nachbarn inzwischen korrigieren. Heute bewirtschaftet er acht Schläge, deren größter sechzig Hektar umfaßt.

Hahn ist nicht der einzige, der 1992 Land pachtete. Die einstige Landwirtschaftliche Produktionsgenossenschaft Gielow, in der nach dem Krieg auch die Güter seiner Familie aufgegangen waren und in der gut 450 Menschen Arbeit und Lohn gefunden hatten, ging in diesem Jahr in Liquidation. Die Menschen wurden zum großen Teil arbeitslos, und das Land stand frei zur Verpachtung. Nun wurden Weichen gestellt, denn diejenigen, die als Pächter zum Zuge kamen, erhielten damit die Chance, nach zwölf Jahren Pacht zu Landbesitzern zu werden.

Wer aber war das? In den Dörfern kennt jeder die Namen, meist schon aus DDR-Zeiten. Der einstige Vorsitzende der LPG in Gielow konnte rund vierhundert Hektar pachten; der ehemals für die pflanzliche Produktion zuständige Abteilungsleiter der LPG pachtete achthundert Hektar und einer seiner ehemaligen Kollegen etwa dreihundert Hektar. Von den alten Gutsbesitzerfamilien gelang es außer Eckhard von Hahn auch den Brüdern Maltzahn, sich die Chance für einen Neuanfang zu sichern. Bis 1945 hatten sie in den Dörfern Duckow und Pinnow ihre Güter. Von ihrem ehemaligen Gutsland konnten sie rund tausend Hektar pachten. Nun sitzen sie wieder in Duckow und machen dort weiter, wo ihre Vorfahren vor fünfzig Jahren aufhören mußten.

Noch bevor Hahns Pachtvertrag, der zum 1. September 1992 in Kraft trat, unterschrieben war, hatte er damit begonnen, sich auf sein neues Berufsleben vorzubereiten. Das war auch dringend nötig, denn bislang hatte er als Offizier mit Ackerbau oder Viehzucht nichts zu tun gehabt. Zum 1. Mai 1992 wurde aus dem Stabsoffizier ein Landwirtschaftspraktikant. In der Nähe von Hannover begann er damit, sich Grundkenntnisse anzueignen. Als die Dinge in Zettemin konkreter wurden, holte er sich den Rat

146

von Fachleuten ein und ließ Kosten und Nutzen ebenso analysieren wie die Bonität des Bodens, bevor er sich im Spätsommer 1992 erstmals an die Herbstbestellung seines künftigen Pachtlandes machte.

Parallel dazu kümmerte er sich um seine Ausbildung. Mitte Oktober begann er an der Fachschule für Agrarwesen im etwa dreißig Kilometer entfernten Neubrandenburg seine Ausbildung zum Landwirt. Die hat er in den Winterhalbjahren der drei folgenden Jahre so weit vorangetrieben, daß er sich inzwischen auch als »staatlich geprüfter Wirtschafter« bezeichnen darf.

Wichtiger als dieses Vorrecht ist ihm eine andere Konsequenz seines landwirtschaftlichen Ausbildungsnachweises: Hahn erfüllt damit die Voraussetzung dafür, staatliche Fördermittel erhalten zu können – und das ist mindestens so wichtig wie eine gute Ernte.

Damit kann er ebenso zufrieden sein wie mit den Ernteergebnissen selbst. Im ersten Jahr, so berichtet er, habe er noch rote Zahlen geschrieben; dann ging es aufwärts. Von den 291 Hektar, die er gepachtet hat, mußte er auf Geheiß der Europäischen Gemeinschaft 71 Hektar stillegen. Auf den verbleibenden 220 Hektar baut er Weizen, Roggen, Wintergerste und Braugerste sowie Raps und Zuckerrüben an. Vor allem die vierzig Hektar Raps und die zehn Hektar Zuckerrüben, deren Anbaufläche ihm die EG ganz genau vorschreibt, tragen ebenso wie die 56 Hektar Braugerste erheblich zum Gewinn bei. Die Ernte von 1995 sei die bislang beste, sagt Hahn, und man spürt die Befriedigung über den Erfolg seiner Arbeit. Die 220 Hektar bearbeitet er gemeinsam mit einem Traktoristen. Er selbst ist der zweite Mann am Steuer. Der Traktor, mit dem er seine Felder bestellt, müsse im Jahr 830 Stunden eingesetzt werden, um sich zu rentieren; in seinem Betrieb, fügt der Junglandwirt Hahn hinzu, seien es im letzten Jahr tausend Stunden gewesen. Theorie und Praxis haben in Zettemin offenkundig zusammengefunden.

Daß sich sein Einsatz wirtschaftlich lohnt, dafür spricht auch das schmucke Wohnhaus, das 1995 am Rande des gut 6000 Quadratmeter großen Platzes entstanden ist, den Hahn 1992 von der Treuhand erwarb. Auf ihm stehen zwei große Lagerhallen, die einmal der LPG gehörten. In einer von ihnen fanden die Hahns ihren ersten Unterschlupf in Zettemin. Mit einfachsten Mitteln trennten sie einen Teil der Halle zu Wohnzwecken ab, der übrige Raum blieb zur Lagerung von Getreide und zum Unterstellen von Geräten. Rechtzeitig zu Weihnachten 1995 aber konnten sie ihr Haus beziehen und die Halle ungeteilt den Geräten und der Braugerste überlassen.

Damit ist für die Hahns der erste Abschnitt ihrer Existenzneugründung abgeschlossen. Eckhard von Hahn kann zufrieden sein. Als absoluter Außenseiter einen landwirtschaftlichen Betrieb innerhalb von drei Jahren zum wirschaftlichen Erfolg zu führen ist eine respektable Leistung.

Aber Hahn hat sich in den Jahren seit seiner Übersiedlung nicht nur um das Wirschaftliche gekümmert, sondern auch um den Kontakt zu seinen neuen Nachbarn. Daß er und seine Frau nicht nur auf Herzlichkeit, sondern auch auf Aversionen und Vorurteile treffen würden, darauf waren sie vorbereitet. Ihre Strategie dagegen war von Anfang an denkbar einfach: Sie versuchen, Voreingenommenheit durch ihr Verhalten zu widerlegen. Deshalb bemühten sie sich, möglichst unbefangen aufzutreten und alles zu vermeiden, was den Eindruck erwecken könnte, sie fühlten sich als etwas »Besseres« oder auch nur als etwas anderes als die Menschen in ihrer Umgebung. Freilich ist das leichter gesagt als getan: Denn das Anderssein, als Folge denkbar unterschiedlicher Lebensverläufe, läßt sich nicht allein durch guten Willen aus der Welt schaffen.

Im Umgang miteinander wird beiden, den Hahns und denen, die schon immer in Zettemin lebten, ständig aufs neue bewußt, wie verschieden ihre Leben verlaufen sind und wie unterschiedlich die Welten waren, in denen sie lebten und die sie geprägt haben. Aber Hahn resigniert nicht. Er sucht den Kontakt und bemüht sich darum, Gemeinsamkeiten durch gemeinsames Handeln entstehen zu lassen. In Liepen, wo er 1992 im einstigen Schloß seiner Eltern einen ersten Unterschlupf und eine freundliche Aufnahme durch die übrigen Mieter fand, hat er dazu beigetragen, daß dort seit drei Jahren ein Osterfeuer abgebrannt wird. Das ist ein Ereignis, an dem sich jedermann beteiligen kann und das das Gemeinschaftsgefühl der kleinen Gemeinde stärkt. Und inzwischen organisieren die Zetteminer auch ein Erntedankfest, was in dem fünfzig Jahre kommunistisch regierten Land für viele immer noch ungewöhnlich ist. Die Zahl der Teilnehmer an dieser Veranstaltung hat sich in den letzten beiden Jahren auf dreihundert verdoppelt, wie Hahn nicht ohne Befriedigung feststellt. Noch etwas erwähnt er: Beim letzten Erntedankfest habe sogar Otto Johannes, der einstige »Oberkommunist« des Ortes, mitgetanzt.

Das sind die Maßstäbe, mit denen auch Jahre nach der Wiedervereinigung noch gemessen wird, wieweit die wechselseitige Annäherung vorangekommen ist. Hier im Norden, wo das Beharrungsvermögen der Menschen ihre Flexibilität in der Regel übertrifft und wo Vorbehalte, Ängste und Befangenheiten tiefer als andernorts sitzen, dauert das länger als in Sachsen oder in Thüringen. Da ist es schon der Erwähnung wert, wenn Otto Johannes zum Erntedank das Tanzbein schwingt.

Wie groß die menschliche Entfernung war, wurde den Hahns schon bald nach der Wiedervereinigung deutlich. Im Mai 1990, kurz nach den ersten freien Wahlen in der DDR, fuhren sie mit dem Wagen hierher. Es war die erste Begegnung mit Demzin, einem der Dörfer, die einst zum Familienbesitz gehört hatten. »Staub wehte über die Straße wie in einer Westernstadt. Auf der Straße Frauen in Kittelschürzen«, erinnert sich Frau von Hahn. Aber im gleichen Atemzug läßt sie ganz entgegengesetzte Bilder aus ihrer Erinnerung an diese Entdeckungsfahrten auferstehen, Bilder mit gedeckten Kaffeetischen in blühenden Gärten, Frauen und Mädchen, die sie erwartet und bewirtet haben, feiertäglich mit weißer Bluse und schwarzem Rock bekleidet.

Es sind Kontraste, die einen Spannungsbogen bilden und zuweilen seelisch belastend sind: Herzlichkeit auf der einen Seite, Aversionen und Angst, die sich aus Unsicherheit und Vorurteilen speisen, auf der anderen. Noch etwas kommt hinzu: der Wegfall der für jedermann verbindlichen Werte und jenes Verhaltenskanons, den es zu Zeiten der LPGs ebenso gab wie zuvor in den Zeiten der Gutsherrschaft. »Hier war immer alles reglementiert, jedem war sein Platz zugewiesen, jede Rolle war festgelegt, in gutsherrlichen Zeiten und erst recht in denen der SED. Hier gab es immer einen Herrn – früher den Gutsherrn, dann den LPG-Vorsitzenden. Das bedeutete Unterordnung, aber auch Sicherheit. Es machte die Gesellschaft starr, es förderte Vorurteile und Unselbständigkeit. Die ungewohnte Freiheit schafft Unsicherheit. Viele schwanken zwischen Zuwendung und Verweigerung, fühlen sich unterlegen und sind ständig auf der Hut. Das macht den Umgang schwierig, für beide Seiten«, urteilen die Hahns heute.

Fortschritte werden in Millimetern gemessen. Engerer Kontakt ergibt sich, von Ausnahmen wie dem Stadtarchivar aus dem nahen Burg Stargard abgesehen, zumeist nur mit Wiederansiedlern, also Schicksalsgenossen. Jagden sind, fast so wie früher, dafür wieder ein geschätzter Anlaß. Viel mehr an sozialen Kontakten ist noch nicht herangewachsen. Sie benötigen ebenso wie der Abbau von Feindbildern bei denen, die auch in den Jahrzehnten der DDR hier lebten, besonders viel Zeit.

Daß Mißtrauen, ja Abneigung gegen die früheren Großgrundbesitzerfamilien auch heute noch groß sind, bekommen Hahns zu spüren, auch wenn sie nicht viel darüber sprechen. Daß sich ihr Traktorist anfangs vorhalten lassen mußte, er sei ein »Grafenknecht« und werde nicht mal richtig bezahlt, ist nicht schön, fällt aber nicht sonderlich ins Gewicht, auch weil er beweisen kann, daß es nicht stimmt. Anderes schmerzt da schon mehr. Als Hahn einem Verein beitreten wollte, der sich den Erhalt und Ausbau des von seinem Großonkel im benachbarten Liepen gebauten Herrenhauses zum Ziel gesetzt hatte, bekam er offene Feindseligkeit zu spüren. Der Vorsitzende des Vereins lehnte Hahns Aufnahmeantrag glattweg ab. »Man setzt sich doch keine Laus in den Pelz«, lautete seine ungeschminkte Begründung. Hinter dem Interesse Hahns an der Vereinsmitgliedschaft vermutete er – möglicherweise zu Recht – weitergehende Überlegungen, nämlich den Wunsch, auf diese Weise einem Rückerwerb des Hauses einen Schritt näher zu kommen. Diese Erfahrung wiederholte sich, als Hahn zu klären versuchte, ob er statt des einst Hahnschen Herrenhauses in Liepen ein anderes im benachbarten Demzin erwerben könne. »Sie bekommen weder dieses noch ein anderes Haus«, lautete die eindeutige Mitteilung der zuständigen Gemeindevertretung von Faulenrost.

*Die Prägung durch den Großgrundbesitz hat die Landschaft Mecklenburgs bis heute beibehalten. Sie ist weit, offen und leer. Alleen von unbeschreiblicher Schönheit durchziehen sie. Klein sind die Dörfer, groß die einstigen Gutshäuser, die auch noch in ihrem jetzigen Zustand von Reichtum, Geschmack und Repräsentationswillen ihrer Erbauer künden. In Basedow, dem einstigen Hauptsitz der weitverzweigten Familie von Hahn, steht ein Schloß, das in seinen Dimensionen den Schlössern an der Loire nicht nachsteht. (Aufnahme um 1880)*

Schloß Basedow und Park im Winter 1996.

Anders als die Schlösser haben die Bauernhäuser in ihrem Daseinszweck nie einen Bruch erfahren. Hier wohnen Landarbeiter. In all den Dörfern, die einst Eigentum der Hahns waren, fällt nicht nur die Einheitlichkeit auf, in der die in Klinker gemauerten Häuser dastehen. Die meisten von ihnen tragen ein in die Giebelwand eingemauertes Emblem – ein Hinweis auf die Bauherren: die Gutsbesitzer Agnes Editha und Kuno Graf von Hahn.

*In den Flügelbau des Rokoko-Schlosses in Zettemin, in dem die Schwerins zu Hause waren, hat die Verwahrlosung die Schönheit des Verfalls gebracht.*

*Der Neubau in Zettemin ist Ausdruck der gescheiterten Bemühungen der Hahn von Burgsdorff, die Gebäude wiedererwerben zu können, die die Familie einst besessen hatte: Die Restitution, die Zurückgabe des 1945 willkürlich enteigneten Gutes, unterblieb, und der Versuch, auf dem Land weiterarbeiten zu können, das einst den Vorfahren gehörte, führte nicht auf die einstmals eigene Scholle, sondern nur in deren Nähe, dorthin, wo die Schwerins zu Hause waren.*

Die gleiche Erfahrung mußte Frau von Hahn dort machen, wo sie es am wenigsten erwartete: in der Kirche. In der Befürchtung, die neu zur Gemeinde gekommenen Hahns könnten gar die Absicht haben, dem Kirchenchor beizutreten, ließ die Chorleiterin wissen, in diesem Falle werde sie ihre Tätigkeit einstellen. Die Sorge war unbegründet, der Gemeindechor hat keinen Schaden genommen. Doch verraten solche »Ereignisse«, wie eng und befangen die Welt zwischen Faulenrost und Spielmannshagen geblieben ist. Es ist die Mentalität einer abgeschiedenen Welt, mit Dörfern, deren Einwohnerzahlen zwischen 176 in Zettemin und 76 in Liepen liegen. Unbefangenheit im Umgang miteinander wird dadurch nicht eben leichter, und ein beachtliches Quantum an Durchhaltewillen ist die Voraussetzung dafür, sich auch im nächsten Jahr wieder für Osterfeuer und Erntedankfest einzusetzen.

Glücklicherweise sind solche Erlebnisse nicht die einzigen Erfahrungen, die den Alltag der Hahns prägen. Dennoch gehören sie zum atmosphärischen Gesamtbild der Nachbarschaft, in der sie nun ihr Haus gebaut haben. Ansehnlich und geräumig steht es da, mit reichlich Platz für die Familie, zu der drei Söhne gehören, die in Zettemin bisher allerdings nur besuchsweise anzutreffen sind – und für Gäste. Das Haus ist Ausdruck des schon erzielten wirtschaftlichen Erfolges, zeugt aber auch von der Entschlossenheit der Hahns, sich hier auf Dauer einzurichten. Zwei Söhne, die vorerst noch ein Internat am Solling besuchen, haben die Absicht, Landwirtschaft zu studieren, so daß die Präsenz der Familie in Zettemin auf absehbare Zeit gesichert erscheint.

Zugleich aber ist der Neubau auch Ausdruck der gescheiterten Bemühungen, die Gebäude wiedererwerben zu können, die die Familie einst besessen hatte. Zusammen mit den anderen Faktoren kennzeichnet er eine Lage, die von letztlich unerreichten Zielsetzungen und unvermeidlichen Kompromissen bestimmt ist: Die Restitution, die Rückgabe des 1945 willkürlich enteigneten Gutes unterblieb, und der Versuch, auf dem Land weiterarbeiten zu können, das einst den Vorfahren gehörte, führte nicht auf die einstmals eigene Scholle, sondern nur in deren Nähe, dorthin, wo die Schwerins zu Hause waren.

Deren Gutsgebäude aber blieben beim Neubeginn ebenso ungenutzt wie die einstmals eigenen in den benachbarten Dörfern. So dämmern die schönen alten Gebäude weiter im Verfall dahin. Zum Teil sind sie schon baufällig. Die meisten der einstigen Wirtschaftsgebäude untergegangener Güter stehen zerfallen am Wegesrand; als Zeugen einer nahen und doch fremd gewordenen Vergangenheit ragen sie zweckfrei in die Gegenwart. An den alten Gebäuden derer von Hahn wie derer von Schwerin zeigt sich, daß der Versuch, dort wieder anknüpfen zu wollen, wo das Ende des Krieges, Besatzung und die Diktatur der Kommunisten jahrhundertealte Strukturen kappten, nicht möglich war. Der Einigungsvertrag und der gemeinsame politische Wille in beiden Teilen des 1990 noch geteilten Deutschland haben es so gefügt. Hahns Neubau aber zeigt den Willen, dort, wo das Anknüpfen nicht gestattet ist, neu zu beginnen. Ob dies gelingt, wird man erst wissen, wenn aus dem nun entstandenen Neubau ein Altbau geworden sein wird.

# Altengottern
## und die Marschalls

Altengottern ist ein altes Bauerndorf am Rande des Thüringer Beckens, südöstlich des Harzes. Der Boden, auf dem es steht, ist fruchtbares Schwemmland, und das Klima ist mild. Zwar reicht es nicht, um Wein anzubauen, wohl aber für Weizen und Mais, Gurken und Kohl. Sonderkulturen haben einen erheblichen Anteil daran, daß man in Altengottern von alters her zweierlei vereinbaren konnte: einen zumeist kleinbäuerlichen Besitz und Wohlstand. Die Gemarkung von Altengottern hat 1600 Hektar, insgesamt sechshundert Hektar gehörten bis 1945 zu den beiden Gutsbetrieben des Dorfes, ein Großbauer besaß 55 Hektar. Der größte Teil der Gemarkung, mehr als neunhundert Hektar, verteilte sich auf meist kleinere Bauernhöfe.

Die Machtübernahme der Kommunisten zerstörte diese Struktur. Zunächst enteigneten sie den Großgrundbesitz und verteilten seine Flächen an Landarbeiter und Kleinbauern, dann kamen die Landwirtschaftlichen Produktionsgenossenschaften und mit ihnen das Bauernlegen. Im benachbarten Merxheim entstand die erste LPG der DDR. Mitte der fünfziger Jahre kamen die 1600 Hektar der Gemarkung zur LPG »7. Oktober«, in der auch die Gemarkungen von Großengottern, Seebach, Flarchheim und Herodishausen aufgingen. Als dieses Kapitel deutscher Geschichte 1990 beendet war, entschlossen sich sechs ehemalige Bauernfamilien dazu, ihr Land aus der LPG wieder herauszunehmen und es selbständig zu bewirtschaften. Der in eine Agrargenossenschaft umgewandelten LPG mit Sitz im benachbarten Seebach aber blieb das meiste Land. 4500 Hektar landwirtschaftlicher Nutzfläche bewirtschaftet sie und ist damit der maßgebende landwirtschaftliche Großbetrieb. An ihrer Spitze steht als Geschäftsführer Herr

Martin. Er baut Getreide, Rüben, Kartoffeln, Mais und Futtergetreide an. In seinen Ställen stehen 1800 Milchkühe, Bullen und Schweine. Er kennt sein Metier aus DDR-Zeiten und gilt im Dorf nicht nur als kompetent,sondern auch als jemand, mit dem man auskommen kann. Zu DDR-Zeiten war er Abteilungsleiter »Pflanze« in der LPG.

Ein Gang durch das langgestreckte Dorf zeigt, wie viele Zeugnisse ehemaligen Wohlstandes die DDR überstanden haben. Was man auf den ersten Blick nicht bemerkt, sind die fatalen sozialen und wirtschaftlichen Auswirkungen sozialistischen Wirtschaftens. Von den 1250 Einwohnern sind mehr als vierzehn Prozent arbeitslos. Der einzige Gewerbebetrieb in Altengottern ist ein Transportunternehmen. Es gibt weder Handwerks- noch Industriebetriebe. Arbeitsplätze hatte Altengottern bis 1990 nur in der Landwirtschaft, also in der LPG zu bieten. Die aber sind größtenteils entfallen, Ersatz ist nicht in Sicht. Dennoch macht das Dorf einen lebendigen Eindruck. Überall wird an den alten Gebäuden gearbeitet. Neue Dächer und der matte Glanz neu verlegter Dachrinnen sowie frisch verputzte Fassaden bezeugen, daß die Altengotterner aus eigenem Antrieb anpacken und die Chancen so zu nutzen wissen, wie sie sich bieten. Die meisten alten Fachwerkhäuser haben das triste DDR-Grau längst abgestreift. Das gilt auch für die beiden Kirchen, St. Trinitatis im Oberdorf, St. Wigberti im Unterdorf.

Auch heute noch läßt das Dorfbild erkennen, wie der Wohlstand in ihm einst verteilt war, nämlich relativ gleichmäßig – von Ausnahmen abgesehen. Zu ihnen gehören zwei schloßartige Gebäude im Oberdorf und zwei besonders stattliche Häuser an der Hauptstraße. An deren Fassaden weist die aus DDR-Vorzeit stammende Aufschrift »Einmachgeschäft« auf die Quelle dieses Wohlstandes hin: die Weiterverarbeitung oder Veredlung der Produkte, die die Altengotterner Gemüsebauern von ihren Feldern ernteten. Das ging so lange gut, bis sich das ereignete, was man in Altengottern »die zweite Katastrophe« nennt. Die erste in der Geschichte des Dorfes war der Dreißigjährige Krieg; die zweite die DDR. Der Dreißigjährige Krieg zerstörte die Bausubstanz von Altengottern. Was heute steht, Kirchen, Herren- und Bauernhäuser, entstand danach neu oder wurde wiederhergestellt. Die DDR brannte zwar nicht die Häuser nieder, zerstörte aber die in Jahrhunderten gewachsenen Wirtschafts- und Sozialstrukturen des Dorfes. Bald nach ihrem Untergang begann Neues zu wachsen. Das dauert an, und es dürfte noch einige Zeit verstreichen, bis sich erkennen läßt, wie das neue Ensemble des Dorfes aussieht, ja ob es dies künftig überhaupt noch gibt.

Als der Zweite Weltkrieg im Frühjahr 1945 zu Ende ging, schien es zunächst so, als bliebe dem Dorf das Schlimmste erspart: die Besetzung durch die Rote Armee. Im Mai 1945 hatten die Amerikaner das Dorf besetzt, doch nur für einige Wochen. Nach der Potsdamer Konferenz zogen sich die GIs zurück. Russische Soldaten folgten und mit ihnen das System, das für fast ein halbes Jahrhundert das Leben und Arbeiten in Altengottern wie in ganz Thüringen bestimmen sollte. Die ersten im Dorf, die die Brutalität der roten Diktatur zu spüren bekamen, waren die Angehörigen der Familie von Marschall. Sie bewohnten, so wie es ihre Vorfahren seit 1632 getan hatten, das Schloß, gleich neben der gotischen St.-Trinitatis-Kirche.

Als die Russen Ende August 1945 in Altengottern einrückten, war die Ausweisung der Familie von Marschall aus ihrem Eigentum eine der ersten Maßnahmen, die sie trafen. Die Familie bestand aus der damals 45jährigen Frau von Marschall und ihren vier Kindern. Ihr Mann war 1944 gestorben. Zunächst wurden die Marschalls in das Haus ihres eigenen Gutsverwalters einquartiert, aber schon nach einigen Tagen gezwungen, es wieder zu verlassen. Im Haus eines befreundeten Bauern fanden sie Unterschlupf, bis sie am 23. Dezember 1945 die Weisung erhielten, sich mindestens dreißig Kilometer von Altengottern zu entfernen. Frau von Marschall zog daraufhin in das nun in der britischen Besatzungszone gelegene Bad Sachsa, wo sie ein Haus besaß. In ihm wohnte sie bis in die achtziger Jahre hinein.

Ihr Schloß aber wurde von der Roten Armee versiegelt. Eine Kommission von Sachverständigen kam, um das auszusondern, woran die Sowjets Interesse hatten. Das waren die Möbel, darunter wertvolle Stücke aus China und Japan, Porzellan und Gobelins und eine antike Waffensammlung – Gegenstände, die der Familie in den Jahrhunderten zugewachsen waren. Sie wurden von den sowjetischen Offizieren abtransportiert, Ahnenbilder, das Hausarchiv und die Bibliothek blieben zurück und wurden im Innenhof verbrannt. Leer, aber bewohnbar überstand das Gebäude selbst die Zeitenwende. Die DDR übertrug es dem Bezirk Erfurt als Eigentum, der dort ein Kinderheim einrichtete. Mit der Wiedervereinigung wechselten auch die Eigentumsverhältnisse, Das Schloß kam aber nicht an die Marschalls zurück, sondern ging in die Rechtsträgerschaft des Landes Thüringen über. Unberührt von alledem blieb die Nutzung des Schlosses als Kinderheim – zur Genugtuung der Marschalls.

Die Familie zählt zum thüringischen Uradel. Über Jahrhunderte bekleidete sie das Amt des Hofmarschalls beim Landgrafen von Thüringen. 1082 wurde Heinrich von Ebersburg als erstem von ihnen dieses Amt verliehen, der letzte Träger dieses Titels war General der Kavallerie und Generaladjutant von Kaiser Wilhelm II. Nach Altengottern kamen die Marschalls 1632. Damals heiratete Rudolf Lewin, Marschall von Herrengosserstedt, einem nordöstlich von Weimar gelegenen Dorf, Gertrud von Hagen, Erbin einer in Altengottern ansässigen Adelsfamilie, die längst ausgestorben ist, aber im Gedächtnis des Dorfes weiterlebt. Die St.-Wigberti-Kirche im unteren Dorf birgt ihre Gruft ebenso wie diejenige der Marschalls, und die goldene Prunkkette des 1528 gegründeten Schützenvereins von Altengottern zieren nicht nur Medaillons mit dem heiligen Sebastian und dem heiligen Florian, sondern auch ein Medaillon mit dem Wappen derer von Hagen.

Das scheint nur dem Fremden unerheblich. Wer sich in Altengottern umhört, der merkt bald, daß der Schützenverein, dessen Eigentum diese wertvolle Kette ist, viel mehr als ein Verein ist. Er ist ein Stück Dorfgemeinschaft, das die Erinnerung an vieles einschließt, was in diesem Jahrhundert verlorenging und nur noch über ihn vor dem Vergessenwerden bewahrt werden kann. Dazu gehören die Fahnen, seine eigenen, aber auch diejenigen, die ihm in Stunden der Not anvertraut wurden und die von Vereinen des Dorfes künden, die sich auflösen mußten und vergangen sind. Zu seinen Schätzen zählt somit nicht nur die goldene Schützenkette von 1528, die der Verein von dem Museum in Mühlhausen zurückfordert, dem sie in DDR-Zeiten übergeben wurde. Zu ihnen werden die eigene Fahne von 1871 ebenso wie die des längst verschwundenen Kriegervereins und der Wimpel des Luisen-Bundes gezählt, der einst das Andenken an Preußens vielverehrte Königin aus der Zeit der Befreiungskriege pflegte. Allein die Tatsache, daß diese Gegenstände über die vier Jahrzehnte der DDR gerettet wurden, läßt erkennen, welchen ideellen Wert sie für die Altengotterner darstellen, denn eigentlich war dergleichen verboten und wurde vom Polizeistaat DDR geahndet. Doch auch das bewirkte ungewollt Gutes, denn anders als im Westen wertete das Verbot gerade dasjenige auf, was im Westen oft als »alter Krempel« geringgeschätzt, weggeworfen und vergessen wurde.

So trug die DDR, ohne es zu wollen, dazu bei, den Wert von Tradition bewußtzumachen. Sie verbot den 1528 gegründeten Schützenverein, freilich nicht als erste, denn 1939 hatten ihm bereits die Nazis jede Tätigkeit untersagt und damit nur das vorweggenommen, was die nächste Diktatur bekräftigte, indem sie den Verein verbot. Das aber steigerte nur seine Aura, er wurde zum Inbegriff dessen, was man liebte und was in den Erinnerungen des Dorfes an rauschende Schützenfeste vergangener Friedenszeiten weiterlebte. 1992 wurde er neu gegründet. Es dauerte aber noch zwei Jahre, bis man dieses Ereignis mit dem ersten Schützenfest nach einem halben Jahrhundert angemessen begehen konnte.

»Begehen« – das ist leichter gesagt und geschrieben als getan. Begehen wollte man die Wiedergründung – aber wie? Wie hatten die Altengotterner früher ihr Schützenfest ausgerichtet, damals, vor Honecker, vor Ulbricht, vor dem Krieg und vor Hitler? Von denen, die damals schon dabei waren, lebten noch vier, und die befragte man so lange, bis man eine Vorstellung von einem »richtigen« Schützenfest hatte.

Dann ging man ans Werk. Zwei Jahre dauerten die Vorbereitungen. Schwierige Entscheidungen waren zu fällen. Ein Festzug durch das Dorf war unverzichtbar, soviel stand fest, aber wie mußte er aussehen, um der Tradition zu entsprechen? Vor allem, wie sollte man sich anziehen? Von den Alten hatte man erfahren, daß die Schützen früher in Frack und Zylinder der Feierlichkeit

160

dieses Tages Ausdruck verliehen hatten. Das ging vielleicht noch 1930, aber 1992 empfand man doch Unbehagen – so ging es nicht mehr, darüber bestand Einvernehmen. Also was tun, fragten sich die Wiedereinrichter des Schützenvereins und beschlossen schließlich, etwas einzuführen, was der Altengotterner Schützenverein früher nicht vorzuweisen hatte: Uniformen.

Die Sache mit den Uniformen war so kurz nach der Wende angesichts des knappen Geldes, das man nun wieder für so viele schöne und lang entbehrte Dinge wie schicke Autos und Auslandsreisen ausgeben konnte, zwar keine Kleinigkeit, aber andererseits doch machbar. Die Mitglieder beschlossen es und taten es und damit basta. Schwieriger wurde es dort, wo der Schützenverein darauf angewiesen war, daß das ganze Dorf mitmachte, so wie früher. Damals, so hatten die Alten erzählt, schmückten alle Einwohner am Abend vor dem Sonntag mit Festgottesdienst und Schützenfest ihre Häuser mit Girlanden aus frischem Tannengrün und Bändern.

Das lag aber nun mehr als ein halbes Jahrhundert zurück, und wären da nicht die letzten vier Überlebenden des alten Vereins noch gewesen – die Jungen, die die alten Traditionen neu beleben wollten, hätten nichts davon gewußt. Was damals für das ganze Dorf selbstverständlich gewesen war, dessen Wiederbelebung stellte nun ein Problem dar. Schließlich konnte man keinen zum Mitmachen zwingen. Man war auf Mundpropaganda angewiesen und auf Sympathie. Als der Festtag näher kam, rückten die Schützen in den nächsten Wald und versorgten sich mit Tannengrün. Vor jedem Haus legten sie ein Bündel neben der Haustür ab und hofften.

Sie hofften nicht vergebens. Kaum einer wußte genau, was mit den Zweigen anzustellen war, aber das machte nichts. Am nächsten Tag war das ganze Dorf geschmückt. Eine unglaubliche Leistung: Was durch NS- und SED-Diktatur ein halbes Jahrhundert unterdrückt und unterbrochen worden war, lebte neu auf. Das Gemeinschaftsgefühl eines Dorfes triumphierte. Sogar die Kirche überwand ihre Bedenken und weihte die neue Schützenfahne. Was der Dorfpfarrer zunächst abgelehnt hatte, wurde nachgeholt beim ökumenischen Gottesdienst auf dem Thüringer Schützentag.

Längst ist der Alltag wieder eingezogen. Zu dem gehört auch das unmittelbar nach der Wende vom tatkräftigen und gewitzten damaligen Ortsbürgermeister mit Unterstützung des Bundes für eine Million Mark renovierte geräumige Gemeindeverwaltungsgebäude. In ihm hat nicht nur die bescheidene Gemeindeverwaltung reichlich Platz, sondern auch eine Gaststube und ein Festsaal, in dem das Dorf auch seine Karnevalsfeste feiert, die sich hier seit den fünfziger Jahren eingebürgert haben. Außerdem hat hier jeder Verein des Dorfes ein eigenes Zimmer, als Geschäftsstelle sozusagen. Der Organisationsgrad des 1200-Einwohner-Dorfes ist offenkundig beachtlich. Sportverein und Feuerwehr, Kaninchenzüchter- und Kirchenverein, Karneval und Arbeiterwohlfahrt nebst Trinitatisverein (zur Renovierung der gleichnamigen Kirche gegründet) und Kirchengemeinde – sie alle finden Platz und Mitglieder in Altengottern.

Sowenig wie Altengottern seine Geschichte vergessen hat, sowenig vergaßen die Marschalls ihr Heimatdorf in den 45 Jahren ihrer Vertreibung. Als der kommunistische Alptraum vorbei war, kehrten sie zurück, einer zumindest. Seit 1992 lebt Wolf Freiherr Marschall von Altengottern, wie sein vollständiger Name lautet, im Dorf seiner Vorfahren. Sein Name ist alt und ehrwürdig, aber zum praktischen Gebrauch zu lang. Das meinen auch die Altengotterner und deshalb duzen sie Wolf – wenn sie ihn ansprechen. Reden sie dagegen in seiner Abwesenheit von ihm, dann sagen sie »unser Baron«. Das ist keine Distanzierung, im Gegenteil. In Altengottern regiert der Duzkomment. Er entspricht nicht nur dem Bedürfnis nach Bequemlichkeit. Er entspricht dem kameradschaftlichen Verhältnis zueinander.

Das hat sich bei diversen Wahlen bestätigt. 1993 wurde Wolf in den Gemeindekirchenrat gewählt, 1994 in den Gemeinderat und in den Kreistag. Und weil das allem Anschein nach beiden Seiten noch nicht genügte, machten die Altengotterner ihn auch noch zu ihrem stellvertretenden Bürgermeister. Das ist eine der Folgen davon, daß er alsbald nach der Wende den Ortsverein der CDU mit gründen half, dem er nun vorsteht. Im Gemeinderat sitzt er zusammen mit 12 weiteren Mitgliedern, sieben der CDU, zwei der FDP und drei einer Freien Wählergemeinschaft, die den Bürgermeister stellt. In Altengottern geht es nach Ansehen, nicht nach Masse. Die PDS und die SPD sind im Gemeinderat nicht vertreten.

Als stellvertretender Bürgermeister hat Marschall allerhand zu tun. Eine Aufgabe, der er sich auf Wunsch des Rates zu widmen hat, ist für ihn, den Rückkehrer und Alteigentümer, besonders pikant. Er hat sich mit einem ehemaligen Dorfbewohner auseinanderzusetzen, der zu DDR-Zeiten »rübergemacht« hat, also in die Bundesrepublik geflohen ist und nun in St. Augustin bei Bonn wohnt. Zu dem, was er damals zurücklassen mußte, gehört auch ein Grundstück mitten im Dorf. Auf ihm baute die Gemeinde ihr Kulturhaus. Es ist den Altengotternern ans Herz gewachsen, deshalb möchten sie es auch weiterhin nutzen. Damit aber ist der Grundstückseigentümer im fernen St. Augustin nur dann einverstanden, wenn ihm die Gemeinde sein Grundstück abkauft, und zwar zu seinem Preis. Den aber finden die Altengotterner indiskutabel – ihr stellvertretender Bürgermeister eingeschlossen. Nun ist es seine Aufgabe, diesem »Wessi« beizubringen, was aus der Sicht der Altengotterner geht und was nicht. Daneben kümmert er sich um die Schwerpunktprojekte der Dorferneuerung: um den Ausbau »der Koppel« zum Kinderspielplatz am Dorfrand, um die Erweiterung des Schenkplatzes rund um das Gemeindeverwaltungsgebäude und um die Renovierung des Dorfbildes rund um Schloß und Trinitatiskirche.

All das tut er ehrenamtlich, denn eigentlich ist Wolf ein Wiedereinrichter, ein Rückkehrer aus den alten Bundesländern. Diesen Status hat er als Familienangehöriger, nicht als Person, denn als Kind der Nachkriegszeit konnte er gar nicht »zurückkehren«. Geboren nämlich wurde er nicht in Altengottern, sondern 1962 »im Westen«. Nun hat er einen Teil des Landes gepachtet, das die Familie einst besessen hatte und nach dem Einigungsvertrag nicht zurückerhielt.

Als 1989 die Mauer fiel, kannte Wolf Altengottern nur aus den Erzählungen seiner Großmutter, die 1945 mit ihren vier Kindern geflohen war. Eines davon, sein Vater, war damals gerade elf Jahre alt. Als Wolf 1962 in Braunschweig zur Welt kam, war sein Vater Offizier der Bundeswehr. So wuchs er in einem Elternhaus auf, in dem der Umzug gleichsam zum Alltag gehörte. Wolfenbüttel, Leipheim und Troisdorf bei Bonn waren die Stationen seines Lebens, bis er Abitur machte, Wehrdienst leistete und schließlich in Bonn Jura studierte.

Beweglichkeit zeichnet ihn auch beruflich aus. Die Ableistung des Wehrdienstes verstand er mit einer kaufmännischen Ausbildung zu verbinden. Den Studienort Bonn nutzte er dazu, sich als Assistent von Abgeordneten der Partei seiner Wahl, der CDU, zu betätigen und so den parlamentarischen Raum zu erkunden, bevor er 1992 in ein bayrisches Unternehmen eintrat.

Doch der Schritt nach Bayern war nicht von Dauer. Seit 1989 zog es Wolf unwiderstehlich nach Altengottern, das er bis dahin nur aus den Erzählungen der Familie kannte. Fast jedes Wochenende verbrachte er dort, suchte und fand Kontakte: einstige Klassenkameraden seines Vaters, Bekannte seines Großvaters, aber auch Gleichaltrige und Gleichgesinnte. Noch bevor am 3. Oktober 1990 die Vereinigung der beiden deutschen Staaten vollzogen wird, gründet er mit zwanzig Gleichgesinnten den CDU-Ortsverein Altengottern. Auch in einer Gruppe, die die Renovierung der Kirchen in Thüringen vorantreiben will, arbeitet er mit. Wolf witterte die Chance, seinem Leben eine neue Richtung und einen neuen Inhalt geben zu können. Beides reizt ihn. Seine ganze Kindheit und Jugend über hatte er den Wunsch, die Anonymität eines Lebens in städtischem Umfeld gegen das in überschaubaren ländlichen Verhältnissen eintauschen zu können. Sein Traumberuf, so bekennt er, wenn er auf seine frühere Existenz zurückblickt, sei immer der des Landwirts gewesen.

Aber nicht nur dies bindet ihn an Altengottern, sondern auch die Entdeckung, hier anders leben zu können als in der saturierten alten Bundesrepublik, in der das Leben in Arbeits- und in Freizeit aufgeteilt ist und der private Bereich vom öffentlichen deutlich unterschieden wird. Hier muß man nur zupacken und mitmachen, wenn man mitgestalten will – und das genau fasziniert ihn Es ist das Gefühl, gebraucht und ohne Vorbehalte akzeptiert zu werden, das er, der »Wessi«, ausgerechnet hier in der einstigen DDR erfährt. Ob bei der Renovierung der Kirche oder bei der Gründung des CDU-Ortsvereins, ob bei den Johannitern oder wo sonst auch immer, überall wird er um Rat und Hilfe gebeten und fühlt sich angenommen.

So wird Altengottern für ihn zur eigentlichen Heimat. Die Woche über ist er in Bayern, an den Wochenenden in Thüringen. Das, so findet seine Frau, die er 1988 geheiratet hat, sei kein Zustand, vor allem nicht für sie. Deshalb fordert sie von ihm eine Entscheidung: entweder Übersiedlung nach Altengottern und beruflicher Neubeginn als Landwirt oder die Reduzierung der Verbindungen dorthin auf ein Normalmaß.

Damit sind die Würfel gefallen, mit allen Konsequenzen. Im niedersächsischen Verden beginnt Wolf bei Freunden eine landwirtschaftliche Ausbildung. Schon 1993 legt er an der Landwirtschaftsschule im mecklenburgischen Demin die Prüfung als Landwirt ab. Sie ist nicht nur für die landwirtschaftliche Praxis wichtig, sondern zugleich Voraussetzung dafür, mit staatlichen Fördermitteln bedacht zu werden. Parallel zu seiner Ausbildung bemüht sich Wolf bei der Treuhand darum, in Altengottern Land zu pachten.

Bis zur Enteignung besaß die Familie zwei Güter mit insgesamt 600 Hektar in Altengottern, ein drittes im 23 Kilometer entfernten Sollstedt mit 750 Hektar Wald und 250 Hektar Ackerland. Daß eine Rückgabe nicht zu erwarten ist, weiß Wolf. Sein Pachtantrag aber hat Erfolg. Im Herbst 1993 erhalten er und sein Vater, der ebenso wie er einen Pachtantrag gestellt hatte, etwas mehr als 100 Hektar in Altengottern und in der Nachbargemarkung von Bollstedt weitere 25 Hektar. In Sollstedt kann er zusätzliche 120 Hektar pachten, alles in allem 260 Hektar. Das ist für die nächsten zwölf Jahre die wirtschaftliche Grundlage, erst dann stellt sich die Frage des Rückerwerbs. Nach den Bestimmungen des EALG, des Entschädigungs- und Ausgleichsleistungsgesetzes vom 1. 12. 1994 und der dazugehörenden Flächenerwerbsverordnung, hat Wolf dann Anspruch auf Erwerb von 6000 Bodenpunkten. Sie errechnen sich aus der Kombination von Fläche und Bodenqualität. Bei der durchschnittlichen Bodenqualität von 59 Punkten in der Gemarkung von Altengottern läuft dies auf eine Fläche von etwa 100 Hektar hinaus.

Das aber sind die Sorgen von morgen. Als Wolf und seine Frau im März 1993 mit ihrem ersten Kind – das zweite war unterwegs

165

Die Familie von Marschall zählt zum thüringischen Uradel. Über Jahrhunderte bekleidete s
das Amt des Hofmarschalls beim Landgrafen von Thüringen. 1082 wurde Heinrich von Eber
burg als erstem von ihnen dieses Amt verliehen, der letzte Träger dieses Titels war General
Kavallerie und Generaladjudant von Kaiser Wilhelm II. Nach Altengottern kamen die Ma
schalls 1632.

So wenig wie Altengottern seine Geschichte vergessen hat, so wenig vergaßen die Marschalls ihr Heimatdorf in den 45 Jahren ihrer Vertreibung. Als der kommunistische Alptraum vorbei war, kehrten sie zurück, zumindest einer von ihnen. Seit 1992 lebt Wolf, Freiherr Marschall von Altengottern, wie sein vollständiger Name lautet, im Dorf seiner Vorfahren.

– in Altengottern ankamen, hatten sie sich um das Nächstliegende zu kümmern: ihre Unterkunft. Das Schloß stand ihnen nicht zur Verfügung, wohl aber ein ehemaliges Wirtschaftsgebäude der LPG. Vor 1945 stand dort die Gärtnerei des Schlosses, nach 1945 die der LPG, in der das Gut der Marschalls aufgegangen war. Die LPG nutzte das alte Gärtnerwohnhaus und errichtete daneben einen Schuppen und ein barackenähnliches Gebäude. Die Marschalls konnten diese Gebäude von der Treuhand erwerben: Platz für die erste Unterkunft.

Wer sie dort besuchte, den beeindruckten die Herzlichkeit und die Selbstverständlichkeit ihrer Gastfreundschaft ebenso wie ihre Bedürfnislosigkeit. Mit inzwischen drei Kindern teilten sich die Eltern einen größeren und einen kleineren Raum. Gleich nebenan aber begannen alsbald die Renovierungs- und Umbauarbeiten am einstigen Wohnhaus des Gärtners, das – in Sichtweite des mächtigen Schloßgebäudes – als neuer Familiensitz ausersehen ist. Der Schuppen um die Ecke dient als Unterstand für den Trecker und die landwirtschaftlichen Geräte, mit denen Wolf zusammen mit zwei festangestellten landwirtschaftlichen Facharbeitern die 260 Hektar Land bewirtschaftet. Daß er mit der Gärtnerei auch zwei mehr oder weniger ramponierte Gewächshäuser von jeweils 1000 Quadratmetern Grundfläche erwarb, soll seinem Betrieb eine verbreiterte wirtschaftliche Basis verschaffen. Eines hat er bereits wiederhergestellt und in Betrieb genommen, das andere folgt, sobald es die Kräfte zulassen. Die aber sind angespannt. Frau von Marschall hat nicht nur ihre drei kleinen Kinder zu betreuen. Sie hat auch den Aufbau der Sektion Gartenbau des Marschallschen Familienunternehmens unter ihre Fittiche genommen.

Wolf aber ist nicht nur Pächter und Leiter eines 260-Hektar-Betriebes. Zugleich ist er stellvertretender Bürgermeister und Mitglied des Kreistags. Außerdem steht er dem CDU-Ortsverband vor, den er 1991 mit 30 meist jungen Leuten aus Altengottern gründete. Von ihnen waren 1995 – als Folge vieler Enttäuschungen – nur noch 13 Mitglieder übriggeblieben. Als Ortsvorsitzender gehört er auch dem CDU-Vorstand des Kreises Unstrut-Heinich an. Daneben ist er Johanniterritter und Mitglied des Leitungsgremiums der Johanniterunfallhilfe, Rotarier, Mitglied des CDU-

Landesfachausschusses Landwirtschaft, Vorsitzender der kommunalpolitischen Vereinigung der CDU im Kreis und schließlich auch noch Vorsitzender der Arbeitsgemeinschaft der land- und forstwirtschaftlichen Betriebe in Sachsen und Thüringen in der Arbeitsgemeinschaft der Grundbesitzerverbände in der Bundesrepublik Deutschland. Etwas reichlich, möchte man meinen, aber das wird seine Frau wohl am besten wissen.

Wenn Wolf Freiherr Marschall von Altengottern ein Problem nicht kennt, dann ist es das der Akzeptanz. Antipathien, so versichert er, sei er bei niemandem begegnet, und wer ihn durch den Ort schlendern sieht und beobachtet, wie er sich bald an diesen, bald an jenen Dorfbewohner wendet, der zweifelt keinen Augenblick daran. Seine Jugend und sein Wesen tragen dazu bei, sicher aber auch seine Einstellung und die Tatsache, daß er hier nicht als reicher Wessi angekommen ist, sondern genauso hart arbeiten muß wie alle anderen – und daß er sich als einer von ihnen empfindet und entsprechend verhält. »Man muß mit allen privaten Konsequenzen das Leben der anderen teilen, wenn das Zusammenwachsen funktionieren soll«, sagt er – und tut's.

# Die Leute von Horscha

Der Weg nach Horscha ist mit Schlaglöchern gepflastert. Wer dorthin will, sollte sich an die Hauptstraße halten und sein Ziel über Niesky anstreben. Kürzer ist der Weg, der in Melaune abbiegt und direkt nach Norden führt. Doch schon hinter Buchholz erweist er sich dem, der ihn wählt, als eine Falle, die in die tiefen Pfützen eines Waldweges führt. Das kostet Zeit, schafft aber zugleich die Möglichkeit, dem Aufmerksamkeit zuzuwenden, was zusammen mit vielen Seen den landschaftlichen Reiz der Oberen Lausitz ausmacht: dem Wald. Er dominiert hier nicht nur insofern, als er den größten Teil der Landschaft bedeckt, sondern auch, weil er nicht, wie andernorts üblich, dort wächst, wo der Boden für den Ackerbau zu schlecht ist. Hier steht er in den fruchtbaren Niederungen des einstigen Breslau-Magdeburger Urstromtals.

Als die Wenden um das Jahr 600 herum in der von den Burgundern verlassenen Oberen Lausitz zu siedeln und das Land urbar zu machen begannen, legten sie dort Hand an, wo sich der Wald am besten roden ließ. Das war auf den von der letzten Eiszeit hinterlassenen sandigen Hügeln der Fall, aus denen sich die Wurzeln leichter herausziehen ließen als aus dem schweren nassen Lehm der Niederungen, der ertragreicher gewesen wäre. Dabei ist es bis heute geblieben, mit der Folge, daß magere Böden mit Bodenwerten zwischen zwanzig und dreißig Punkten – gute Schwarzerdeböden reichen bis an hundert Punkte heran – den Erfolg der Landwirtschaft begrenzen und nun unter den verschärften Konkurrenzbedingungen der EG ihre Existenz in der Oberen Lausitz gefährden. Wer hierzulande begütert ist oder, richtiger gesagt, war, der besaß hier vor allem Wald. Hier wächst er besonders gut – und das heißt auch artenreich. Die stattlichsten Ulmen und Eichen von ganz Sachsen finden sich hier, denn die Vielfalt der Bodenstrukturen – Quarzsande neben lehmigen Sanden, Ton und Lehmlinsen sowie eine Niederschlagsmenge von 700 Millimetern im Jahresdurchschnitt – schafft ihnen gute Voraussetzungen.

In dieser weiten, offenen Landschaft, 145 Meter über dem Meeresspiegel, liegt Horscha mit seinen derzeit etwa hundert Einwohnern. Horscha ist ein langgestrecktes Straßendorf, dessen östlicher Teil einst als der vom Gutsbezirk, dessen westlicher dagegen als der kleinbäuerlich geprägte galt. Beiderseits der Straße, die vom etwa sieben Kilometer entfernten Niesky, einer kleinen Kreisstadt, kommend strikt nach Westen führt, erstrecken sich meist ebenerdige Häuser. Sie sehen aus wie eine Kreuzung von Bungalows und Bauernhäusern. Ihr hier und da noch trister Anblick erinnert an die gerade erst zu Ende gegangene Epoche dieses Landes. Aber zwischen ihnen leuchten bereits die frischen Farben soeben renovierter Fassaden. Sechs Jahre nach dem Ende der DDR sind immerhin dreizehn von den insgesamt 46 Anwesen des Dorfes frisch gestrichen und neu eingedeckt. Stärker noch als sie bringen die reichbepflanzten Bauerngärten mit ihren Sommerblumen, Sträuchern und Obstbäumen Farbe in das postsozialistische Straßenbild.

Neubauten sind in Horscha noch die Ausnahme. Nur ein Haus macht durch Reklame und die Beschriftung »Adelheids Shop« auf sich aufmerksam. Er bietet alles, was das Dorf benötigt, und ist alles in einem: Zeitschriften- und Getränkehandel, Lebensmittelladen und Speiserestaurant, denn dank Adelheid braucht auch der Besucher, auf den in Horscha kein gedeckter Tisch wartet, keine Not zu leiden. Wer an den Ständen des Ladens vorbeigeht, landet wie von selbst in einem gerade kopfhohen Anbau, in dem fünf, sechs Tische auf Gäste warten. Soljanka und Gewürzfleisch, das »im Westen« Ragout fin heißt, Kasseler Rippenspeer und Schnitzel gewährleisten nebst Hühnerbrühe und Gulasch eine Vielfalt zu bescheidenen Preisen, die das Etablissement andernorts rasch zum Geheimtip machen würden. Angebot und Preise von Adelheids Shop können sich sehen lassen.

Was aber veranlaßt Adelheid dazu, ihren Laden »Shop« zu nennen, obwohl hier weit und breit niemand Englisch spricht, sondern entweder Deutsch oder – wie die zweisprachigen Orts- und Straßenschilder der Gegend um Bautzen bezeugen – Sorbisch, die Sprache der slawischen Bevölkerung, die hier nach der Völkerwanderung siedelte? Es hat wohl die gleiche Ursache wie die Entscheidung auffallend vieler Eltern, hier wie andernorts in der einstigen DDR, ihre Kinder Deborah oder Jenny, Mike, Marc oder Dennis zu nennen: das Bedürfnis, Anteil an der Welt zu haben, von der man abgeschnürt war. Namen als Ersatz für eine vorenthaltene Wirklichkeit und zugleich Ausweis eines verunsicherten Selbstwertgefühls. Das ist kein Wunder, sondern Folge der Umbrüche, die über das Leben der meisten hier hinweggegangen sind: Naziherrschaft und Krieg, sowjetische Besetzung und DDR-Sozialismus, Enteignung und Vertreibung, Zwangsherrschaft einer Ideologie, Stacheldrahtgrenze, Teilung und Abschnürung – und nun nach der Wende das Gegenteil von fast allem, was vorher war. Wovon sollte sich angesichts solcher Umbrüche ein gelassenes Selbstbewußtsein nähren?

Auch nach dem Ende des SED-Staates hatten es die Horschaer nicht leicht. An die Stelle der alten, vertrauten Probleme traten für die meisten von ihnen neue, psychologische wie materielle. Wer durch das Dorf geht, kann ihre Folgen nicht übersehen: Etliche der kleinen Häuser stehen leer. Ihre einstigen Bewohner sind weggezogen, dorthin, wo sie hoffen, wieder Arbeit zu finden.

Arbeit, das ist der wichtigste Mangelartikel in Horscha, lange noch vor dem Geld. Solange Volkseigentum und Planwirtschaft, Comecon und Zentrale Plankommission das Leben im Dorf bestimmten, sicherten die ortsansässige LPG, das Braunkohlekraftwerk im nahegelegenen Boxberg sowie die Waggonfabriken in Niesky und im benachbarten Görlitz den Arbeitsplatz. Arbeit war kein Thema, weder in Horscha noch sonstwo in der DDR.

Davon ist wenig geblieben. Aus der LPG, die in Horscha und Umgebung ansässig war, wurden insgesamt neun Agrargenossenschaften mit jeweils etwa tausend Hektar Ackerfläche. Dabei wurden die meisten der bis dahin bestehenden Arbeitsplätze wegrationalisiert. Von acht in der DDR-Landwirtschaft Beschäftigten verloren sieben ihren Arbeitsplatz. Dennoch erscheint die Existenz der Agrargenossenschaften allen Anstrengungen zum Trotz keinesfalls gesichert. Die geringen Bonitäten der Böden lassen kaum Chancen. Der Braunkohletagebau in Boxberg hat seine Belegschaft auf ein Drittel ihres ursprünglichen Umfangs reduziert, und die Waggonfabriken in Niesky und Görlitz sind fast am Ende.

Kein Wunder, daß eine Reihe von Häusern in Horscha leer steht. Wer andernorts eine Chance sieht, zieht hier wohl weg. Geblieben sind vor allem die Alten. Wer Rente bezieht, für den ist Horscha der rechte Ort, vor allem, wenn er Haus und Garten besitzt, und das ist bei den meisten der Fall. Das Durchschnittsalter ist hoch. Horscha ist ein Dorf der Alten geworden.

Auch wenn die einstige Unterteilung des Dorfes in einen Gutsbezirk und in einen kleinbäuerlichen Siedlungsteil kaum mehr zu erkennen ist, war er früher doch unübersehbar. Die Attraktivität der Wälder in der nördlichen Oberlausitz zog von alters her die Reicheren und damit auch Mächtigeren an. Im Mittelalter stand in Horscha eine Wasserburg, deren spärliche Reste unter einem kleinen Hügel am Rande des Dorfes dort vermutet werden, wo auch später die Herrschaft wohnte: im früheren Schloßpark. Nähert man sich Horscha von Niesky her, so passiert man seine Reste gleich am Dorfeingang. Ein Gehölz, in dem jahrhundertealte Eichen und Ulmen zusammen mit nachgewachsenen Bäumen, Büschen, verwilderten Freiflächen und zugewachsenen Teichen eine Wildnis bilden.

Nur die Reste von Kies auf verwachsenen Pfaden lassen den ehemaligen Schloßpark erahnen. Wer tiefer in das Dickicht eindringt, der entdeckt die Überbleibsel eines Erbbegräbnisses der Familie von Eggeling, zerfallene Brücken, die über Teiche und Wasserläufe führten, Gesteinstrümmer einstiger Toreinfahrten und ganz am Rande des Areals eine riesige Ruine, von der die Horschaer wissen, daß sie einmal die zum Gut gehörende Mühle beherbergte. Vom Schloß selbst jedoch, in dem bis 1945 die Familie von Eggeling wohnte, findet sich keine Spur.

Um an den Platz zu gelangen, an dem es einst stand, bedarf es ortskundiger Führung. Inmitten einer der weiten, versteppten

Wiesen, die seit dem Ende der örtlichen LPG sich selbst überlassen sind, wuchern in einem leicht erhöhten Karree Bäume und Büsche. Gruppen uralter Eichen umstehen es in gehörigem Abstand, zwei Baumreihen, zwischen denen sich einst eine Allee hingezogen haben mag, führen über ein Gewässer auf die Stelle zu, an der gut zweihundert Jahre lang ein Schloß stand. Als die Sowjets 1945 über die Neiße vorrückten, wurde es zerstört, danach geschleift. Der Schutt diente zur Befestigung der Waldwege.

Der Schloßpark aber überlebte, weil er als der älteste Landschaftspark Deutschlands gilt. Als Fürst Pückler den weit berühmteren von Muskau anlegte, bestand der von Horscha schon fast hundert Jahre. Die Familie von Spiller hatte Park und Schloß 1732 errichten lassen. Das beeindruckte die sozialistische Herrschaft hinlänglich, um ihr das Naturdenkmal erhaltens-, wenn auch nicht der Pflege wert erscheinen zu lassen. So blieb eine Parkanlage mit Baumdenkmälern erhalten, die zum Teil noch weit älter sind als der völlig verwilderte Park, in dem sie heute stehen. Hier findet man eine sechshundertjährige Eiche und die größte und älteste Ulme Sachsens.

Sächsisch ist Horscha bereits zum zweitenmal in seiner Geschichte. Die Oberlausitz hatte bis 1815 zum Königreich Sachsen gehört. Damals verlor Sachsen diesen Teil seines Territoriums und etliche andere dazu. Es war der Preis, den es auf dem Wiener Kongreß dafür zahlen mußte, daß es in den Befreiungskriegen bis zum Ende am Bündnis mit Napoleon festgehalten hatte. Staatsrechtlich wurden die Horschaer damals von Sachsen zu Preußen, aber das änderte nichts daran, daß sie blieben, was sie immer waren, nämlich Schlesier. Das sind sie, wie ihre Mundart bezeugt, auch heute noch. Horscha ist aber nicht nur ein beliebiges kleines Dorf. Es ist – ohne daß es seinen Bewohnern sonderlich bewußt sein dürfte – auch ein Beispiel dafür, wie grundlegend und zuweilen brutal sich die politische Wirklichkeit in Deutschland in den letzten zweihundert Jahren immer wieder verändert hat. Anfang des 19. Jahrhunderts, als Metternich und Hardenberg, Talleyrand und Castlereagh Napoleons Hinterlassenschaft neu ordneten, wechselte Horscha seine staatliche Zugehörigkeit. Die Lebenswirklichkeit seiner Bewohner wurde davon kaum berührt. Im

20. Jahrhundert reichte den Mächtigen ein so bescheidener Eingriff nicht mehr. Ihnen ging es um mehr, um die Bevölkerung, ja um die Existenz des Ortes überhaupt – und zwar nicht erst, als die Russen kamen, sondern schon davor. Denn schon den Nazis war Horscha ein Ärgernis, da sein Name aus dem Sorbischen stammte und soviel wie »Ort am Berg« bedeutet. Im Weltbild der Nationalsozialisten aber hatte nur Germanisches einen Anspruch darauf, überliefert und erhalten zu werden, und deshalb tauften sie Horscha um. Zunächst beabsichtigte man, es nach den ortsansässigen Gutsbesitzern »Eggelingsruh« zu nennen. Die aber dachten nicht daran, ihren Namen für diesen Zweck zur Verfügung zu stellen. So mußte schließlich der lange verstorbene erste Pächter der Dorfmühle herhalten. Er hieß Zischel und so wurde aus Horscha bis 1945 »Zischelmühle«.

Aber nicht nur über Geschichte und Namen hielten sich die Herren des Dritten Reiches für verfügungsberechtigt, sondern ebenso über die Menschen. Als die Wehrmacht im Laufe des Jahres 1942 die Ukraine eroberte, wurden im gesamten sorbischen Sprach- und Siedlungsraum der Oberlausitz Deportationslisten zusammengestellt, in denen die bäuerliche Bevölkerung erfaßt wurde. Sie sollte nach dem Sieg über die Sowjetunion in die Ukraine umgesiedelt und dort »eingedeutscht« werden. Horscha und seine Gemarkung sollten in einen Gutsbezirk und in eine Staatsforstfläche aufgeteilt werden. Die Bauern sollten gehen, die Eggelings sollten bleiben. Gefragt, ob sie das wollten oder gar was sie wollten, wurden beide nicht. 1945 kam es dann umgekehrt. Die Eggelings mußten gehen, die Bauern mußten bleiben, wenn auch nicht als Bauern, sondern als Landarbeiter. Konstant war nur eines: Keiner der Betroffenen wurde gefragt, was er wollte. Dorfgeschichte als Spiegel deutscher Geschichte im 20. Jahrhundert.

Letzter Besitzer von Schloß und Park war die Familie von Eggeling. Sie war im vorigen Jahrhundert aus Gatersleben in der Magdeburger Börde gekommen. Dort waren die Eggelings durch Anbau und Verarbeitung von Zuckerrüben reich geworden. Anfang des vorigen Jahrhunderts, als Napoleons Kontinentalsperre den Import von britischem Zuckerrohr und Zucker unterband und man mit der Zuckerrübe einen Ersatz fand, errichteten die Eggelings die erste Zuckerrübenfabrik in der Magdeburger Börde und versüßten damit nicht nur anderen das Leben, sondern auch sich selbst. Der Zucker ermöglichte es ihnen, in Horscha das Gut mit 619 Hektar zu erwerben, die zum größten Teil mit Wald bewachsen waren, Park und Schloß kamen hinzu.

Dort saßen die Eggelings auch noch 1933, als die Nazis kamen, mit denen man nichts im Sinn hatte, im Gegenteil. Das änderte jedoch nichts daran, daß die Familie, so wie alle Grundbesitzer, die mehr als 100 Hektar Land in der sowjetischen Besatzungszone besaßen, 1945 unter dem Vorwand einer besonderen Schuld an der braunen Herrschaft über Deutschland entschädigungslos enteignet wurden. Vertreiben mußte man sie nicht, denn sie waren vor der anrückenden Roten Armee gerade noch rechtzeitig in den Westen Deutschlands entkommen.

Friedrich Karl von Eggeling war damals gerade zwanzig Jahre alt und Leutnant in der 11. Panzerdivision. 1942 hatte man ihn eingezogen, er hatte in Rußland und in Frankreich gekämpft und war in den letzten Kriegstagen zunächst von den Russen, dann von den Amerikanern gefangengenommen und alsbald entlassen worden. Seiner Neigung folgend, studierte er in Freiburg Forstwissenschaften. Schweden und die Lüneburger Heide, Bonn und Franken waren Stationen seines Berufslebens.

Daß die Jagd darin immer eine wichtige Rolle spielte, kann man in seinen in den letzten zwei Jahrzehnten erschienenen Jagdbüchern auf vergnügliche Art nachlesen. Bei ihm verbinden sich – was unter Jägern eher die Ausnahme als die Regel ist – die Leidenschaft zur Jagd mit einer leicht ironisch gefärbten Distanz zu sich selbst. Mit seiner Frau und den beiden Söhnen lebt er seit Anfang der siebziger Jahre in der Nähe von Nürnberg.

Der Zeitpunkt seiner Pensionierung fiel ziemlich genau mit dem der Wiedervereinigung zusammen. Damit kam sie gerade zum rechten Zeitpunkt, denn Eggeling war nun gefragt, in seinem Fachgebiet beim Aufbau der »neuen Länder« mitzuwirken. »Neue Länder« – das ist eine seltsame Definition für so alte, historisch verwurzelte Teile Deutschlands wie Thüringen, Brandenburg oder Sachsen, und ihr Gebrauch wirkt immer peinlicher und unangemessener, je länger der Zeitpunkt der Wiedervereinigung zurückliegt. Eggeling entschied sich für Sachsen, wozu vor allem die Tatsache beitrug, daß das bis 1945 niederschlesische Horscha nun wieder sächsisch geworden war.

Was der Zeitpunkt der Geburt für den davon betroffenen Menschen bedeuten kann, das belegt der Lebensweg des Friedrich Karl von Eggeling nicht weniger eindrucksvoll als einst das Schicksal Grimmelshausens und seines Simplicissimus. 1924 am anderen Ufer der nahen Neiße, in Gießmannsdorf, dem Besitz der Mutter, geboren, wuchs er mit Hunden und Pferden, Jägern und Gutsleuten heran. Daß er sich 1942 mit sechzehn Jahren freiwillig zur Wehrmacht meldete, hatte weniger mit dem Willen der Familie zu tun, zum Endsieg beizutragen, als mit der Arbeit des damals berühmt-berüchtigten Rasseforschers Professor Hans Günther. Er interessierte sich besonders für die Rassemerkmale der Schüler des Liegnitzer Gymnasiums, das auch Eggeling besuchte. Günther vermaß Körpergröße und Knochenbau, vor allem aber interessierte ihn die Form der Gymnasiastenschädel, nicht ihr Inhalt.

Bei Eggeling hatte dies verheerende Folgen: Der Junge habe, so diagnostizierte der Professor, zu 97,5 Prozent germanisches Blut. Das konnte eigentlich nicht sein. Keiner wußte das besser als Professor Günther, denn er hatte den unter dem Gesichtspunkt der Zucht reinrassiger Germanen nicht ganz unproblematischen Stammbaum der Eggelings studiert. Die Mutter, eine geborene von Loebenstein, war sogar »Vierteljüdin« und mußte sich deshalb regelmäßig bei der Kreisleitung melden. Und nun das: ein 97,5prozentiger Germane als Sohn! Professor Günther suchte nach einer Erklärung und gewann eine neue Erkenntnis: Das Germanische ist stärker, es setzt sich gegen das »rassisch Minderwertige« durch.

Damit aber war nicht nur die besondere Fortpflanzungswürdigkeit des jungen Mannes von höchster Stelle festgestellt worden. So einer, befanden Günther und die Waffen-SS, war würdig, in ihre Reihen aufgenommen zu werden, ja in der »Leibstandarte Adolf Hitler« zu dienen. Noch während des Inspektionsbesuches in der Schule forderten die Herren von der Reichsrassezucht ihn auf, sich am besten sofort zu verpflichten.

Das hatte Eggeling, dem zu Hause mehr als nur ein Licht über das Dritte Reich aufgesteckt worden war, gerade noch gefehlt. Eine List half ihm. Er sei mit sechzehn noch nicht mündig und von der Zustimmung seines Vaters abhängig, den er deshalb erst befragen müsse. Das sah sogar die SS ein und verabschiedete sich mit der Versicherung, anderntags wiederzukommen. Eggelings Vater aber spannte noch am gleichen Nachmittag die Pferde an (das Auto hatte die Wehrmacht eingezogen) und fuhr zum Generalkommando nach Liegnitz, wo der Kommandierende General, ein Onkel, zum Retter in der Not wurde. Denn der Waffen-SS konnte man 1942 als 16jähriger nur dadurch entgehen, daß man rechtzeitig freiwillig in die Wehrmacht eintrat. Das geschah noch am gleichen Nachmittag, und so wurde im April 1942 binnen wenigen Stunden aus dem Gymnasiasten Eggeling der Freiwillige und Offiziersanwärter im Panzerregiment 15, das zur 11. Panzerdivision gehörte. Mit ihr ging er im Spätsommer 1942 nach Rußland.

Als die Division im April 1944 nach Frankreich in die Gegend von Toulouse verlegt wurde, hatte sie noch etwa 200 Mann. »Wir paßten alle bequem in einen Zug«, erinnert sich Eggeling ein halbes Jahrhundert später – und nicht nur daran. Die Division sollte neu aufgestellt und neu ausgerüstet werden, um die an der Mittelmeerküste erwartete Invasion abwehren zu können. Der inzwischen 19jährige war Oberleutnant und Regimentsadjutant. Der Divisionskommandeur hieß Wendt von Wietersheim und war sein Patenonkel, eng befreundet mit Offizieren des 20. Juli 1944. An diesen Tag hat Eggeling freilich ganz andere, viel schönere Erinnerungen. »Von Wendt hatte ich an diesem Tag den Auftrag bekommen, mit seinem Horch nach Bordeaux zu fahren und dort ›eine Ladung Huren‹, möglichst in allen Haut- und Haarfarben, einzusammeln. Als ich mit ihnen auf dem Rückweg nach Revel in den Montagnes Noires war, wo der Divisionsstab lag, bekam ich die Nachricht vom Putschversuch. Drei Tage später rief mich Onkel Wendt an und fragte mich, ob ich genügend zuverlässige Leute hätte, die bereit seien, ihn vor einer Verhaftung durch die Gestapo zu schützen. Er war mit einem Führerbefehl nach Berlin befohlen worden – und er wußte, warum. Wietersheim funkte zurück und ließ wissen, er denke nicht daran, nach Berlin zu kommen. Wenn man insistiere, so werde er mit der ganzen Division nach Spanien gehen und sie internieren lassen. Daraufhin wurde er als Divisionskommandeur abgesetzt, ansonsten aber umständehalber in Ruhe gelassen. General von Butler, der spätere Heeresinspekteur der Bundeswehr, ein alter Freund von ihm, traf als Nachfolger ein. Dem Maquis blieben diese Dinge nicht verborgen. Mitten im Krieg lud er den Divisionsstab, der seinen Kommandeur mit fünf aufgefahrenen Panzern vor Hitlers Schergen rund um die Uhr schützte, ein. Es wurde ein großes Gelage.«

Während die am 6. Juni in der Normandie gelandeten alliierten Truppen auf Paris vorrückten, wartete die 11. Division im Süden auf die alliierte Landung an der Mittelmeerküste. Die ließ bis zum 15. August auf sich warten. Dank der veränderten Umstände geriet diese Zeit für Eggeling zu einem Urlaub vom Krieg. Gemeinsam mit Franzosen ritt er Parforcejagden und besserte den Speisezettel mit Rothuhn auf. Ein »Drôle de guerre« – bevor die Apokalypse der letzten Kriegsmonate auch Eggeling erreichte.

Heute hat Eggeling in Horscha seinen zweiten Wohnsitz, in einem der kleinen unscheinbaren Häuser gleich am Ortseingang, wenn man von Niesky kommt. Ihm gegenüber liegt das Haus von Brigitte Medack. Sie ist zehn Jahre jünger als Eggeling und hat Horscha nie für längere Zeit verlassen. Reich war auch ihr Leben – nicht an Materiellem, wohl aber an Arbeit, an Erfolgen und auch an den kleinen Freuden, die dem Alltag seine Würze geben. Mitten in einem großen Bauerngarten liegt ihr Haus. Sie bewohnt es mit ihrem Mann und ihrer 87jährigen Mutter, die ihre Hilfe benötigt. Ihr Sohn und ihre Tochter sind längst selbständig, sie selbst ist mit sechzig Jahren Frührentnerin, Opfer der Wiedervereinigung; ein bitteres Wort – aber leider zutreffend.

1935 wurde Brigitte Medack hier in Horscha geboren. Als der Krieg zu Ende geht, ist der Vater tot und die Mutter mit drei Kindern auf sich gestellt. Für sie bleibt nur die Lehre als Friseuse. Nicht ihr Traumberuf, aber sie muß sich fügen. Sie heiratet, bekommt zwei Kinder und zieht sie groß. Nun, da es die Umstände erlauben, denkt sie an sich und beginnt einen zweiten Berufsweg. Mit dreißig Jahren nimmt sie ein Fernstudium als Erzieherin auf, schließt es ab und paukt weiter. Erzieherin mit Lehrbefähigung ist ihr nächstes Etappenziel. Sie erreicht es und schafft den Sprung in den Schuldienst – und mehr. 1989, als die Tage der DDR zu Ende gehen, leitet sie die Schule im nahen Förstgen. Zum Unterricht kommt die Ausbildung der Lehramtskandidaten.

Das Jahr 1990 bringt die Wiedervereinigung – das Jahr 1991 das Ende ihrer Karriere. Eine neue Vorschrift legt fest, daß Leute wie sie nicht mehr unterrichten dürfen, denn dafür seien sie nicht qualifiziert. Nur als Erzieherin darf sie für ein weiteres Jahr an ihrer Schule tätig sein, also als Aufsichtsperson, nicht mehr als Lehrerin. Dann ist auch das vorbei. Mit 57 Jahren wird sie 1992 in den Vorruhestand verbannt. Seither darf sie stundenweise hier und dort aushelfen.

Der Schmerz sitzt tief, und das merkt man selbst bei einem disziplinierten Menschen wie Brigitte Medack. Sie ist schlank und blond, und die blauen Augen ruhen auf ihrem Gegenüber. Sie hat nichts zu verbergen. Daß es in ihrem Gesicht zuckt, wenn sie von dem spricht, was ihr nach 1990 zugefügt wurde, kann sie nicht verhindern. Ihre Rente liege um etwa dreihundert Mark unter dem, was sie erhalten hätte, wenn sie sich nicht um das Baby ihrer Tochter gekümmert und das heute für die Rentenberechnung nicht mehr anerkannte Babyjahr der DDR in Anspruch genommen hätte, merkt sie an, aber das geschieht eher der Vollständigkeit halber, weil es zu der Serie der Nackenschläge gehört, die die Wende für sie brachte. Dazu zählt auch, daß ihr Mann, als es um die Verpachtung eines Campingplatzes am Stausee im benachbarten Sproitz ging, gegenüber einem Hochstapler aus Westdeutschland den kürzeren zog. Den sucht inzwischen die Polizei. Frau Medack ist weder larmoyant noch egozentrisch; sie hat eben nur erfahren müssen, daß es keine Garantie für Gerechtigkeit gibt.

Aber es gibt Trost. Die Mutter ist fein raus. Sie erhält nicht nur die Rente, auf die sie durch eigene Arbeit Anspruch erworben hat, sondern auch Altersrente für ihren gefallenen Mann und Kriegerwitwenrente obendrein. Ihre Tochter hat Arbeit als Krankenschwester. Und ihr Sohn schließlich, ein studierter Landvermesser, hat das große Los gezogen. Nach der Wiedervereinigung ging er nach München, um sich mit den Spielregeln des Westens ver-

*Horscha in der Oberen Lausitz. Das Schloß stand gut zweihundert Jahre lang. Als die Ro⁵e Armee über die Neiße vorrückte, wurde es verwüstet, danach geschleift. Der Schloßpark aɓer überlebte. Letzter Besitzer von Schloß und Park war die Familie von Eggeling.*

Die Eggelings waren durch Anbau und Verarbeitung von Zuckerrüben reich geworden. Heute hat Friedrich Karl von Eggeling in Horscha seinen zweiten Wohnsitz: eines der kleinen, unscheinbaren Häuser gleich am Ortseingang

Genau gegenüber liegt das Haus der Medacks, mitten in einem Bauerngarten. Die Eggeling schen und Medackschen Lebensläufe fügen sich heute in Horscha wieder zusammen.

*Der Nachbar der Eggelings
an Gräberresten.
Wer an der Stelle des ehemaligen Schloßparks tiefer ins
Dickicht vordringt, entdeckt
die Reste eines Erbbegräbnisses der Familie von Eggeling.
Vom Schloß findet sich keine
Spur.*

traut zu machen. Inzwischen hat er in Halle eine eigene Firma mit siebzehn Angestellten gegründet – und eine Familie hat er auch.

Es geht schon. Tapfer sein, sich nicht hängen lassen, sich um andere kümmern, erst um die eigenen Kinder und nun um die hinfällige Mutter – und natürlich um die »Volkssolidarität«, von der die Wessis nichts wissen. Sie gab es zu DDR-Zeiten, und heute gibt es sie wieder, und sieht man genauer hin, dann geht es nicht um Sozialismus, sondern darum, den Alten über die letzte Weg-strecke zu helfen und sie spüren zu lassen, daß sie nicht alleine sind. Dazu war Brigitte Medack zu DDR-Zeiten bereit, und da sich andere nicht finden, machen sie und die, die es auch früher schon taten, nun weiter.

Beide Lebensläufe, der Eggelingsche und der Medacksche, gehören heute in Horscha wieder zusammen. Sie stehen sich zugleich gegenüber, im bildlichen wie im übertragenen Sinn. Nein, sagt Frau Medack, sie habe keine Vorbehalte gegen ihren Nachbarn. Warum auch, fügt sie hinzu. Daß es ihn an den Ort seiner Jugend zurückgezogen hat, das versteht sie ebenso wie sei-nen Wunsch, etwas von dem wieder zu erwerben, was seiner Familie einmal gehörte. Erinnert sie sich weit zurück an die Zeit vor 1945, als die Familie von Eggeling in dem längst verschwun-denen Gutshaus inmitten ihres riesigen Parks wohnte, so fallen ihr Bilder ein. Bilder von einem Loch im Zaun, durch das die Dorf-kinder schlüpfen und das ansonsten unzugängliche Terrain immer dann betreten konnten, wenn der Hund der Eggelings nicht da war. Noch etwas klingt an, wenn auch verhalten, die Aversion gegen die alte Rollenverteilung: hier die Gutsherrschaft, dort das Gesinde. Nicht daß sie die Wiederkehr solcher Zeiten befürchten würde. Dazu sieht sie keinen Anlaß. Aber auszusprechen, daß man diese Vergangenheit nicht zurückhaben möchte, das ist ihr ein Bedürfnis. Das ist im Osten Deutschlands nicht anders als im Westen. Gleichheit wenigstens hier, Gott sei Dank.

1990 öffnete sich die innerdeutsche Grenze. Horscha war für Eggeling wieder erreichbar. Aber wollte er wirklich dorthin? Was verband ihn mit diesem Ort seiner Vergangenheit?

Die Frage ist berechtigt, aber Eggeling hat sie sich nie gestellt.

Das liegt nicht nur an ihm, sondern ebensosehr, vielleicht sogar noch mehr, an den Horschaern, nicht an allen, aber an einigen. Gleich nach der Öffnung der Grenze kam er, erstmals nach 46 Jahren, um in Augenschein zu nehmen, was die Zeitläufte überdauert hatte. Früher war ihm das nicht möglich gewesen, denn die DDR hatte gegen ihn, den »Junker«, ein »Kreisverbot« verhängt, um alte Kontakte zu unterbinden. Dennoch blieb die frühere Köchin der Eggelings, Elly Thomas, ebenso wie der ehemalige Förster Hubertus Schumacher, in Briefkontakt mit ihm und seiner Familie, was in den ersten zwei Jahrzehnten der Teilung nur über eine Deckadresse möglich war. Zu Weihnachten, so erinnert sich Eggeling dankbar, schickte Elly alljährlich einen Adventskranz.

Als er 1990 erstmals wieder nach Horscha kam, brauchte er zum Übernachten keinen Gasthof, den es im übrigen auch gar nicht gab. Nach 45jähriger Abwesenheit stieg er mit jener nicht erklärbaren Selbstverständlichkeit bei Elly ab, die Instinkt und Urvertrauen erzeugen. Dort wohnte er während der ersten beiden Jahre, wann immer er nach Horscha kam.

Je öfter er kam und je länger er blieb, um so größer aber wurde sein Bedürfnis nach einer eigenen Bleibe. Sie fand sich in einem leerstehenden Haus, gleich am Eingang des Dorfes. Es gehört Jochen Blümel, dessen Mutter Frieda Waldarbeiterin »beim Herrn Rittmeister« war, wie sie trotz aller sozialistischen Umerziehungsversuche noch heute mit größter Selbstverständlichkeit sagt. Als Jochen Blümel sein ungenutztes Haus an Eggeling vermietete, verpflichtete er sich, das lecke Dach zu flicken und dafür zu sorgen, daß die Fensterscheiben heil, die Türen verschließbar sowie Wasser und Strom beim Einzug im Mai 1993 verfügbar sein sollten. Alles andere sollte Sache des Mieters sein. Vertragsgrundlage war ein Handschlag.

Nachträglich weiß Eggeling jedoch, daß ihm die Neugier seines Vermieters hätte auffallen müssen. Als ihn Jochen fragte, wann er denn das nächste Mal nach Horscha kommen und das Haus erstmals benutzen wolle, antwortete Eggeling: »Am 16. Mai.« Aber das genügte Jochen Blümel nicht, er wollte auch die Uhrzeit wissen. »Na«, antwortete Eggeling und wunderte sich ein wenig. »Am Nachmittags«. – »Is gut«, antwortete Jochen und ging.

Eggeling kam auch am 16. Mai. Aber nicht nachmittags, sondern schon morgens. Das aber war nicht vorgesehen; man war noch nicht fertig. Das ganze Dorf oder doch zumindest ein wichtiger Teil von ihm – die Bürgermeisterin, Frau Schade, war nämlich dabei – wuselte um das Haus herum. Frau Schade strich den Gartenzaun, andere trugen Tisch und Stühle, Teppiche, Gardinen, Möbel und Badewanne herbei und verschwanden in Eggelings künftigem Heim.

Der stieg aus seinem Wagen, ging auf Frau Schade zu und fragte: »Was soll das?« – »Nu, wir können doch unseren Herrn nicht verkommen lassen«, war – so erinnert er sich – die Antwort. – »Und dann standen wir da und heulten alle«, sagt Eggeling, schluckt und fügt hinzu: »Und dann gab es ein großes Fest.«

Mitten in dieser Einrichtung, die offenkundig aus allen Schaffensperioden der DDR-Produktion stammt – was den ahnungslosen Besucher daran hindern könnte, ihren wahren Wert zu erkennen –, sitzen wir. Eggeling hat vieles zu erzählen. Am letzten Sonntag war er mit seiner Frau bei Frieda Blümel zum Mittagessen. Frieda erinnerte sich daran, wie »der Herr Rittmeister« – das war sein Vater – zu ihr nach Hause kam, um die in Honig zu zahlende Pacht abzuholen. »Da ist der Herr Rittmeister einfach ins Haus gekommen, und weil ich doch mit meinen Schafen zusammen geschlafen hab', haben die sich so erschrocken, daß sie den Herrn Rittmeister übern Haufen gerannt haben, und da hab' ich übern Herrn Rittmeister gesagt, nee, so was tut man nich, man kloppt doch an.«

Das sind nun sechzig Jahre her, aber die Erinnerung reicht weit zurück in einem Dorf wie Horscha. Auch »Tante Margot«, eine Schwester von Eggelings Vater, ist allen im Gedächtnis geblieben. Sie war Johanniterschwester und entschloß sich 1945, nicht zu fliehen, sondern in Horscha auszuharren. Da, wie sich rasch herausstellte, alle Ärzte der Gegend vor den Russen geflohen waren, war sie in den ersten schweren Monaten die einzige, die über medizinische Kenntnisse verfügte und der zurückgebliebenen Bevölkerung helfen konnte. Im Sommer 1945 fiel sie einer Typhusepidemie zum Opfer. In der Erinnerung der Alten aber lebt sie im Dorf noch fort.

Darüber, wie Eggeling mit den Horschaern auskommt und umgekehrt, darüber gibt es nicht viel Worte zu machen. Das Verhältnis als gut zu bezeichnen wäre nicht präzis genug. Gut, das kann viel, aber es kann auch nicht mehr als passabel bedeuten. In Horscha ist das anders, da schwingt viel mehr mit. Es ist der stille, fast verborgene Triumph menschlichen Vertrauens über Ideologien und propagandistische Dauerberieselung.

Während Eggeling mit seinem Gast durch den verwilderten einstigen Park zum angrenzenden Wald hinüberschlendert, erinnert er sich an seinen letzten Aufenthalt in Horscha im November 1944. Damals ging er zusammen mit seinem Vater durch diesen Wald. Während jedermann den Einfall der bereits bis an die Ostgrenze des Reiches vorgedrungenen Roten Armee angstvoll erwartete, machte der alte Herr Pläne, was geschehen solle, wenn »alles vorüber« sei. »Wenn wir da einen Zaun ziehen und den Wald mit Eichen, Buchen und Linden unterbauen, dann –«.

»Vater träumte«, erinnert sich Eggeling. »Ich sagte damals nichts, aber als ich 1990 zum ersten Mal wieder hierherkam und mit dem Forstmeister von Horscha bekannt wurde, da bat ich ihn, mir die Forstplanung der DDR für dieses Gebiet zu zeigen. Und was da stand, war genau das, was mein Vater beabsichtigt hatte. ›Und warum ist nichts geschehen?‹, fragte ich ihn daraufhin. Und was glauben Sie, hat er geantwortet? ›Ich habe vor sieben Jahren den letzten Zaundraht zugewiesen bekommen.‹« Das aber ist die Voraussetzung für das Hochkommen einer Laubholzkultur, erzählt der inzwischen Siebzigjährige.

Was zieht Eggeling immer wieder nach Horscha? Das Begehren, den alten Zustand wiederherzustellen? Für solche Mutmaßungen hält er prophylaktisch die Versicherung bereit, das neue Schloß werde auf »dem Tennisplatz« errichtet, und damit hat er auf seine Weise die Wahrheit gesagt, denn den Tennisplatz gibt es nur noch in der Erinnerung. Dort, wo er einst war, ist heute nichts mehr als eine von zwei verwitterten Fußballtoren bestandene Ödnis, umgeben von dem in fünfzig Jahren Wildwuchs verschwundenen einstigen Park.

Nein, ein Schloß baut er nicht. Aber dort noch einmal anzusetzen, wo der Vater nur noch träumen durfte und der einstige DDR-

Forstmeister mangels Draht passen mußte – das reizt den alten Jäger und Förster, der inzwischen dort, wo er einst Besitz hatte, mit einem Begehungsschein auf die Jagd geht. Der erste Schritt zum Neubeginn ist bereits getan. Die Teiche des alten Parks konnte er schon kaufen, denn die lagen nie in der Verfügungsgewalt der Treuhand. Im Einigungsvertrag hatten die Juristen bei der Aufzählung dessen, worauf die Treuhand Zugriff haben sollte, vergessen, neben Wald und Flur auch die Gewässer aufzuführen. Das erleichtert es Eggeling nun, sie zu kaufen. Als nächstes will er den Park zurückerwerben. Der erfahrene Forstmann hat ein Renaturierungskonzept erarbeitet, das von der Biosphärenverwaltung des Ministeriums für Umweltschutz in Dresden bereits akzeptiert worden ist. Er will den Park durch die Säuberung der Bachläufe und die Beseitigung von Wildwuchs wiederherstellen, bei gleichzeitiger Schonung des entstandenen Totholzes, das für viele vom Aussterben bedrohte Käfer und Insekten Existenzvoraussetzung ist. In Deutschland selten gewordene Tierarten wie Schellente, Fischotter, Weißstorch, Seeadler und zahlreiche Höhlenbrüter, darunter allein sieben verschiedene Fledermausarten, die in diesem fünfzig Jahre weitgehend vergessenen Fleckchen Erde heimisch geworden sind, sollen so eine gesicherte Existenzgrundlage behalten. Das gilt auch für die derzeit dort nachgewiesenen 58 Arten von Singvögeln, die in dem Park ebenso wie der seltene und schöne Eisvogel als Brutvögel ansässig sind. Wie interessant der einstige Park heute für Biologen ist, geht schon daraus hervor, daß derzeit zwei Dissertationen im Entstehen begriffen sind, eine über die dort lebenden Höhlenbrüter, die andere über die Fischotter, die in seinen Wasserläufen heimisch sind.

Auch von dem Wald des einstigen Familiengutes, in den der Park übergeht, will Eggeling soviel zurückkaufen, wie es das Entschädigungsausgleichsgesetz und die dazugehörenden Durchführungsverordnungen sowie seine eigenen Finanzen zulassen. Er hofft, etwa drei- bis vierhundert Hektar zusammenzubekommen, weil dies die Mindestgröße für einen lebensfähigen Betrieb ist. Ein Ausbildungsbetrieb soll es werden, in dem Studenten der Forstakademie in Tharandt bei Dresden ihre ersten Kenntnisse sammeln sollen. Eggeling will ihnen dort zeigen, wie man Fehler

der Vergangenheit – und als solche bewertet er die Nadelholz-
monokulturen – beseitigt und einen reinen Nadelholz- in einen
widerstandsfähigen Mischwald umwandelt. Da Horscha in einem
ehemaligen Urstromtal liegt und über vielfältig strukturierte
Böden und genügend Wasser verfügt, sind die Voraussetzungen
dafür günstig.

»Und dann arbeite ich die Bepflanzungs- und Bearbeitungsplä-
ne für die nächsten zwanzig Jahre aus, damit mein Sohn keine
Arbeit damit hat«, sagt Eggeling, über seine eigene Zeit hinaus-
denkend, wie dies Väter (und Mütter) im allgemeinen, Forstleute
aber im besonderen tun. Dazu hält sie der Gegenstand ihrer
Zuneigung auch ganz besonders an.

»Und wenn ich wüßte, daß morgen die Welt untergeht, würde
ich heute einen Baum pflanzen«, bekannte Luther vor 500 Jahren,
weil auch er etwas von der tröstenden und kraftspendenden
Dimension des Waldes spürte, die es dem Menschen erleichtert,
über jenen Punkt hinauszudenken, an dem er selbst zu sein auf-
hört.

Die schönste Eiche im Horschaer Park dürfte schon etwa hundert Jahre alt gewesen sein, als Luther mit seinen Thesen die Welt
veränderte. Niemand weiß, was in abermals 500 Jahren aus dieser
Eiche geworden sein wird, denn Eichen können 1000 Jahre und
älter werden. Aber wenn es nach dem Herrn von Eggeling geht,
dann werden in ihrer Nähe wiederum 500jährige Eichen und Linden stehen – nämlich die, die sein Vater schon vor fünfzig Jahren
und die DDR vor fünf oder zehn Jahren pflanzen wollte und die
er nun, wenn alles gelingt, selbst in den Boden bringen wird.

# Ribbeck –
## im Hader mit sich selbst

Es gibt Orte, die berühmter sind als Ribbeck im Havelland. Entsprechendes gilt für die Familie gleichen Namens, die von Ribbeck, die einmal in Ribbeck zu Hause waren. Städte und Dörfer werden wegen ihrer besonderen Lage, wegen ihres Reichtums oder ihrer Größe und Bedeutung berühmt, Adelsfamilien wegen der Taten ihrer Mitglieder. Die einen gewinnen Schlachten, die anderen schließen Verträge und Friedensabkommen, dritte machen sich als Künstler einen Namen. Dafür finden sich auch in der Geschichte Brandenburg-Preußens genügend Beispiele. Aber daß ein Dorf und eine märkische Adelsfamilie allein deshalb über die Grenzen ihrer Heimat hinaus bekannt werden, weil sich ein Dichter ihrer in einem Gedicht angenommen hat – das ist beispiellos.

Seit Theodor Fontanes Gedicht «Herr von Ribbeck auf Ribbeck im Havelland» am 1. Oktober 1889 in Emil Dominiks Zeitschrift »Zur guten Stunde« erstmals veröffentlicht wurde, sind Ribbeck und seine einstigen Gutsherren nicht mehr aus dem öffentlichen Bewußtsein verschwunden. Das ist zum einen erstaunlich, weil die Zeiten, in denen Gedichte auswendig gelernt wurden, lange vergangen sind, zum anderen, weil Ribbeck und seine Bewohner nicht viel von sich reden machten. So wären sie unbekannt geblieben, hätte der 70jährige Fontane sie nicht aus der Anonymität ihres Daseins zwischen Havelländischem Luch und Bagower Heide herausgehoben und ihnen mit seinen Versen eine neue Existenz verliehen, die den Reiz des Unwirklichen mit einer kaum wahrnehmbaren Kritik sozialer Verhältnisse so heiter und leicht verbindet, daß es Kinder und Großmütter über Generationen hin beglückt hat und auch von einer strengen Schulaufsicht nie Einwände zu befürchten brauchte:

*Herr von Ribbeck auf Ribbeck im Havelland*

*Herr von Ribbeck auf Ribbeck im Havelland,*
*Ein Birnbaum in seinem Garten stand,*
*Und kam die goldene Herbsteszeit*
*Und die Birnen leuchteten weit und breit,*
*Dann stopfte, wenn's Mittag vom Turme scholl,*
*Der von Ribbeck sich beide Taschen voll,*
*Und kam in Pantinen ein Junge daher,*
*So rief er: »Junge, wiste'ne Beer?«*
*Und kam ein Mädel, so rief er: »Lütt Dirn,*
*Kumm man röwer, ick hebb'ne Birn.«*

*So ging es viel Jahre, bis lobesam*
*Der von Ribbeck auf Ribbeck zu sterben kam.*
*Er fühlte sein Ende. 's war Herbsteszeit,*
*Wieder lachten die Birnen weit und breit;*
*Da sagte von Ribbeck: »Ich scheide nun ab.*
*Legt mir eine Birne mit ins Grab.«*
*Und drei Tage drauf, aus dem Doppeldachhaus,*
*Trugen von Ribbeck sie hinaus,*
*Alle Bauern und Büdner mit Feiergesicht*
*Sangen »Jesus meine Zuversicht«,*
*Und die Kinder klagten, das Herze schwer:*
*»He is dod nu. Wer giwt uns nu 'ne Beer?«*

*So klagten die Kinder. Das war nicht recht –*
*Ach, sie kannten den alten Ribbeck schlecht;*
*Der neue freilich, der knausert und spart,*
*Hält Park und Birnbaum strenge verwahrt.*
*Aber der alte, vorahnend schon*
*Und voll Mißtraun gegen den eigenen Sohn,*
*Der wußte genau, was damals er tat,*
*Als um eine Birn' ins Grab er bat,*
*Und im dritten Jahr aus dem stillen Haus*
*Ein Birnbaumsprößling sproßt heraus.*

*Und die Jahre gehen wohl auf und ab,*
*Längst wölbt sich ein Birnbaum über dem Grab,*
*Und in der goldenen Herbsteszeit*
*Leuchtet's wieder weit und breit.*
*Und kommt ein Jung' übern Kirchhof her,*
*So flüstert's im Baume: »Wiste 'ne Beer?«*
*Und kommt ein Mädel, so flüstert's: »Lütt Dirn,*
*Kumm man röwer, ich gew' di 'ne Birn.«*

*So spendet Segen noch immer die Hand*
*Des von Ribbeck auf Ribbeck im Havelland.*

Der Zauber dieses Gedichtes ist so vollendet, daß die meisten, die es lesen, gar nicht die Frage nach der Wirklichkeit von Ribbeck und derer von Ribbeck stellen, und so ist es mit – vielleicht sogar durch – Fontanes Gedicht geblieben, wie es zuvor auch schon war: Die triviale Wirklichkeit von Ribbeck interessiert nicht, und das wäre vielleicht nie anders geworden, hätte nicht die Wiedervereinigung den Wunsch der Familie von Ribbeck belebt, dorthin zurückzukehren, wo sie bis 1945 über mehr als ein halbes Jahrtausend zu Hause gewesen war.

Dadurch haben die Ribbecks mehr als jede andere alteingesessene Familie öffentliche Aufmerksamkeit auf sich gezogen. Nicht nur in Zeitungen und Magazinen wurde über sie berichtet, sondern auch in Buchform. Sie wurden Gegenstand öffentlicher Polemik und eines Widerstandes, der die Familie um so empfindlicher trifft, als er vor allem von amtlicher Seite kommt. Finanzministerium und die heutige Kreisverwaltung sehen in der Gegnerschaft der Familie gegen die NS-Herrschaft, der Ermordung ihres damaligen Familienoberhaupts Hans-Georg Karl Anton von Ribbeck Anfang 1945 im KZ Sachsenhausen sowie dem damit verbundenen Vermögensentzug keinen Grund dafür, ihr den enteigneten Besitz zurückzugeben, sondern allenfalls ein Hindernis, die Enteignung aufrechtzuerhalten.

Der Eindruck, daß die Familie derer von Ribbeck und das Dorf Ribbeck zwei Seiten einer Medaille sind, so wie es der Name Ribbeck auf Ribbeck suggeriert, wird von der Familiengeschichte bestätigt. In der Mark wird die Familie urkundlich erstmals 1237 erwähnt; als Besitzer eines Ritterhofes in Ribbeck seit 1375. Ribbeck hat sich seither in seiner Struktur nicht wesentlich gewandelt. Es ist ein Dorf mit derzeit etwa 430 Einwohnern, liegt etwa acht Kilometer westlich von Nauen an der Bundesstraße 5 zwischen dem Havelländischen Luch im Norden und den sandigen Böden der Bagower Heide im Süden. Im Landbuch von Kaiser Karl IV. von 1375 findet sich nicht nur der Name der Ribbecks, sondern auch eine Angabe über die Größe und Verteilung der Gemarkung.

Damals zählte die Dorfmark von Ribbeck neben Wald, Wiese, Weide und Gewässern, die allen Dorfbewohnern zur Nutzung offenstanden, 31 Hufen. Eine Bauernhufe hatte 7,5 Hektar Land oder dreißig Morgen, soviel, wie ein Bauer mit einem Gespann bewirtschaften konnte. Die Ribbecks hatten damals zwei Hufen und zwei weitere, die Pfarrhufen, die ihnen das Patronatsrecht über die Kirche und später auch über die Schule sicherten. Die restlichen 27 Hufen wurden von Bauern bewirtschaftet, die dem Ritterhof Hand- und Spanndienste zu leisten hatten. Diese Besitzverhältnisse blieben bis ins 16. Jahrhundert relativ stabil. Erst dann nahm der Landbesitz rasch zu. Aus den dreißig Hektar Ackerland, die sie 1373 besessen hatten, waren 1624 schon 160 Hektar geworden, deutlich mehr als die Hälfte der 242 Hektar Ackerland der Gemarkung Ribbeck. Außerdem hatten die Ribbecks andernorts Güter hinzuerworben.

Ungefähr zu dieser Zeit trennte sich die Familie in eine ost- und eine westhavelländische Linie. Die osthavelländische entstand durch den Erwerb von Gütern in Dyrotz, Hoppenrade, Seegefeld und Dallgow, Brieselang, Neuendorf und Groß-Glienicke, Dörfer westlich der Stadt Spandau, wo der osthavelländische Familienzweig hohe Ämter bekleidete und Hausbesitz erwarb. Noch vor Beginn des Dreißigjährigen Krieges wird Georg von Ribbeck Hofmarschall des Kurfürsten, dem er Kredite gewähren kann. Danach wird er Amtshauptmann von Spandau und schließlich Oberhofmeister: alles Posten, die hohe Einkünfte sichern. So kann er westlich Spandaus ein großes zusammenhängendes Territorium mit mehreren Rittergütern erwerben und in Cölln – heute

Berlin-Mitte – in der Breite Straße 35 ein stattliches Barockhaus errichten lassen, das noch heute das «Ribbeckhaus» heißt.

Welchen Rang Georg von Ribbeck in der Mark hatte, zeigt seine Beisetzung im Berliner Dom ebenso wie das Ribbecksche Wappen, das seit dieser Zeit über der Kanzel im Dom von Brandenburg angebracht ist. Mit seinem Sohn Hans Georg steigen die Ribbecks durch den Erwerb von Schloß Lichterfelde sogar in den kleinen Kreis des schloßsässigen Adels der Mark auf. Dazu gehören ansonsten nur noch die Familien Bredow, Krummensee, Röbel, Hake und Gans zu Putlitz. Damals zählen die osthavelländischen oder Glienicker Ribbecks, wie sie auch genannt werden, zu den fünf reichsten Familien der Mark. Aber sie bleiben es nicht. Im 18. und 19. Jahrhundert müssen sie ein Gut nach dem anderen verkaufen und schließlich ihren Besitz vollständig veräußern.

Anders dagegen die Angehörigen der westhavelländischen Linie, die 1523 in Ribbeck blieben. Sie spielten im Staat nie eine herausragende Rolle, sondern beschränkten sich mit anhaltendem Erfolg auf ihr eigentliches Metier: Ackerbau und Viehzucht. Sie überstehen den Dreißigjährigen Krieg in ihren teilweise sehr abgelegenen Gütern relativ wohlbehalten und überleben auch die epidemischen Krankheiten, die damals die Menschen in unvorstellbarer Zahl hinwegraffen.

Anfang des 18. Jahrhunderts läßt der Soldatenkönig Friedrich Wilhelm I. das Havelländische Luch meliorieren, also trockenlegen und fruchtbar machen, soweit das möglich war. Das Ribbecksche Gut, das in dieses Luch hineinreichte, gewann dadurch an Wert und Ertragskraft. Außerdem erwarb die Familie 1772 das etwa 10 Kilometer südlich von Ribbeck gelegene Gut Bagow am Nordende des Beetzsees. Sein 1545 als Renaissancebau mit Sterngewölben und einem repräsentativen Portal errichtetes Herrenhaus blieb bis heute erhalten. Der Besitz der Familie wächst so bis 1850 auf insgesamt 2760 Hektar Land, Wiesen, Wald und Gewässer an; 1931 gehören zu Ribbeck, 829 Hektar zu Bagow.

Was die Rittergüter neben Wald und Flur noch besaßen, das waren Privilegien. Rechtsansprüche, die bis in die Zeit der Landnahme zurückreichten. Sie bestanden gegenüber den Bauern, die in der Regel nicht frei, sondern erbuntertänig waren. Vor allem

Hand- und Spanndienste, die sie unentgeltlich zu leisten hatten, drückten sie. Die Erbuntertänigkeit endete in Preußen durch das »Edikt über den erleichterten Grundbesitz und den freien Gebrauch des Grundeigentums« vom 9. Oktober 1807. Es war Teil der Stein-Hardenbergschen Reformen, die Preußen von einem Feudalstaat in ein modernes Gemeinwesen wandeln sollten. Aber auch nachdem die Erbuntertänigkeit mit dem Martinstag des Jahres 1810 beendet war, blieben die Gerichtsbarkeit und die Polizeibefugnis bei den Rittergütern noch so lange, bis die 1850 in Kraft getretene preußische Verfassung auch dies beendete. Als letztes Privileg und Relikt einer vergangenen Zeit blieb den Gütern das Patronatsrecht, das sich ursprünglich mit dem Eigentum an den Pfarrhufen verbunden hatte, die zu den Rittergütern gehörten. Das Patronatsrecht endete im Prinzip erst 1945. All das gehört zur Geschichte dieses Landes. Die SED hielt die Erinnerung daran wach und verkürzte sie auf ihre negativen Aspekte, um sie für ihre politischen Zwecke nutzen zu können – nicht ohne Erfolg.

Von dieser Welt ist in Ribbeck nichts geblieben. Wer das kleine Dorf heute betritt, dem fällt auf, daß das einzige Gebäude, dessen Dach neu gedeckt ist und dessen Fassaden wieder leuchten, die Kirche ist. Anders als in fast allen Dörfern der Umgebung scheint in Ribbeck alles beim alten zu bleiben. Wer den Ort von Nauen kommend betritt, erblickt rechts der Hauptstaße ein altes, aber immer noch repräsentatives Haus, das »Schloß Havelland«. Das Schloß, in dem jetzt ein Alten- und Pflegeheim untergebracht ist, wurde in seiner heutigen Gestalt 1896 als Wohnsitz der Familie Ribbeck errichtet. Über zwei Stockwerke erstrecken sich je dreizehn Fensterachsen, und über der vorgelagerten Eingangshalle erhebt sich ein Giebeldreieck, zu dessen Seiten je vier Mansardenfenster in das breite Walmdach eingearbeitet sind. Das Ganze macht einen für die landwirtschaftlich arme Mark ungewöhnlich wohlhabenden und großzügigen Eindruck und zeigt, wie vermögend die Besitzer dieses Schloßbaus in der Zeit seiner Errichtung gewesen sein müssen.

Mit dem »Doppeldachhaus« aber, von dem Fontane in seinem Gedicht spricht, hat es nur insofern zu tun, als es auf dessen Mauern errichtet wurde. Der einstöckige, langgestreckte Vorgängerbau, den Fontane kannte, war 1826 errichtet worden. In seiner Mitte befand sich unter einem Dreiecksgiebel, der an einen Portikus erinnerte, der Eingang. Man erreichte ihn über eine Freitreppe, die links und rechts von je vier Fensterachsen flankiert war. Überdeckt wurde all das von einem weit heruntergezogenen Krüppelwalmdach, in das Fenstergauben eingelassen waren. In seiner damaligen Gestalt bezeugte das Gebäude eher ein biedermeierlich bescheidenes Lebensgefühl denn Repräsentationswillen. In diesem Milieu war man wohl immer konservativ, also darauf bedacht, das Geschaffene zu bewahren, das Erworbene zu mehren und überkommene Einsichten und Lebenshaltungen weiterzugeben. Die Verhältnisse waren überschaubar, die Familien kannten einander über Generationen, und der einzelne achtete darauf, dem Namen, den er trug, keine Schande zu bereiten.

In diesem Milieu wuchs auch Hans-Georg Karl Anton von Ribbeck auf, der letzte Ribbeck, der in dieser Welt leben durfte und der an den Folgen ihrer Zerstörung zugrunde ging. Weil er sich weigerte, seinen Abscheu vor den Zerstörern dessen, was Preußen ausgemacht hatte, zu verleugnen, wurde er von ihnen umgebracht. Heute wird Gegnerschaft gegen Hitler in Deutschland vor allem dann geschätzt, wenn sie sich aus einer aufklärerischen, humanistischen und damit politisch als fortschrittlich bewerteten Haltung ergab. Daß Gegnerschaft und Widerstand gegen Hitler auch aus einer ganz anderen, nämlich aus einer konservativen Prägung heraus, erfolgten, ist zwar nicht zu leugnen, wird aber in der Regel übergangen, weil diese Position heute im Spektrum der Parteien nicht mehr vertreten ist. Dabei finden sich unter den Konservativen besonders viele, die ihre Haltung mit dem Leben bezahlten – von Goerdeler über Kleist-Schmenzin, Tresckow und Stauffenberg bis hin zu Hans-Georg von Ribbeck.

Viele, ja die meisten von ihnen gehörten zum ostelbischen Landadel, und dafür gab es vor allem einen Grund: Das Weltbild dieser Schicht, ihre Zielsetzungen und Ideale waren noch festgefügt, allen Umwälzungen zum Trotz. Das mochte den Vorwurf rechtfertigen, sie seien borniert, also eng und überholt, hatte aber den Vorteil, daß die hier gültigen Maßstäbe ihre Eindeutigkeit und Verbindlichkeit behalten hatten. Mord war ihnen zufolge

Mord und kein Gebot zur Rettung des Vaterlands, auch wenn es offiziell so dargestellt wurde. Das gab diesem Personenkreis die Möglichkeit, aus klaren Erkenntnissen die entsprechenden Konsequenzen zu ziehen.

Eine Persönlichkeit dieser Prägung war der alte Ribbeck. 1880 geboren, wuchs er in Ribbeck auf und besuchte die Ritterakademie in Brandenburg. Das war damals für seinesgleichen die Regel, denn zur Erziehung seiner Söhne hatten die Landstände, also der alte märkische Landadel, schon unter Friedrich Wilhelm I. die Ritterakademie in Brandenburg und für seine Töchter das Internat in Heiligengrabe gegründet. Nach dem Abitur wurde Ribbeck in Stendal bei den 10. Gardehusaren »aktiv«, wie das damals hieß. Mit 26 Jahren übernahm er die Leitung seines Gutes. Seine politische Einstellung war nicht deutschnational, sondern altpreußisch-konservativ.

Was dieser feine Unterschied meinte, konnte man im Schloß mit einem Blick sehen. Natürlich hingen Bilder seiner Majestät an den Wänden. Sie zeigten aber nicht den Deutschen Kaiser, sondern Wilhelm II. im Ornat des Königs von Preußen. Schon dem Aufgehen Preußens im Deutschen Reich stand man in Ribbeck mit unübersehbarer Distanz gegenüber – ebenso wie allem anderen, was Preußens Eigenständigkeit minderte. Als 1918 in Ribbeck bekannt wurde, daß Hindenburg dem Kaiser geraten hatte, er solle nach Holland ins Exil gehen, wurden die Hindenburgporträts im Schloß sofort abgehängt. Noch während des Dritten Reiches erhob sich der Hausherr, um mit seinen Gästen auf das Wohl des Königs von Preußen anzustoßen.

Damit erübrigt sich die Frage nach der Einstellung zur Weimarer Demokratie, aber erst recht die nach der zu Hitler. Ribbeck wollte weder die Weimarer Demokratie noch die braune Diktatur, sondern die Rückkehr des Hauses Hohenzollern. Mit dieser Einstellung war er in seinen Kreisen keine Ausnahme. Ewald von Kleist, den die Nazis ebenfalls umbrachten, dachte kein Jota anders. Schon vor der Machtübernahme lehnte Ribbeck Hitler nicht nur ab, sondern verabscheute ihn geradezu. Für einen Mann mit seinen Maßstäben war es unmöglich, auch nur darüber zu diskutieren, ob Hitler, ein Demagoge, ein Gescheiterter ohne soziale

Bindung, ohne Beruf und bürgerliche Existenz, das Land regieren könne. Das Versprechen Hitlers, er werde Ordnung schaffen, war für Ribbeck lächerlich, ja unvorstellbar. Als Hitler nach der Machtübernahme in den ersten Monaten dann tatsächlich Erfolge verbuchen konnte, reagiert Ribbeck, so erinnert sich sein damals schon erwachsener Sohn, der heute 88jährige Hans-Georg von Ribbeck, gereizt und irritiert. »Es kann doch nicht sein, daß dieser Kerl Ordnung schafft«, sagte er vom Zweifel an seinem eigenen Urteil gequält zu seinem Sohn.

63 Jahre danach erinnert sich der Sohn auch daran, daß in seinem Elternhaus der damals obligatorische Gruß »Heil Hitler« ebenso tabu war wie die Hakenkreuzfahne. Und was der Gutsherr damals tat und was er ließ, das war im ganzen Dorf, insbesondere aber für die Angehörigen des Guts, maßgebend.

Mehr als fünfzig Familien arbeiteten damals noch für das Gut und lebten von ihm. Im benachbarten kleineren Gut Bagow waren es siebzehn Familien. Die Lebenswirklichkeit war dort – ungeachtet aller Gleichheitsprinzipien der Verfassung und des bürgerlichen Gesetzbuches – die einer hierarchisch gegliederten Gesellschaft geblieben. An ihrer Spitze stand der Eigentümer, der Gutsherr. Unter ihm rangierten der Pächter, der Förster, der Stellmacher, der Schmied, der Oberschweizer, die Treckerfahrer und die Tagelöhner des Gutes, die damals noch einen Teil ihres Lohns in Naturalien ausgehändigt bekamen. Sie lebten zumeist in gutseigenen Wohnungen, und die waren, wie der Sohn hinzufügt, zum Teil so klein und dunkel, daß sein Vater neue bauen ließ. Das verbesserte zwar die Wohnsituation, am Sozialgefüge aber veränderte sich nichts. Es war und blieb bis zum Schluß patriarchalisch.

»Dem Vater widersprach keiner. Die meisten redeten ihn als ›Gnädigen Herrn‹ an, und wer das vermeiden wollte, sagte ›Herr Rittmeister‹«, beschreibt Ribbeck im Rückblick die damalige Situation aus der Erinnerung. In ihr nimmt sich das Bild des alten Ribbeck als das eines strengen Mannes aus.

Und das war er wohl. In seiner Welt ging es spartanisch zu. Streng war man nicht nur gegenüber anderen, sondern auch gegenüber sich selbst. »Ihr seid nur das, was ihr aus euch macht,

sonst seid ihr gar nichts«, war Erziehungsgrundsatz und stehende
Redewendung im Hause Ribbeck, wie die von den Griechen überlieferte Maxime: »Der nicht geschundene Mensch wird nicht
erzogen.«

Kein Satz kann die innere Distanz deutlicher machen, die zwischen den heute anerkannten Lebensnormen und denen liegt, die
im Hause Ribbeck die Menschen formten. Man war hart gegen
sich selbst – und, wenn es nötig schien, auch gegen andere. Man
aß gern und gut, aber darüber sprach man ebensowenig wie über
Geld. Die Passion des Vaters waren die Pferde, die er züchtete und
ritt. »Wir waren immer Klüdentreter (Landwirte) und Soldaten«,
sagt Ribbeck, der an dieser Lebensform nur noch in den ersten 35
Jahren seines Lebens teilhatte.

Als Hitler sich am 30. Juni 1934 mit der Ermordung seines
SA-Führers Röhm und einer großen Zahl anderer, ihm mißliebi-
ger Personen, zu denen die Generale von Schleicher und von
Bredow ebenso gehörten wie der Schriftsteller Edgar Jung und
der Zentrumspolitiker Erich Klausener, als Massenmörder zu erkennen gab, war Ribbeck nicht nur empört. Er sei, erinnert sich
sein Sohn, auch so etwas wie erleichtert darüber gewesen, daß
sich sein Urteil über Hitler als richtig erwiesen habe. Als eine
Kreatur, die zu allem fähig ist, hatte ihn der Alte von Anfang an
gesehen.

Kein Wunder, daß er damit die Feindseligkeit der Nazis auf sich
zog. Noch im gleichen Jahr wurde er verhaftet und ohne Anklage
und Haftbefehl gefangengesetzt. Verwandten gelang es, zu Hindenburg vorzudringen, der damals zwar noch als Reichspräsident
amtierte, aber angesichts seines hohen Alters und fortgeschritte-
nen Verfalls kaum mehr handlungsfähig war. Auf seine Weisung
hin wurden Ribbeck und der mit ihm inhaftierte Wilhelm von
Bredow wieder freigelassen. Vier Wochen später war Hindenburg
tot. Als Ribbeck Ende 1944 abermals eingesperrt wurde, konnte
ihm niemand mehr helfen.

Nach diesem Intermezzo in der Haft litt Hans von Ribbeck
noch mehr als zuvor darunter, unter dem verhaßten Regime leben
und arbeiten zu müssen. Das sagte er auch – und nicht nur hinter
vorgehaltener Hand. Jeder wußte es im Dorf, auch der NS-Orts-

gruppenleiter, den es in Ribbeck ebenso wie in jedem anderen Dorf gab.

Der Konflikt schwelte, brach aber nicht offen aus, bis es im April 1944 zum Eklat kam. Anlaß dazu war ein englischer Bomber, der auf einem seiner Felder abgestürzt war. An der Absturzstelle wurde ein Posten aufgestellt, was aber die umliegende Bevölkerung nicht daran hinderte, auf das Feld zu laufen und dabei das Ribbecksche Getreide niederzutrampeln. Das wiederum empörte von Ribbeck, der die Schaulustigen anherrschte, sein Feld zu räumen. Ein Wort gab das andere. Was sich im einzelnen abspielte, ist ungewiß, das Ergebnis dagegen eindeutig: Ende April holte man den 65jährigen ab und brachte ihn als politischen Häftling ins Konzentrationslager Sachsenhausen im Norden Berlins.

Die Inhaftierung hatte bei Ribbeck aber nicht die Folgen, die der offene Terror und das Erlebnis der eigenen Ohnmacht und Rechtlosigkeit bei anderen zeitigte: Angst und Unterwerfung. Bei Ribbeck bewirkte sie das Gegenteil. Das, was ihm widerfuhr, forderte ihn heraus und provozierte ihn so, daß er alle Furcht überwand und sich offen als Feind des Regimes bekannte. Diese Haltung bestimmte die letzte Begegnung von Vater und Sohn in der Besuchsbaracke des Konzentrationslagers im August 1944.

Der junge Ribbeck war Soldat an der Front, als ihn die Nachricht von der Inhaftierung seines Vaters erreichte. Er bekam Urlaub und die Erlaubnis, den Vater zu besuchen. Da standen sie sich nun gegenüber: der Sohn in Offiziersuniform, vor dem die Wachen salutierten, der Vater in Sträflingskleidung, abgemagert, aber gesund. Vor allem aber war er ungebrochen. Als sein Sohn ihm von zu Hause erzählen wollte, schnitt ihm der Alte das Wort ab. Er wolle nicht wissen, wie es zu Hause sei, das wisse er auch so. Er selbst dagegen wolle erzählen, wie es im Lager zugehe, damit sein Sohn erfahre, welchem schändlichen System er diene. Der Sohn rang nach Luft und bestürmte den Vater, er möge doch vernünftig sein und sich beruhigen. Er mahnte zur Vorsicht, indem er auf den SS-Mann wies, der als Bewacher und Protokollant an der Begegnung teilnahm. Aber der alte Ribbeck hatte die Grenze schon überschritten, in der die Angst um das eigene Leben die Freiheit der eigenen Rede begrenzt. Er hatte sich entschieden. Um den Preis der Selbstverleugnung wollte er nicht überleben. Verachtung und Haß auf das Regime, in dessen Gewalt er sich befand, waren so groß, daß er ihnen ohne jede Rücksicht Ausdruck verlieh. Er brauche ihn nicht zu bedauern, sagte er seinem fassungslosen und erschütterten Sohn, denn er sei in einer viel besseren Lage als jeder, der die Uniform der Wehrmacht trage. Die Dinge lägen umgekehrt: Nicht ihn müsse man bedauern, denn er habe seinen Eid dem König von Preußen geschworen und dafür habe er sich nie zu schämen brauchen. Deshalb gebe es auch keinen Grund ihn zu bedauern. Die Dinge verhielten sich umgekehrt: Er müsse ihn – seinen Sohn – bedauern, denn er habe ja einen Eid auf den Führer geschworen und den verachte er jeden Tag mehr. Hans von Ribbeck war frei, mitten im KZ.

Ein halbes Jahrhundert später erinnert sich sein Sohn ganz ruhig an diese Begegnung. Die Dramatik dessen, was er sagt, liegt allein in seinen Worten. Die Selbstdisziplin, zu der er einmal erzogen wurde, bewährt sich noch beim 87jährigen.

Vater und Sohn sollten sich nie wiedersehen. Das letzte Lebenszeichen erhielt die Familie am 15. Januar 1945. Wann und wie der alte Ribbeck umgebracht wurde, weiß niemand. Als er starb, war die Welt, für die er eingetreten war, schon untergegangen. Das Gutshaus hatte die Familie bereits 1943 räumen müssen, weil es von der Luftwaffe beschlagnahmt wurde. Die Verwaltung des Guts entzogen die Nazis der Familie dann mit der Verhaftung ihres Oberhaupts.

Hitlers Herrschaft hatte die Familie schwere Opfer gekostet. Der Vater war ermordet worden, der jüngste seiner drei Söhne, Siegfried, war gefallen. Seine beiden älteren Brüder und Hans-Georg Henning hatten nach Abschluß ihrer landwirtschaftlichen Ausbildung 1933 und 1934 die Bewirtschaftung der beiden Güter der Familie, Ribbeck und Bagow, übernommen, um den Vater zu entlasten. 1941 wurde Hans-Georg, 1943 Henning eingezogen. Henning hatte die Möglichkeit, in den letzten Tagen vor dem Kriegsende in die Nähe von Ribbeck zu gelangen und sich bis zur Ankunft der Russen zu verbergen.

Sein jüngerer Bruder geriet dagegen in der Tschechoslowakei in Gefangenschaft, aus der er erst 1946 fliehen konnte. Er durchlitt die Erniedrigungen der Gefangenschaft, in der er als Latrinenputzer den Spitznamen »Scheißhausbaron« erhielt, seine Frau die Demütigungen durch die russische Soldateska. Als er während seiner Flucht aus der Kriegsgefangenschaft bei seiner Schwiegermutter Unterschlupf findet, bereitete die ihn auf das, was zu Hause vorgefallen war, mit der Bemerkung vor: »Vergewaltigt werden ist nicht schön, aber daran stirbt eine Frau nicht, wenn sie ansonsten intakt ist.« Für Hans-Georg von Ribbeck begann mit der Heimkehr zu Frau und Kindern, die inzwischen in West-Berlin Zuflucht gefunden hatten, ein neues Leben, das ihn beruflich in die Autoindustrie führte. Seinen Lebensmittelpunkt fand er mit seiner Familie in Bayern und Tirol.

Sein älterer Bruder Henning, der das Kriegsende im Versteck überlebte, floh erst 1947 nach West-Berlin, denn zunächst hatten die Sowjets anerkannt, daß die Ribbecks Gegner der Nazis gewesen waren. Zwar wurde auch ihr Gut enteignet, doch wurde Ribbeck im Juni 1945 vom Landrat in Rathenow zunächst als Gutsverwalter eingesetzt. Bei der Bodenreform erhielt er statt der üblichen sieben bis acht sogar 24 Hektar seines früheren Gutslandes zugeteilt, womit die Sowjets auch deutlich machten, daß sie ihn als einen Besitzlosen, also schon von den Nazis enteigneten NS-Gegner ansahen. In der Eigentumsurkunde, die er am 15. Oktober 1945 erhält, wird auf die Zugehörigkeit der Familie zum antifaschistischen Widerstand ausdrücklich Bezug genommen.

Aber das war nur ein kurzes Intermezzo. Am 10. November 1947 erteilte die Sowjetische Militäradministration den Befehl Nr. 6080, und der bedeutete für Henning von Ribbeck und seine Familie, daß sie bis zum 11. November – also spätestens am nächsten Tag um 24 Uhr – Ribbeck zu verlassen und sich beim Umsiedleramt in Perleberg zu melden hatten. Da nahmen die Ribbecks das, was sie greifen konnten, und fuhren los – nicht nach Perleberg, sondern nach West-Berlin. Damit war die Geschichte der Ribbecks in Ribbeck zumindest vorübergehend beendet.

Ob es dabei bleiben wird, ist derzeit noch nicht gewiß. Sowohl Hans-Georg von Ribbeck als auch Friedrich Carl, der Sohn des inzwischen verstorbenen Henning, haben die Rückgabe ihrer Güter Bagow und Ribbeck beantragt. Da sie dies mit dem verfolgungsbedingten Vermögensentzug durch die Nazis begründen konnten, schien ihr Fall zunächst auch unproblematisch zu sein. Das Landesamt für offene Vermögensfragen (LAROV) legte im Dezember 1994 einen ersten Entwurf mit einer Teilrückgabe der beiden Güter vor. Dagegen erhoben jedoch das Amt Beetzsee des Kreises Mittelmark für Bagow und das Landratsamt des Kreises Nauen für Ribbeck Widerspruch. Sie zielen darauf, die Rückgabe zu verhindern. Daraufhin legte das Landesamt für offene Vermögensfragen im April 1996 einen zweiten Entwurf vor, der wunschgemäß zu der gegenteiligen Schlußfolgerung kam. Nunmehr wurde eine Rückgabe ausgeschlossen.

Der nächste Schritt auf dem langen Weg zu einer definitiven Entscheidung wird nun der Bescheid des Landesamtes sein. Ihm aber scheint schon jetzt eine Klage einer der beiden Parteien sicher. Verfügt das Amt die Rückgabe, so dürften die Landkreise klagen, verfügt es die Aufrechterhaltung der Enteignung, so werden die Ribbecks klagen. Das letzte Wort muß dann das Bundesverwaltungsgericht sprechen. Doch das kostet Geld und vier bis sechs Jahre Zeit. Diejenigen, die die Rückgabe verhindern wollen, versuchen dies, indem sie die Ribbecks in Beweisnot zu versetzen suchen. Daß sie Gegner und Verfolgte des NS-Regimes waren, läßt sich nicht bestreiten. Was ihnen aber fehlt, ist ein amtliches Dokument, in dem die NS-Behörden bestätigen, daß sie die Familie aus diesem Grund enteignet oder ihren Besitz zumindest unter Zwangsverwaltung gestellt haben. Daß die Güter von 1944 an nicht mehr von der Familie, sondern von einem eingesetzten Verwalter geführt wurden, wird als Beweismittel ebenso angezweifelt wie eine bereits 1950 von der Witwe des Ermordeten abgegebene eidesstattliche Erklärung. Es geht darum, die Rückgabe von Großgrundbesitz mit allen juristischen Mitteln zu verhindern, gleichgültig, ob die Betroffenen Opfer der Nazis oder Stalins waren.

Der Widerstand, der vom zuständigen Landrat ausgeht, hat auch Einfluß auf das Verhalten der Bewohner von Ribbeck selbst. Nach der Wiedervereinigung, als die Rückgabe des Besitzes allen als gewiß erschien, waren alle an guten Beziehungen zu den Ribbecks interessiert. Von der Gemeindeverwaltung bis hin zur Leitung der LPG »Vereinte Kraft«, die die Ribbeckschen Flächen bewirtschaftete, bekundete man seinen Wunsch nach guter Zusammenarbeit. Der Gemeinderat lud die Familie zu gemeinsamen Beratungen über Kooperations- und Investitionsmöglichkeiten ein, und die Banken zeigten sich an der Kreditvergabe interessiert.

Diese Phase endete schlagartig mit dem Urteil des Bundesverfassungsgerichts vom 21. April 1991, das die Fortdauer der Enteignungen infolge der Bodenreform bestätigte. Damit änderte sich für die Ribbecks fast alles. LPG, Gemeinderat und Banken brachen die Kontakte abrupt ab. In der Bevölkerung des Dorfes aber bildeten sich Meinungsfronten zwischen den Ribbeck-Gegnern, die sich inzwischen um den einstigen Ortsbürgermeister aus SED-Zeiten, Retzlaff, gruppieren, und denen, die zur Kirchengemeinde gehören oder ihr nahestehen, darunter der Pfarrer Möhring und der derzeitige Bürgermeister Sommer. Er ermöglichte von Amts wegen die Verteilung eines Flugblattes, in dem Ribbeck der Behauptung entgegentrat, er strebe auch die Rückgabe der Grundstücke an, die 1945 aufgesiedelt wurden. Auch das Schloß lasse er unangetastet, solange es die Arbeiterwohlfahrt des Landes Brandenburg weiter als Alten- und Pflegeheim nutzen will. Ebensowenig wolle er das Gutsland seinem heutigen Pächter, dem »Havellandhof« abnehmen, der es heute von der Treuhand gepachtet hat, versichert Friedrich Carl. Eine entsprechende Vereinbarung habe er mit den Eigentümern dieses Unternehmens bereits getroffen, sagt Ribbeck, der Betriebs-, aber eben kein Landwirt ist und auch nicht die Absicht hat, es noch zu werden, um das einstige Gut neu entstehen zu lassen.

Seine Vorstellungen von einer Rückkehr nach Ribbeck beschränken sich auf die Rückgewinnung von Grund und Boden und die Einrichtung eines Wohnsitzes. Ein erster Schritt in diese Richtung ist ihm mit dem Kauf eines 3600 Quadratmeter großen Grundstücks genau gegenüber dem Schloß gelungen. Dort will er ein Haus für sich und seine Frau bauen. Aber unproblematisch ist auch dies nicht. Für den, der in Ribbeck nicht groß geworden ist oder dort durch Gutsbesitz gefühlsmäßige Wurzeln hat, ist das Dorf nicht attraktiv. Friedrich Carl bezeichnet sich daher auch nur als »Vorauskommando« eines möglichen Umzugs, was einen vorsichtigen Hinweis darauf einschließt, daß seine eigene Entschlossenheit in diesen Dingen von seiner Familie bislang nur zögernd geteilt wird. Die Frage, weshalb eine westdeutsch geprägte Familie von Berlin in ein 430 Einwohner zählendes Dorf ziehen will, in dem es außer einer primitiven Gaststätte und einem landwirtschaftlichen Betrieb nur noch die Landstraße in das dreißig Kilometer ostwärts gelegene Berlin gibt, läßt sich mit dem Hinweis darauf, daß die eigene Familie dort vor einem halben Jahrhundert vertrieben wurde, für Nachgeborene wohl kaum befriedigend beantworten.

So steht gegen die Rückkehr der Ribbecks nicht nur der Widerstand des Landrats und des ihn unterstützenden Teils der Ribbecker Bürger. Dagegen steht vor allem, daß Friedrich Carl — anders als fast alle anderen Angehörigen alter Adelsfamilien, denen die Rückkehr geglückt ist — nicht in den Beruf des Landwirts überwechselte und das Land, das man ihm nicht zurückgeben will, nicht gepachtet hat, um seine Familie und damit auch die nächste Generation wieder in der Heimat der Vorfahren verwurzeln zu können.

Das ist auch das Problem seines Onkels. Der 87jährige fordert die Rückgabe seines Gutes Bagow, das er von 1934 bis 1941 bereits einmal bewirtschaftet hat. Er ist gelernter Landwirt, aber zu alt, um das tun zu können, was sein größter Wunsch wäre: sofort in das schöne Renaissancehaus einzuziehen, in dem er jetzt nur eine Zweitwohnung hat, und dort wieder zuzupacken, wo er damals aufhören mußte. Das aber wird wohl ein Traum bleiben. Noch reichen seine Kräfte, um die lange Fahrt von Tirol bis Bagow am Steuer zurückzulegen. Um einen Betrieb neu aufzubauen, dazu reichen sie nicht mehr. Der 58jährige Sohn ist noch berufstätig und in München gebunden, die Enkel gehen noch zur Schule. Eine Rückkehr in die alte Heimat kann für sie auch nur nach Rückgabe des Resteigentums sinnvoll erscheinen.

Hans Georg von Ribbeck ist sich des Dilemmas bewußt. Dennoch sehnt er sich danach, nach Bagow zurückzukehren, ein winziges Dorf abseits der großen Straßen. Außer dem alten Gutsgebäude, einem Renaissancebau, der ebenso wie das dazu gehörende Areal unter Denkmalschutz steht, befindet sich dort die einzige Jugendstilkirche Brandenburgs. Zu DDR-Zeiten war sie dem Verfall preisgegeben, ein Opfer des Vandalismus. Daß sie vor kurzem in Anwesenheit von Brandenburgs Ministerpräsident Stolpe neu eingeweiht werden konnte, das verdankt sie Manfred Primke, einem Großhändler für Südfrüchte in Mannheim, dessen Großvater als Vorarbeiter zum Ribbeckschen Gut gehört hatte. In Bagow hat niemand Vorbehalte gegen Hans Georg von Ribbeck. Er wäre willkommen, wenn er nur käme – am besten mit tatkräftiger junger Unterstützung, denn der größte Wunsch des Dorfes ist ein wirtschaftlicher Neubeginn.

In Ribbeck ist die Stimmung anders. Wenn man durch seine Straßen geht, sieht man dem Dorf an, daß es noch nicht zu sich selbst gefunden hat. Es wirkt, als verharre es noch in der Stunde Null. Kein Haus wird neu gebaut, und nichts deutet darauf hin, daß man daran Interesse hätte, Besucher zu empfangen und zu betreuen. Weder ein schmucker Gasthof noch ein Café umwirbt sie. Die Straße liegt holprig und ohne Seitenbegrenzung da, so als habe der Sozialismus seine lähmende Kraft hier noch nicht eingebüßt.

Helle, frische Farben leuchten allein von dem Platz, an dem die Kirche steht. Das helle Rot des neu gedeckten Daches und der frische Verputz künden davon, daß hier die Zukunft begonnen hat. Auch die Ribbecks haben daran Anteil. Friedrich Carl, der ein Gespür für Werbung besitzt, hat kurzerhand Birnenschnaps in attraktive spitze Halbliterflaschen abfüllen lassen und mit einem Etikett versehen. »Ribbecks Birnengeist« steht darauf – und alle vier Strophen des Gedichtes gleich daneben. Die Kirchengemeinde von Ribbeck verkauft ihn. Bei denen, die auf den Spuren Fontanes und auf der Suche nach dem Birnbaum bis zu Kirche und Friedhof vorgedrungen sind, findet das flüssige Reisesouvenir seine Käufer. Vom Erlös werden sieben Mark zur Finanzierung der Renovierungsarbeit abgezweigt.

Damit sind die Ribbecks, noch bevor sie wieder in »ihrem« Dorf leben, Förderer der Wiederherstellung »ihrer« alten Patronatskirche geworden, für die sie ja auch in den vergangenen Jahrhunderten zuständig waren. Sie hat viel Zuwendung nötig, denn

*Die Ribbecks auf Ribbeck im Havelland wären unbekannt geblieben, hätte sie der siebzigjährige Fontane nicht aus der Stille ihres Daseins zwischen Havelländischem Luch und Bagower Heide herausgeholt und ihnen mit seinem Gedicht eine neue Existenz verliehen. Fontanes »Doppeldachhaus« vor dem Neubau.*

*Das Schloß wurde in seiner heutigen Gestalt 1896 als Wohnsitz der Familie Ribbeck errichtet. Obwohl die Ribbecks unmittelbar nach dem Krieg von den Sowjets als NS-Gegner anerkannt wurden, mußten sie ihre Güter genauso verlassen wie die übrigen ostelbischen »Junker«.*

*In der Mark wird die Familie Ribbeck urkundlich erstmals 1237 erwähnt, als Besitzer eines Ritterhofes in Ribbeck seit 1536. Anfang des 18. Jahrhunderts läßt der Soldatenkönig das Havelländische Luch meliorieren – das Ribbecksche Gut gewann dadurch an Wert und Ertragskraft.*

*Wer das kleine Dorf Ribbeck heute betritt, dem fällt auf, daß das einzige Gebäude, dessen Dach neu gedeckt ist und dessen Fassaden wieder leuchten, die Kirche ist.*

1772 erwarb die Familie Ribbeck das etwa 10 Kilometer südlich von Ribbeck gelegene Gut Bagow am Ende des Beetz-Sees. Sein 1545 als Renaissancebau mit Sterngewölben und einem repräsentativen Portal errichtetes Herrenhaus blieb bis heute erhalten.

Inzwischen haben die Söhne des »alten« Ribbeck, der von den Nationalsozialisten umgebracht wurde, die Rückgabe ihrer Güter Ribbeck und Bagow (Aufnahme von 1990) beantragt.

schon in den achtziger Jahren war sie baufällig geworden. Schließlich mußte man das Läuten der Glocken einstellen. Nun hat sie für eine halbe Million einen neuen Kirchturm erhalten, was für die kleine Kirchengemeinde eine unerhörte Anstrengung bedeutet. Der alte Birnbaum, der direkt an der Kirchenmauer stand und Fontane inspiriert hatte, ist lange verschwunden. 1911 fiel er einem Unwetter zum Opfer. Sein Nachfolger wirkt noch kümmerlich. Kaum 20 Zentimeter umfaßt sein Stamm – aber dafür ist er, anders als der alte, veredelt.

Ob er damit ein Vorbote für bessere Zeiten ist, das bleibt abzuwarten. Das Dorf und ein Großteil seiner Bewohner hadern mit ihrer Geschichte und mit ihrer Zukunft. Das zeigt nicht nur der Zwist um die Rückkehr derer von Ribbeck, sondern mehr noch die offenkundige Weigerung, sich zu der mit ihnen verbundenen Vergangenheit zu bekennen und mit ihr zu werben. Das Dorf ist mit sich selbst uneins. Der Geist und die Prägung, aus denen einst sowohl der Baum als auch der Spender – vor allem aber das Gedicht – gewachsen sind, haben den Ort verlassen. Der Zauber der Poesie, mit dem Fontane den Ort verklärte, ist verflogen. Die Brüche dieses Jahrhunderts, Argwohn und vielleicht auch Neid haben ihn vertrieben. Was zurückblieb, ist ein tristes, verlassenes Dorf, das das Glück nicht begreifen kann, dessen es teilhaftig werden könnte, wenn es mit seiner Geschichte einverstanden wäre.

# Karl Wilhelm Graf Finck von Finckensteins Rückkehr nach Alt Madlitz

Alt Madlitz ist ein Dorf wie viele in der Mark Brandenburg: eine breitgefaßte Straße, die über eine Länge von zwei-, dreihundert Metern von Bauernhäusern und Gärten, Wirtschaftshöfen, Ställen und Scheunen gesäumt wird. Dazwischen liegt eine Kirche und meist auch ein größerer Bau, den die Besucher je nach Laune und Vergleichsmaßstab Schloß, Herrenhaus oder Kate nennen. Hier gedeihen Kühe und Gänse, wachsen Roggen, Gerste, Hafer und Kartoffeln. Wenn der Boden gut ist, gedeihen auch Weizen und Zuckerrüben. Alles in allem nichts, was besondere Beachtung auf sich ziehen kann.

Wo sie sich dennoch einstellt, hat dies in der Regel mit jenem Gebäude zu tun, das so unterschiedlich benannt werden kann. In Alt Madlitz waren bis 1945 die Grafen Finckenstein zu Hause. Einer von ihnen ist 1990 in das etwa zwanzig Kilometer westlich von Frankfurt an der Oder gelegene Dorf zurückgekehrt.

Der Mann, von dem die Rede ist, heißt Karl Wilhelm Graf Finck von Finckenstein. 1923 wurde er in Alt Madlitz geboren, wo seine Familie seit 1752 zu Hause war. Warum sie dort ansässig wurde, wer dort lebte und was die Finckensteins geleistet haben, ist nicht nur Familiengeschichte. Es ist zugleich auch Teil der Geschichte Preußens im 18. Jahrhundert. Denn in dieser Zeit leuchtete der Stern der Finckensteins hell am Firmament des jungen preußischen Staates.

Die ursprüngliche Heimat der Finckensteins war Ostpreußen. Dort gehörten sie zu den ältesten und den reichsten Familien. Als ihr Name 1451 erstmals in einer Urkunde erwähnt wird, hat die Familie sich bereits in zwei Linien aufgeteilt, die »von roggenhusen« und die »vom seewalde«. Letztere wurde die wohlhabendere

212

und bedeutendere, von der die Finckensteins abstammen, die einige Jahrhunderte später in die Mark überwechselten. Um 1648 tritt an die Stelle der Beifügung »vom seewalde« erstmals die Bezeichnung »von Finckenstein«.

Damals waren die Finckensteins neben den Dohnas bereits die reichste Familie des Landes. Ernst Graf Finck von Finckenstein, der von 1633 bis 1717 lebte, wurde vom Großen Kurfürsten, der mit dem Sieg über die Schweden bei Fehrbellin 1675 den Grundstein für Preußens militärischen Ruhm legte, zu seinem Generaladjutanten ernannt. Friedrich Wilhelm I., der Soldatenkönig, riet nach einer Reise durch Ostpreußen seinem Nachfolger, er solle ein wachsames Auge auf die Finckensteins und die Dohnas richten, andernfalls laufe er Gefahr, daß sie »mit regieren werden«. Die Skepsis gegenüber diesen beiden ungewöhnlich reichen Adelsfamilien hinderte ihn aber nicht daran, eine von ihnen, nämlich die Finckensteins, selbst an den Hof nach Berlin zu holen und zu seinen engsten Vertrauten zu machen.

Der Mann, mit dem die Finckensteins erstmals Anteil an der europäischen Politik nehmen und der sie für fast ein Jahrhundert zur einflußreichsten Familie am Hof der Hohenzollern machte, war Albrecht Konrad Reinhold Graf Finck von Finckenstein. 1660 geboren, wird er im Alter von sechzehn Jahren Soldat im Heer Wilhelms III. von Oranien, gerät in Spanien in französische Gefangenschaft, tritt in französische Dienste und lernt dort das Kriegshandwerk so gründlich, daß er später preußischer Generalfeldmarschall und ein hochangesehener Heerführer seiner Zeit wird.

1689 tritt er als Major in brandenburgische Dienste. Die Schlachten des Spanischen Erbfolgekrieges bieten ihm die Chance zum raschen Aufstieg. In diesem ersten Weltkrieg der Neuzeit sind Frankreich, Österreich und England die Hauptakteure. Für Paris und Wien geht es darum, Spanien mit all seinen Nebenländern und Kolonien dem eigenen Machtpotential einzuverleiben und zur Vormacht Europas zu werden. Englands Interesse aber ist es, das Entstehen einer Hegemonialmacht zu verhindern. Weder Frankreich noch Österreich sollen so stark werden, daß sie Englands Unterstützung nicht mehr benötigen und unabhängig von ihm entscheiden können. Es geht also um die Wahrung der britischen Interessen. Hier tritt das Leitmotiv der europäischen Politik der nächsten dreihundert Jahre erstmals offen zutage. Die Politik der balance of power ist geboren – und England siegt.

Im Vertrag von Utrecht wird das spanische Erbe 1713 aufgeteilt: Spanien und die Kolonien gehen an Karl von Anjou und damit an Frankreich; die Nebenlande, nämlich Neapel, Mailand und die spanischen Niederlande sowie Sardinien, an Österreich. Damit hat jeder einen Teil der Beute, aber keiner eine hegemoniale Stellung in Europa. England bleibt das Zünglein an der Waage.

Aber auch die britische Krone geht nicht leer aus. Sie erwirbt Gibraltar und Menorca als seestrategische Positionen im Mittelmeer. Und da man schon einmal beim Verteilen ist, erhält es auch noch das bisher zu Frankreich gehörende Neufundland und Neuschottland im heutigen Kanada, die Hudson-Bay-Länder und das Monopol für den Sklavenhandel mit Spanisch-Amerika.

Das gerade erst entstandene Königreich Preußen ist in der von England und Österreich geführten Allianz ebenso wie Holland, Hannover und Portugal zwar nur Juniorpartner, aber damit kann es gut leben. Sein Heereskontingent stand auf der richtigen, der erfolgreichen Seite; die Grafschaft Obergeldern ist der Lohn dafür.

Finckenstein aber erringt militärischen Ruhm. Nach der Schlacht bei Höchstädt (1704) ordnet ihm der Feldherr der Österreicher, der Kriegsheld seines Jahrhunderts, Prinz Eugen, einen maßgeblichen Anteil am Sieg über Franzosen und Bayern zu. Nach den Schlachten von Tournay (1706) und Malplaquet (1709) wiederholt sich das. Prinz Eugen und Marlborough, die beiden großen Feldherren dieses Krieges, rühmen seinen Mut und seine Führungskunst. Prinz Eugen tut ein übriges: Er sorgt dafür, daß der Kaiser in Wien den preußischen General und Landedelmann in den Reichsgrafenstand erhebt. Seinen König ärgert das. »Meine Grafen mache ich mir selbst«, lautete sein pikierter Kommentar auf die Ehrung Finckensteins, der inzwischen als Oberhofmeister bereits das besondere Vertrauen des Königs erworben hatte, ein Vertrauen, das die Grundlage für die Entscheidung Friedrich Wilhelms I. war, Finckenstein 1718 zum Erzieher seines Sohnes Friedrich II. zu machen.

Auch in diesem schwierigen Amt bewährte sich Finckenstein. Solange er es ausübte, gelang es ihm, den offenen Bruch des immer schwieriger werdenden Verhältnisses zwischen Vater und Sohn zu verhindern und sich dennoch das Vertrauen beider zu bewahren. Für den jungen Friedrich war das Haus der Finckensteins in Berlin wohl so etwas wie ein Ort der Zuflucht und der emotionalen Geborgenheit. Finckensteins Frau habe er, so ist überliefert, wie eine Mutter geliebt, und die vier Söhne Finckensteins, mit denen er gemeinsam aufwächst, sind ihm von Kindesbeinen an vertraut. Wie eng das Verhältnis war, zeigte sich nach dem Tod des Vaters am 31. Mai 1740. Friedrich ernennt den ältesten der vier Brüder, Friedrich Wilhelm, zu seinem Generaladjutanten. Als der im Jahr darauf an den Folgen der Wunden stirbt, die er in der Schlacht bei Mollwitz davongetragen hat, tritt der jüngste der vier Brüder, Friedrich Otto Leopold, an die Stelle des Verstorbenen.

Das engste Verhältnis aber entwickelt sich zwischen Friedrich II. und dem drittältesten der Finckenstein-Brüder, Karl Wilhelm, der im Laufe seines Lebens geradezu zur Inkarnation des preußischen Staatsdieners wird. Karl Wilhelm von Finckenstein ist zwei Jahre jünger als der König. Bereits 1735 – der 21jährige hat sein Studium in Genf und seine für den gebildeten Adel damals obligatorischen Kavaliersreisen nach Frankreich und Holland gerade absolviert – schickt ihn Friedrich Wilhelm I. mit einem Sonderauftrag nach Schweden. Als der alte Finckenstein, der seinen Sohn noch für zu unerfahren hält, dem König davon abraten will, antwortet ihm der: »Ich habe aber ein ander Konzept von Euerem Sohne und muß er sich auf Gesandtschaften erst habilitieren, weil die Arbeit die Leute macht.«

Karl Wilhelm erfüllt alle in ihn gesetzten Erwartungen, so daß ihn der König gleich in Stockholm als seinen Gesandten beläßt. Nach dem Thronwechsel holt Friedrich II. den Jugendfreund sofort nach Berlin, um ihn als seinen bevollmächtigten Minister sogleich nach Kopenhagen zu schicken. 1747 wird er im Rang eines Staatsministers auf den damals schwierigsten Posten der preußischen Diplomatie, auf den des Gesandten in Petersburg entsandt. Zwei Jahre später schließt er in Paris ein Bündnis mit

Frankreich und wird nach seiner Rückkehr – er ist jetzt 35 Jahre alt – zum Kabinettsminister für die auswärtigen Beziehungen ernannt. Er wird es bis zum Ende seines Lebens bleiben und so zum dienstältesten Außenminister aller Zeiten: Nachdem auch die beiden Nachfolger Friedrichs II. seine Gesuche, aus dem Amt scheiden zu dürfen, abgelehnt haben, stirbt Karl Wilhelm am 3. Januar 1800 mit 86 Lebens- und 65 Dienstjahren, davon 51 im Amt des Außenministers. Und noch einen Rekord hat er aufgestellt. Er hat vier preußischen Königen ununterbrochen gedient: Friedrich Wilhelm I., Friedrich II., Friedrich Wilhelm II. und Friedrich Wilhelm III.

Welche Bedeutung ihm in den für Preußens Existenz entscheidenden Jahren des Siebenjährigen Krieges (1756-63) zukam, das belegen zwei Fakten. Nach der katastrophalen Niederlage am 12. August 1759 bei Kunersdorf schrieb ihm Friedrich II., den eigenen Tod als gewiß vorwegnehmend: »Alles ist verloren, retten Sie die königliche Familie und die Archive! Adieu für immer.« Dieser Brief entsprach dem, was der König 1757 in einer Geheiminstruktion festgelegt hatte. Finckenstein war darin mit der Leitung des Staates für den Fall beauftragt worden, daß der König fallen oder durch Gefangenschaft daran gehindert sein sollte, selbst diese Aufgabe wahrzunehmen.

Obwohl sie unter Friedrich Wilhelm I. und unter Friedrich II. im Zentrum der Macht standen und an der Führung des Staates direkten Anteil hatten, avancierten die Finckensteins nicht zum Hofadel, sondern blieben in erster Linie das, was sie immer schon gewesen waren: Gutsherren, die sich zum Landadel gehörig fühlten und damit nach eigenem Selbstverständnis an das Land – und nicht nur an die Krone – gebunden waren. So nahm sich der 1710 zum Reichsgrafen erhobene Albrecht Konrad von Finckenstein neben seinen Staatsgeschäften die Zeit, sich auch um seine ostpreußischen Besitzungen zu kümmern. Von 1716 bis 1720 ließ er in einem seiner Dörfer, in Habersdorf, ein Schloß und eine Kirche bauen. Kirche wie Schloß, das 1945 in Flammen aufging, gehörten zu den eindrucksvollsten Bauten des Hochbarock in Ostpreußen, und der König ordnete an, das Dorf solle künftig den Namen Finckenstein tragen.

»Enfin un château!« – endlich ein wirkliches Schloß, soll Napoleon ausgerufen haben, als er Schloß Finckenstein im Jahre 1807 zum ersten Mal sah. Woraufhin er es in Beschlag nahm, um dort mit der Gräfin Waleska den Seitensprung zu üben und seine Frau im fernen Paris mit Briefen zu unterhalten. Feldzüge können eben auch amüsant sein.

Mit Karl Wilhelm hatte die Mitwirkung der Finckensteins an den Geschäften des Staates ihren Höhepunkt erreicht. Das folgende Jahrhundert, das für Preußen mit der Katastrophe von Jena und Auerstedt 1806 begann, sah andere Namen in den entscheidenden Positionen von Diplomatie und Militär. Zwar trat auch sein Sohn Friedrich Ludwig Karl von Finckenstein in den Dienst des Staates, aber Erfolg, Anerkennung und innere Befriedigung blieben ihm in diesem Bereich versagt, obwohl er früh in hohe Positionen aufstieg. 1779 saß der damals 34jährige in Küstrin als Regierungspräsident der Neumark, also jenes Teils Brandenburgs, der östlich der Oder liegt und heute zu Polen gehört.

Dieses Amt wird ihm zum Verhängnis, als der König in der irrigen Annahme, es gelte einen Müller vor der Willkür des Adels zu schützen, in den Prozeß eingriff, die Richter auf der Festung Küstrin festsetzen ließ und Finckenstein entließ. Der zog sich daraufhin auf das von seinem Vater 1752 erworbene Rittergut Alt Madlitz zurück und nutzte die Ungnade des Königs dazu, seinen privaten Interessen nachzugehen. Als Friedrichs Nachfolger nach dem Tod des Alten Fritz das Verfahren neu aufrollte und die Richter ebenso wie ihn selbst rehabilitierte, lehnte es Finckenstein ab, in den Staatsdienst zurückzukehren.

Anders als sein Vater und Großvater schätzte Karl die Vorzüge der privaten Existenz und die Möglichkeit, den eigenen Interessen nachzugehen, höher ein, als Staatsgeschäfte auszuüben. Es scheint fast so, als habe die Teilhabe an der Macht für die Familie damit, daß sie ihrer teilhaftig wurde, an Reiz verloren. Dabei war Karl von Finckenstein alles andere als müßig. Er entdeckte für sich eine neue Welt: die der Literatur, der Poesie, der Romantik. Der Antike galt seine Zuwendung ebenso wie der zeitgenössischen Literatur. 1789 erschien seine Übersetzung der Gedichte Theokrits, des Mannes, der im 3. Jahrhundert vor Christus die Lieder und das

Leben der Hirten Siziliens zum Gegenstand seiner Gedichte machte und damit eine neue Kunstgattung schuf, die bukolische Dichtung.

Aber auch der Gartenarchitektur widmete er sich mit Leidenschaft: Das von seinem Vater erworbene Feste Haus machte er zum Zentrum eines 120 Hektar großen Landschaftsparks, den anzulegen ihm eine lebensbegleitende Aufgabe wurde.

Die Übertragung Theokrits ins Deutsche trug Finckenstein damals die Bewunderung nicht nur der Fachwelt ein. »Dieser Mann studiert und übersetzt den Theokrit und Virgils Elogen sowie einige Gedichte Pindars. Er kennt, was noch so vielen Poesiefreunden eine geheimnisvolle Gegend ist, viele altdeutsche Gesänge und weiß das erhabene Epos der Nibelungen fast auswendig. Sooft ich in diesem Kreise war, bin ich besser und unterrichteter aus ihm geschieden«, schreibt Ludwig Tieck in seiner 1834 veröffentlichten Novelle »Die Sommerreise« über Karl von Finckenstein.

In Alt Madlitz und in dem östlich der Oder gelegenen zweiten Finckensteinschen Gut Ziebingen entstand mitten in der landwirtschaftlichen Nutzlandschaft ein Musenhof. Unsere Kenntnis darüber, wie ungewöhnlich die geistigen und literarischen Interessen des Gutsherrn waren, verdanken wir dem Zufall, daß sich unter den Resten des Gutsarchivs, die das Jahr 1945 überdauerten, auch das Inventar seiner Bibliothek befand. Zu ihren insgesamt 1 100 Bänden hatte Karl von Finckenstein folgende Werke aus eigener Feder hinzugefügt: Studien zur antiken Literatur, Studien zur modernen Literatur, Studien und Reflexionen über die schönen Künste, Reflexionen über Religion, ein Werk über Fragen der Philosophie und eines über Staatsrecht, nicht zuletzt aber eine detaillierte Beschreibung des Madlitzer Landschaftsparks und allgemeine Betrachtungen über die Gartenkunst.

Ebenso breit gefächert wie seine literarischen Interessen sind seine persönlichen Kontakte. Karl von Finckenstein verkehrt mit den literarischen Größen der frühen, der Berliner Romantik, für die seine Güter ein begehrtes Reiseziel sind. Beziehungen zu ihrem Kreis stellten sein Neffe Friedrich Ludwig von Burgsdorff und sein Sohn Karl Wilhelm her, beide Gäste jenes literarischen

Salons, zu dem Rahel Levin in ihrer Dachstube in der Jägerstraße 24 empfing.

So beengt die Räumlichkeiten dort sind, so groß sind die Geister, die in ihnen verkehren: Achim von Arnim, Clemens von Brentano, Friedrich de la Motte-Fouqué, Ludwig Tieck, Carl Maria von Weber und Heinrich von Kleist begegnen sich dort. Hätte Karl Friedrich getan, was sich seine Nachkommen heute noch wünschen, dann wäre aus Rahel Levin nie Rahel Varnhagen von Ense geworden, sondern Rahel Gräfin Finckenstein. Vier Jahre war Karl Friedrich mit ihr verlobt, brachte aber nicht die Kraft auf, sie zu heiraten und sich gegen die massiven, vermutlich standesbedingten Widerstände seiner Familie durchzusetzen, so daß die Verlobung schließlich gelöst wurde. Dank der Verbindung mit Rahel besuchten die Brüder August Wilhelm und Friedrich von Schlegel, Achim von Arnim und Karoline, die Frau Wilhelm von Humboldts sowie Friedrich Schleiermacher Alt Madlitz. Am 23. Mai 1798 berichtete er seiner Schwester in einem Brief über die musikalischen Vergnügungen in Alt Madlitz, über die schönen Stimmen der beiden Gräfinnen Karoline und Henriette und über ihr Repertoire, das von italienischer Kirchenmusik bis zu Glucks Oper »Alceste« reichte. Auch der damalige amerikanische Gesandte am Hof der Hohenzollern und spätere amerikanische Präsident John Quincy Adams wird auf das Kulturzentrum, das die Finckensteins da mitten im sandigen Boden der Mark entstehen ließen, aufmerksam und berichtet darüber nach Washington.

Neben Besuchern gab es in Alt Madlitz und in Ziebingen aber auch Dauergäste, die über viele Jahre die Gastfreundschaft der Finckensteins in Anspruch nahmen. Dazu gehörte der Berliner Architekt Hans Christian Genelli (1763–1823), der in Alt Madlitz Dessins für die Berliner Porzellanmanufaktur entwarf, und Ludwig Tieck sowie seine Frau Amalie mit ihrer Tochter Dorothea. Amalie blieb fünfzehn Jahre in Ziebingen, auch als ihr Mann zu einer mehrjährigen Italienreise aufbrach. Das blieb nicht ohne Folgen. Zwischen ihr und Friedrich Ludwig von Burgsdorff entwickelte sich ein Verhältnis, dem die Tochter Agnes entsprang, die aus Gründen der Etikette jedoch den Namen Tieck trug.

Ludwig Tieck seinerseits zog es nach seiner Rückkehr aus Italien vor, nach Alt Madlitz zu ziehen und seine Frau in Ziebingen zu lassen. Nach Madlitz zog ihn nicht nur der alte Finckenstein, in dem er einen interessanten und adäquat gebildeten Gesprächspartner hatte, sondern auch dessen Tochter Henriette, mit der er ein Verhältnis einging – so wie es sich zwischen ihrer älteren Schwester Karoline und Genelli auch entspann. Die Beziehung Tiecks zu Henriette dauerte bis zu deren Tod. Die engen Maßstäbe bürgerlicher Moral beeindruckten die Finckensteins damals ebensowenig wie die Hardenbergs oder die Pücklers. Melanie von Finckenstein hat das feine Gespinst der literarischen und menschlichen Beziehungen, die Alt Madlitz in der Epoche der Romantik zu einem Arkadien der Künstler und der Musen machten, in ihrer Magisterarbeit »Der Landschaftsgarten von Alt Madlitz in der Mark Brandenburg« sorgfältig zusammengetragen und ausgebreitet.

Trotz dieser schöngeistigen Interessenlage zog die Politik den Gutsherren noch einmal in ihren Bann. Die Stein-Hardenbergschen Reformen, mit denen der Fürstkanzler Karl August von Hardenberg nach der Übernahme der Staatsgeschäfte 1810 das Schicksal Preußens zum Guten gewendet hatte, gingen zu Lasten der verbrieften Rechte der Landstände, also des Adels. Als Hardenberg geltendes Recht verletzte, kam es zu offenem Widerstand. Finckenstein und sein Gutsnachbar in Friedersdorf, Friedrich August von der Marwitz, wurden für zwei Wochen auf der Festung Spandau inhaftiert. Daß sie sich dennoch ihrer Sache sicher waren, verrät ein Vers, den sie in die Wand ihres Arrestlokals einritzten: »Hier büßten zwei Ritter aus altem Geschlecht. Ein freies Wort für gutes Recht; wohl wert des Lobes und Gesangs. Honi soit qui mal y pense.

Als Karl Wilhelm 1923 in Alt Madlitz geboren wird, ist all das ferne Vergangenheit und auch die Monarchie schon Geschichte. In Berlin bemüht sich die Weimarer Republik, Neues an die Stelle des Vergangenen zu setzen. In Alt Madlitz hingegen, wie vielfach in Preußen, verharrte man im ungewissen darüber, ob der Bruch mit der Geschichte, das Ende der Monarchie, Bestand haben würde.

Ansonsten aber ging es ums wirtschaftliche Überleben. Die

Voraussetzungen dafür waren schwierig. Karl Wilhelm Graf Finck von Finckenstein, wie sein vollständiger Name lautet, erreichten diese Probleme bis auf weiteres nicht. Als 1932 sein Vater überraschend starb, war der Neunjährige noch zu jung, um die Dinge, die um ihn herum geschahen, beurteilen zu können. Juristisch trat er mit dem Tod des Vaters sein Erbe an. Von nun an war er Eigentümer von Alt Madlitz. Seine Wirklichkeit aber bestimmten die Mutter, sein Vormund und das Internat, das er ebenso wie sein jüngerer Bruder Hans Werner besuchen mußte, der Ziebingen geerbt hatte und später Journalist und Diplomat wurde.

Karl Wilhelms Zukunft schien vorherbestimmt, sein Gut wartete darauf, von ihm übernommen zu werden. Aber dazu kam es nicht mehr. Denn inzwischen hat der Untergang begonnen, der ihm wie Millionen anderer Gut und Heimat nehmen wird. Bei Kriegsbeginn am 1. September 1939 ist Karl Wilhelm gerade sechzehn. 1941 tritt er als Berufsoffizieranwärter in das Infanterieregiment 5 in Stettin ein. Am 20. Juli 1944, als der Bruch zwischen den preußischen Werten und der nazistischen Wahnwelt offen zutage liegt, befindet sich der Leutnant von Finckenstein als Angehöriger der Kurlandarmee eingekesselt etwa tausend Kilometer östlich einer »Ostfront«, die weit im Westen, nämlich an der Oder steht. Abgeschnitten und ohne Nachschub warten die Verbände auf das Kriegsende. Der Leutnant von Finckenstein hat in diesem verlorenen Haufen wechselnde Verwendungen. Die Männer hungern — und weil die Vorräte erschöpft sind, muß die Armee auf die Jagd gehen, wenn sie essen will. Dafür ist Finckenstein der richtige Mann, denn auf die Jagd ging er schon in besseren Zeiten.

So bekommt Finckenstein nicht nur Wildbret, sondern schließt auch Kontakte, die ihm unter normalen Umständen aus hierarchischen Gründen versagt geblieben wären, beispielsweise zu Generalen. Einer davon ist der General Busse, den er Anfang März wiedertrifft, nachdem er im letzten Augenblick verwundet aus dem Kessel ausgeflogen wurde.

Busse ist inzwischen Befehlshaber der 9. Armee, die das Kriegsglück gegen die Rote Armee auf den Seelower Höhen wenden und die Eroberung Berlins verhindern soll. In Bad Saarow, östlich von Berlin, liegt Busse mit seinem Stab. Finckenstein erhält von ihm die Erlaubnis, nach Alt Madlitz vorzudringen, das bereits unmittelbar hinter der Front liegt. Am 31. März 1945 trifft er dort ein. Er findet das Gut unversehrt vor, seine Mutter und seine Großmutter halten die Stellung. Die Gebäude sind überfüllt mit Flüchtlingen und Pferden. Eine Herde von achtzig Trakehnern hat auf dem Treck nach Westen hier Station gemacht. Außerdem lagern mehrere tausend Hektoliter Brennspiritus auf dem Wirtschaftshof. Ein einziger Geschoßeinschlag kann das gesamte Areal in ein Flammenmeer verwandeln.

Dank Busse können Spiritus, Trakehner und Flüchtlinge abtransportiert werden. Busses Landwirtschaftsoffizier gelingt es in diesem Inferno sogar noch, einen Zug zu organisieren. Während einige Kilometer weiter östlich die Rote Armee in ihre Angriffsstellungen einrückt, werden Menschen, Tiere und einige Habseligkeiten, darunter auch einige Kisten des Familienarchivs, abtransportiert. Nur drei Offiziere und die Mutter Finckensteins bleiben in dem geräumten Gebäude zurück. Sie verlassen es in der Nacht zum 18. April 1945, als das Trommelfeuer der sowjetischen Artillerie den Sturm auf die Seelower Höhen einleitet. Von den Gegenständen, die aus Alt Madlitz noch abtransportiert wurden, wird ein Teil gerettet. Der Zufall will es, daß sich darunter die Entwürfe befinden, nach denen in der zweiten Hälfte des 18. Jahrhunderts der Park von Alt Madlitz angelegt worden war und nach denen er nach 1990 ein zweites Mal entstehen soll. Aber damit greifen wir der Geschichte voraus.

Als der Krieg drei Wochen später zu Ende ist und die Amerikaner auf Garmisch vorrücken, befindet sich Leutnant Finckenstein im Lazarett in Seefeld in Tirol. Er kann nach Lage der Dinge mit seinem Schicksal zufrieden sein. Seine Verwundung ist ausgeheilt, bleibende Schäden hat er von keiner der insgesamt sieben Verwundungen, die er seit 1941 erlitten hat, davongetragen. Er ist 22 Jahre jung und weiß seine junge hochschwangere Frau wohlbehalten bei Freunden im Allgäu.

Und er hat klare Vorstellungen im Hinblick auf die Zukunft, die es zu meistern gilt. An die Hoffnung auf Rückkehr in die einstige Heimat und die alten Existenzformen verschwendet er keine Sekunde. Damit beantwortet sich auch die Frage von selbst, ob er nicht doch, so wie seine Vorfahren, Forst- und Landwirtschaft studieren sollte, um den Gutsbesitz gegebenenfalls verwalten zu können. Dieses »gegebenenfalls« scheidet für ihn aus. Die Zukunft, so es denn eine geben sollte, liegt für ihn in der Wirtschaft, und um in ihr eine Chance zu haben, will Finckenstein ihre Spielregeln beherrschen lernen.

So absolviert er in Aachen eine kaufmännische Lehre und beginnt zugleich in Bonn, Volkswirtschaft zu studieren. Die Währungsreform beendet dieses Studium vorzeitig, dem er dennoch den Schlüssel zu einer ungewöhnlich erfolgreichen Laufbahn verdankt. Finckenstein wird sich darüber klar, was er werden will: Privatbankier. Dafür gibt es freilich keinen vorgezeichneten Berufsweg.

Immerhin sind die Voraussetzungen klar: eine Lehre als Bankkaufmann – und Fortune. Ersteres holt er in Hamburg nach. Im Bankhaus Münchmeyer, einer der besten Adressen unter den Privatbanken der nun entstehenden Bundesrepublik, durchläuft er eine zweite Lehre, wechselt nach ihrem Abschluß alsbald in das nicht minder renommierte Kölner Bankhaus Oppenheim und von dort in das Essener Bankhaus Burkhardt.

Dort gelingt es ihm, zum Generalbevollmächtigten und dann zum Partner aufzusteigen. In dieser Funktion führt er die Verhandlungen über die Fusion mit der Düsseldorfer Privatbank Trinkaus. Die letzten acht Jahre seines aktiven Berufslebens wirkt er als Seniorpartner von Trinkaus und Burkhardt. Und noch einmal führt er Fusionsverhandlungen: Dieses Mal führt er Trinkaus und Burkhardt mit der Midland Bank zusammen und scheidet nach dem erfolgreichen Abschluß seiner Bemühungen 1982 mit 59 Jahren aus dem aktiven Berufsleben aus.

Karl Wilhelm Graf Finck von Finckenstein hat aus eigener Kraft ein großes Vermögen neu geschaffen. Von Aschau in Oberbayern aus, wohin er sich zurückzieht, kümmert er sich um Vorhaben, die ihn interessieren und die zugleich dem Gemeinwohl dienen – sei es die Gründung der Privatuniversität Herdecke oder der Aufbau einer Spezialklinik zur Behandlung von Skoliosepatienten in Bayern. Auf der Grundlage materieller Unabhängigkeit kann er sich so wie seine Vorfahren der res publica, dem Allgemeinwohl, widmen.

So erfolgreich er als Bankier war: sich ausschließlich ums Geld-
verdienen zu kümmern reicht ihm nun nicht mehr. Gerade der seinem Beruf immanente Zwang, dies zu tun, hat ihm bewußt-
gemacht, wie sehr sich seine Welt von derjenigen unterscheidet,
aus der er kam und in der seine Familie über Generationen, ja
Jahrhunderte verwurzelt war: die Welt des Großgrundbesitzes.

Beide Welten hatte Karl Wilhelm in seinem Leben kennengelernt, und daß er in der des Geldes erfolgreich war, minderte seine
Wertschätzung für die des Grundbesitzes und seiner Maßstäbe
nicht. Im Gegenteil, gerade die Kenntnis beider Wirklichkeiten
brachte ihm zum Bewußtsein, wie weit der 1945 erlittene Verlust
über den Grundbesitz selbst hinausging.

Das beeinflußte ihn entscheidend, als sich mit dem Fall der
Mauer die Möglichkeit bot, Alt Madlitz wiederzusehen. Am
Pfingstmontag 1990 kehrte Finckenstein nach 45jähriger Abwesenheit in das Dorf zurück, das einmal seine Heimat gewesen war.
Schon vor Antritt der Reise hatte er davon gehört, daß Alt Madlitz in dem Ruf stand, eines der trostlosesten Nester der DDR zu
sein. Der Anblick, der sich ihm bei seiner Ankunft bot, widerleg-
te diese Einschätzung nicht. Was er sah, war deprimierend. Kaum
ein Haus, kaum ein Stall, keine Scheune, die nicht vom Verfall
gezeichnet war. Auf den Wirtschaftshöfen, die von baufälligen
Scheunen mit morschem Gebälk, brüchigen Mauern und löchri-
gen Ziegeldächern gesäumt waren, lagen Abfall und Teile des ver-
schlissenen Maschinenparks der LPG »Fortschritt«, die sich in
rostenden Schrott verwandelt hatten. Hier brauchte man keine
Bilanzen, hier gab der Augenschein Auskunft über den Gesamt-
befund.

Finckenstein ging durch das Dorf bis hin zu dem Platz, wo einst
Herrenhaus und Park gelegen hatten. Baracken, ein Wasserwerk
und 22 »Datschen« – Wochenendhäuschen, zusammengeschustert
aus Holz, Stein und anderen Materialien, die in der Mangelgesell-
schaft der DDR organisierbar waren – zählte er dort, wo sich einmal der älteste und schönste Landschaftspark der Mark erstreckt
hatte. Auf seinen einstigen Freiflächen wucherten Wälder und Gestrüpp, seine Teiche waren verlandet und überwachsen. Aus dem
Herrenhaus war eine baufällige, aber bewohnte Ruine geworden.

Warum die Finck von Finckensteins in Alt Madlitz ansässig wurden, wie sie dort gewirkt haben, das ist nicht nur Familiengeschichte. Es ist auch Teil der Geschichte Preußens im 18. Jahrhundert. Als Karl Wilhelm Finck Graf von Finckenstein Pfingstmontag 1990 Alt Madlitz erstmals wiedersah, bot es einen erschütternden Anblick.

*Das Schloß Alt Madlitz ist im Grunde genommen kein Schloß, sondern ein Festes Haus. Der Wiederherstellung von Schloß und Park gelten große Anstrengungen Finckensteins.*

*Heute gibt es im Dorf keinen anderen landwirtschaftlichen Betrieb als den des Grafen Fincken-stein, der Teile des Landes wieder zurückkaufte, das ihm vor 45 Jahren genommen worden war. Das einstige Bauerngehöft ließ er renovieren, es dient heute als Verwaltungsgebäude und zeitweise als Wohnhaus.*

Der vor dem Bau gelegene Teich war, nachdem sein Überlauf verstopft war und nicht mehr in Ordnung gebracht wurde, übergelaufen. Das Wasser suchte sich seinen Weg durch das Erdgeschoß des Hauses. Das veranlaßte die neue, von den Kommunisten eingesetzte Gutsverwaltung aber nicht etwa dazu, den verstopften Überlauf zu reinigen. Sie beschloß vielmehr, dem Wasser den Weg durch das Haus zu verlegen, in dem sie einen Erdwall an seiner Frontseite aufschütten ließ. So wurde das Wasser nun um das Gebäude herumgeleitet. Nun floß es nicht mehr durch das Haus, sondern um es herum, versickerte rund um das Fundament und gefährdete so seine Statik. Aus den im Erdgeschoß gelegenen ehemaligen Repräsentationsräumen wurden Kohlenkeller und Abstellräume. Das erste Obergeschoß beherbergte einen Kindergarten, das zweite hatten sich zwölf Parteien, Vertriebene aus dem einstmals deutschen Osten, zu teilen. Von den sieben Schmuckbauten des Parks wurden fünf abgerissen. Der dorische und der ionische Tempel fanden dagegen als Hühner- und Kaninchenställe Verwendung. Lattenroste und Drahttüren füllten den Raum zwischen den weißen Marmorsäulen, und auf der Dorfstraße stand die schwarze Jauche, die sich in großen Pfützen sammelte. So sah Finckensteins Wiedersehen mit Alt Madlitz aus.

Bevor er sich wieder in sein Auto setzte, ging er zum Bürgermeister. Der hat sein Amt seit 1987 inne, stammte aus Hinterpommern und kannte in Madlitz jedes Haus und jeden der 330 Einwohner mit Namen und Lebenslauf. Manfred Mallon empfing den Besucher, den er zuvor zwar nie gesehen, aber dennoch erwartet hatte. »Auf Sie habe ich gewartet, Herr Graf«, begrüßte er ihn und schilderte ihm die Situation des Dorfes. Das, was er sagte, unterschied sich von dem, was der Weg durch das Dorf offenbart hatte, nicht wesentlich. Fast drei Stunden dauerte das Gespräch. Finckenstein hörte sich alles an, sprach von seiner inneren Verbundenheit mit der alten Heimat und bekundete seine Bereitschaft, für Alt Madlitz etwas zu tun, wenn es erwünscht sei. Mallon könne sich an ihn wenden. Dann schied man. Nur wenige Tage danach lag in Aschau ein Brief auf dem Schreibtisch, dessen erster Satz sich Finckenstein so eingeprägt hat, daß er ihn noch heute gern zitiert: »Dies ist ein Hilferuf!« Mallon bat ihn, möglichst rasch zu kommen.

Finckenstein ließ sich nicht lange bitten. In einem ehemaligen »Objekt« des Staatssicherheitsdienstes, in dem einige Jahre zuvor die in der DDR untergetauchten Terroristen der RAF eine neue Identität erhalten hatten, fand Finckenstein am Ufer des Malitzer Sees eine Unterkunft. Aus der Bestandsaufnahme ergaben sich die ersten Anstöße und Vorschläge. Sie galten so prosaischen Dingen wie einer Reorganisation und Verbesserung der Verwaltung und dem Entwurf eines Flächennutzungsplans, der Renovierung der Dorfstaße und der Überführung von Häusern in das Eigentum ihrer Bewohner. Noch bestand die LPG-Tierproduktion »Fortschritt« in Alt Madlitz, die mit ihren 120 Arbeitsplätzen dem Dorf Vollbeschäftigung bot – bis sie daran kollabierte. Ihr Zusammenbruch zeichnete sich Ende 1990 ab. Allen Bewohnern des Dorfes drohte hierdurch Arbeitslosigkeit. Die 2113 Hektar große Gemarkung aber geriet in Gefahr, als Brachland zu versteppen, soweit sie nicht von Wald bedeckt war.

In dieser Situation bot Finckenstein dem Bürgermeister und dem Vorsitzenden der LPG an, selbst einen landwirtschaftlichen Betrieb aufzubauen, der an die Stelle der LPG treten sollte. Von zwei Bedingungen machte er dies abhängig: Zum einen mußte er einen erfahrenen Agrarfachmann als Leiter des zu gründenden Gutsbetriebes finden, zum anderen wollte er die Fläche, die er bewirtschaftete, auch erwerben. Finckenstein schlug vor, das Land, das ihm 45 Jahre zuvor weggenommen worden war, zurückzukaufen. Dabei ging es ihm nicht nur um die Flächen, die im Besitz der Treuhand waren, sondern auch um die Flächen seines einstigen Guts, die aufgesiedelt, also in kleinen Parzellen 1945 an sogenannte Neusiedler verteilt worden waren. Zu Finckensteins Rittergut hatten bis 1945 etwa 1200 Hektar Ackerland und etwa 2000 Hektar Wald gehört, und anders als fast alle anderen ehemaligen Gutsbesitzer, die an die alten Sitze ihrer Familien zurückkehren wollten, konnte es sich Finckenstein aufgrund seines nach 1945 erworbenen Vermögens leisten, ein großzügiges Angebot zu unterbreiten.

In einer Versammlung, zu der alle Genossen der 1952 gegründeten LPG an einem der letzten Tage des Jahres 1990 im Dorfkrug von Alt Madlitz zusammenkamen, empfahl ihnen ihr LPG-Vorsitzender, das Kaufangebot Finckensteins anzunehmen, der anschließend sein Konzept vortrug. Finckenstein hatte sich auf diese Sitzung gründlich vorbereitet. Er verfügte über die Flurkarte und wußte daher genau, wem welches Stück Land gehörte. Am Ausgang hatte er Formulare mit Willenserklärungen ausgelegt, die jeder, der verkaufen wollte, sogleich unterschreiben konnte. Sodann informierte er die Versammlung darüber, was er vorhatte. Er wolle einen reinen Feldfruchtbau-Betrieb aufbauen, was pro Hektar Investitionen von 3500 Mark erfordere. Auch darüber, daß die Zahl der Mitarbeiter im Vergleich zu dem Personalbestand der LPG nur verschwindend gering sein werde, ließ er keine Unklarheit aufkommen. Für hundert Hektar benötige er einen Mann, bei tausend Hektar Ackerland also zehn statt bisher 120 Mitarbeiter. Zehn weitere Arbeitsplätze könne er durch die Übernahme der zehn Mann starken Reparaturbrigade der LPG sichern, die er für Aufbauarbeiten gut brauchen könne. Darüber hinaus wolle er sich darum bemühen, Arbeitsplätze zu schaffen.

Vier Wochen nach dieser Versammlung beglaubigte der Notar in Alt Madlitz die ersten Landverkäufe an Finckenstein. Inzwischen bewirtschaftet er wieder 1100 Hektar Ackerland und 550 Hektar Land. Erfolgreich war auch die Suche nach einem Betriebsleiter. In Herrn Werner habe er den richtigen Mann für diese Aufgabe gefunden, sagt Finckenstein fünf Jahre nach dem Beginn. Werner, der bis zu Beginn der neunziger Jahre einen großen Saatzuchtbetrieb in Nordwestdeutschland geleitet hatte, fand die Aufgabe, die ihm Finckenstein nach seinem Gespräch mit Bürgermeister Mallon 1990 machte, als Herausforderung und Chance zugleich. So entschloß er sich dazu, die wohlgeordnete Welt der Westdeutschen zu verlassen, um das schwierige Gelände der zusammengebrochenen LPG-Wirtschaft neu zu kultivieren. Er hat den neu entstandenen Finckensteinschen Betrieb vom ersten Tag an aufgebaut. Er ist sein Werk. Heute ist Werner in Alt Madlitz, wie Finckenstein versichert, die Integrationsfigur.

Die Herbstbestellung wurde noch von der LPG vorgenommen; für die Frühjahrssaat war bereits sein Betriebsleiter verantwortlich. Zeitgleich nahmen Finckenstein und sein Mitarbeiterstab eine Vielzahl genau geplanter Projekte in Angriff: Eine der ersten Maßnahmen war der Kauf eines der größeren Bauernhäuser mitten im Dorf, das einem der drei Großbauern gehört hatte, die ebenso wie kleinere Bauern schon bei der Gründung der LPG im Jahre 1952 in den Westen geflohen waren, als die SED ihren Beitritt in die LPG zu erzwingen versuchte. Keiner von ihnen kam nach der Wende nach Alt Madlitz zurück. Auch deshalb gibt es heute im Dorf keinen anderen landwirtschaftlichen Betrieb als den des Grafen Finckenstein. Er ist der einzige Heimkehrer. Das einstige Bauerngehöft ließ er renovieren. Es dient ihm seither als Wirtschaftshof und Verwaltungsgebäude seines Betriebs. Ebenso verfuhr er mit einem Wohnhaus, in dem er vier Familien unterbrachte, einer alten Scheune, die er zur Getreidetrocknungsanlage umbaute, und mit dem Hof eines anderen Bauern, der 1952 in den Westen geflohen war. Mehr als dreißig ABM-Kräfte haben ihn in den letzten zwei Jahren von Grund auf renoviert und zu einem Ausbildungs- und Sozialzentrum umgebaut, das künftig der Umschulung und Fortbildung von Arbeitskräften dienen soll. Träger des Projekts ist die Gemeinde, Nutzer das Christliche Jugenddorf-Werk. Auch haben Alleen und die Dorfstraße eine neue Bepflanzung mit jungen Straßenbäumen erhalten, ein neuer Belag und neue Lampen sollen folgen. Und wenn schon von der Erneuerung in Alt Madlitz die Rede ist, dann gehört auch die Renovierung der Kirche in den letzten Jahren dazu.

Alle diese Vorhaben, ebenso wie die Projekte, die Finckenstein auf seinem wiedererworbenen Betrieb vorantrieb, brachten Arbeit ins Dorf. Dazu trugen auch die Aufforstung von tausend Hektar Land und die Anlage von sogenannten Windschutzgehölzen bei, den sieben Meter breiten Streifen aus Bäumen und Hecken, die sich nun wieder über viele Kilometer zwischen den riesigen Schlägen hinziehen, dem allgegenwärtigen Wind die Kraft nehmen, dadurch die Krume schützen und Vögeln sowie Hasen und Rehen Schutz, Einstand und Nahrung geben.

All das ist Finckenstein wichtig. Im Zentrum seines Interesses aber steht die Wiederherstellung von Schloß und Park. Sie sind das »dickste Ei«, wie er sagt. Das Schloß ist ein Renaissancebau und genaugenommen kein Schloß, sondern ein Festes Haus. Der massive, fast quadratische Steinbau aus dem 14. und 15. Jahrhundert wird durch einen fast gleich langen, aber etwas schmaleren Anbau ergänzt. Ursprünglich war das Gebäude mit einem Wassergraben umgeben und so ausgestattet, daß sich seine Bewohner zur Zeit seines Entstehens notfalls darin verteidigen konnten.

Vor den Verwüstungen dieses Jahrhunderts bot es freilich keinen Schutz. Vom Mobiliar, das 1945 zurückblieb, ist bis auf wenige Stücke, die andernorts überdauerten, nichts erhalten. Aber auch die Boiserien, die Fußböden und die Stukkaturen der Wände und der Decken wurden zerstört. Erhalten blieben nur Reste, nach denen der alte Wand- und Deckenschmuck neu entstehen konnte. Auch Dach und Dachstuhl mußten erneuert werden, so daß die mehr als zweijährigen Arbeiten einem Neubau des alten Hauses nahekommen. Sie haben dem Haus seine einstige Schönheit und seine Proportionen zurückgegeben. Im Parterre sind die Repräsentationsräume neu erstanden, im ersten Stock liegen die Privaträume der Familie, und der zweite ist den Kinderzimmern vorbehalten worden.

Nicht weniger Mühe und Geld als für das Haus verwendet Finckenstein auf das Wiedererstehen des Parks, der es seit dem frühen 19. Jahrhundert umgab. Er ist das Werk jenes schon erwähnten Friedrich Ludwig Karl Graf Finckenstein, der den Abschied vom Staatsdienst dazu nutzte, sein Schloß mit einem Park zu umgeben, wie er seinesgleichen in ganz Preußen nicht hatte. Jahrzehnte bevor es ihm Fürst Pückler in Muskau gleichtat, ließ der alte Finckenstein auf einer Fläche von 120 Hektar Teiche anlegen, griechische Tempel errichten, Bäume pflanzen und Freiflächen anlegen. Der visuelle Reiz entstand mit dem Wechselspiel von Bauminseln, Gehölzen und Freiflächen – einer Gestaltung, die in der Tiefe des Parks verschwamm und fast unmerklich in die offene Landschaft überging.

Gerade deshalb ist das, was ein halbes Jahrhundert sozialistischer Wirtschaft hier hinterlassen hat, im Park am schmerzlichsten sichtbar geworden. Es gibt nichts, was das Gefühl für Schönheit krasser verletzen könnte, als der Mißbrauch eines von weißen ionischen Säulen umstellten Rundtempels als Hühner- oder Kaninchenverschlag. Dies zu korrigieren gehörte allerdings zu den geringsten Problemen, die Finckenstein mit dem Wiedererwerb von Gut und Park auf sich lud. Den Park fand er als Wildnis vor, seine Teiche, die eine Fläche von mehreren Hektar hatten, versumpft und von Bäumen überwachsen. Von den Zierbauten waren bis auf zwei alle zerstört, von den Wegen nicht einmal mehr eine Spur zu finden, der alte Baumbestand teilweise vernichtet. Dafür war hinter dem Herrenhaus, dort, wo früher eine weitgestreckte Wiese den Blick in die Ferne zog, ein Wasserwerk entstanden. Datschen und Baracken standen im Gelände verstreut umher. Davon ist nichts mehr vorhanden. Innerhalb von fünf Jahren setzte Finckenstein den Abriß des Wasserwerks sowie aller Datschen und sonstigen Gebäude durch. Tausende von Bäumen ließ er fällen, um die alten Freiflächen wiederherzustellen. Die drei großen Teiche sind ebenfalls wieder im Entstehen. Teile von ihnen mußten zunächst gerodet werden, bevor schwere Raupenfahrzeuge und Bagger den Schlamm und das Erdreich abtransportieren konnten, die sie füllten. Nun kräuselt der Wind wieder die Wellen einer flachen Wasserfläche. Unter ihr befindet sich allerdings noch so viel Schlamm, daß ein schwimmendes Sauggerät installiert werden mußte, das ihn über ein Rohrsystem entfernt.

Mit Engagement und Geld allein aber wäre der Park nicht wiederherstellbar gewesen. Denn fünfzig Jahre sind in der Natur eine so lange Zeit, daß die Strukturen eines Parks, der nicht gepflegt wird, nicht einmal mehr erahnt werden können. Karl Wilhelm von Finckenstein hätte nach dem Wiedererwerb also nur einen neuen Park anlegen und sich dabei lediglich von seinen Erinnerungen an den früheren Zustand leiten lassen können, wenn ihm nicht ein glücklicher Zufall zu Hilfe gekommen wäre. Der bestand darin, daß ausgerechnet in den wenigen Kisten des Familienarchivs, die den Abtransport im April 1945 überlebt haben, die Entwürfe und Pläne enthalten waren, nach denen der Park zwischen 1740 und 1810 entstanden war, und daß eine seiner Töchter diese Pläne fand und daraufhin die Entstehungsgeschichte des Parks als Thema der Magisterarbeit wählte, mit der sie inzwischen ihr Kunstgeschichtsstudium abgeschlossen hat. So waren die Unterlagen verfügbar geworden, die zur Wiederherstellung des alten Parkbildes erforderlich sind. Mit ihrer Hilfe und durch den Einsatz spezieller Sonden war es sogar möglich, den Verlauf der längst zugewachsenen einstigen Parkwege und Rondelle wiederzufinden und neu einzurichten. Noch ist der alte Park nicht wiederhergestellt, doch nimmt er hier und dort in dem einstigen Dickicht schon wieder Gestalt an. 1997 hofft Finckenstein, aus dem Gröbsten heraus zu sein. Dann sollen Herrenhaus und Park nach 52 Jahren erstmals wieder ihre ursprüngliche Funktion zurückerhalten und von dem genutzt werden können, dem sie seit 1932 gehören. Anders als damals wird der Park dann aber nicht mehr allein den Finckensteins und ihren Gästen, sondern jedem offenstehen, der ihn besuchen möchte.

Auch wenn er sich die Wiederherstellung von Schloß und Park als die große Aufgabe seines Lebens vorgenommen hat, sieht er sie nicht isoliert, sondern als Teil der Wiederherstellung des ganzen Dorfes. Schon ästhetisch wäre Finckensteins Bemühen um Schloß und Park zum Scheitern verurteilt, wenn sie in alter wiedergewonnener Schönheit in einer vom Verfall gezeichneten Umgebung zum Fremdkörper würden. Aus dem Aufeinanderprallen von Elend und Reichtum kann kein Miteinander entstehen, auch in menschlicher Hinsicht nicht. Vor allem aber nähme es der Heimkehr Finckensteins ihren Sinn. Sie wäre nicht denkbar, wenn bei ihm zum Bedürfnis nach Heimat nicht auch das käme, was man die Mentalität des Fideikommisses nennen kann: der Anspruch, sich auch um das Wohlergehen der anderen zu kümmern. All das zusammen erst hat Finckenstein bewogen, wieder nach Alt Madlitz zu gehen.

»Ich fühle mich nirgends so wohl wie hier«, sagt er beim Gang durch den herbstlich bunten Park, während der Wind die Bäume rauschen und das herbstlich verfärbte Laub fliegen läßt. Hierher zurückzukehren war keine von wirtschaftlichen Aspekten ausgelöste Entscheidung, aber gerade deshalb dürfte sie in einem übergeordneten Sinne richtig sein. Finckenstein kümmert sich deshalb nicht »nur« um Schloß, Park und Betrieb. Er sieht die Gemeinde insgesamt. Der Stand der Beschäftigtenzahl ebenso wie die Zahl der Arbeitslosen, der Aufbau des Umschulungs- und Weiterbildungszentrums oder die anstehende Erneuerung von Dorfstraße und Straßenbeleuchtung sind Gegenstand seines Interesses. Daß die Arbeitslosigkeit im Dorf von etwas mehr als fünfzig Prozent im Jahr 1991 auf heute etwa zwanzig Prozent zurückgegangen ist, vor allem aber, daß heute unter Einschluß der ABM-Kräfte mehr als sechzig Personen Arbeit haben, ist zu einem gut Teil die Folge seiner Rückkehr nach Alt Madlitz.

Um auch die Rückkehr der Familie und den Erhalt des neu geschaffenen Eigentums zu sichern, hat er gemeinsam mit seinem Stiefsohn Detlef Bösel, der wie er Privatbankier ist, und mit dessen Schwiegervater Walter Bruhne, der als Architekt alle Baumaßnahmen in Alt Madlitz betreut und kontrolliert, eine Gesellschaft bürgerlichen Rechts als Träger des wiedererstandenen Gutes Alt Madlitz gegründet. Sie soll gewährleisten, daß der Besitz in einer Hand und der Familie insgesamt erhalten bleibt – also das wird, was in vergangenen Zeiten den Fideikommiß ausmachte.

Damit hat Finckenstein das ihm Mögliche getan. Er ließ das wiedererstehen, was vor fünfzig Jahren vernichtet wurde. Ob seine Absicht in Erfüllung geht, den Finckensteins eine märkische Zukunft zu geben und sie wieder dort zu verwurzeln, wo sie es für zweihundert Jahre schon einmal waren – das entscheiden die, die ihm folgen.

# Die Familie von Katte

Der Elbe-Havel-Winkel ist ein kleiner Zipfel Land, begrenzt von der Elbe im Westen und der Havel im Osten. Genthin beschließt ihn in südlicher, Havelberg in nördlicher Richtung. Nur Geographen und Landeskundler dürften auf Anhieb in der Lage sein, mit dem Finger auf die Stelle der Landkarte zu zeigen, wo seine Dörfer und Gewässer eingezeichnet sind, und die Zahl derer, die seine Geschichte und seine Menschen kennen, dürfte nicht größer sein.

Immerhin hat der Flecken einen Mann von ganz besonderem Rang hervorgebracht: Otto von Bismarck wurde am 1. April 1815 in Schönhausen geboren, hier verbrachte er seine Kindheit, hierher kehrte er als junger Gutsherr zurück und von hier aus machte er seine ersten Schritte in die Politik – zunächst als Deichhauptmann, dann als Abgeordneter des ersten Preußischen Landtags, den die Demokraten dem König abgetrotzt hatten. Die Erinnerung an ihn hat sogar die Brüche der letzten Jahrzehnte überdauert.

Ansonsten aber ist das, was hier entstanden und vergangen ist, dem allgemeinen Erinnern eher entrückt. So ist der Elbe-Havel-Winkel ein Landstrich am Rand der öffentlichen Wahrnehmung. Die Gegend ist spärlich besiedelt, größere Städte gibt es hier nicht, dafür um so mehr Wälder, Wiesen, Felder und einen weiten Himmel, der nur vom Horizont des ebenen Landes begrenzt wird.

Vom westlichen Elbufer grüßt bei schönem Wetter der schlanke Kirchturm von St. Stephan aus Tangermünde herüber. Weiter nördlich, in Havelberg, wo die Havel in die Elbe mündet, zieht auf einer Anhöhe am steilen Ufer das trutzige Westwerk des Doms von Havelberg die Blicke auf sich, des ältesten Kirchenbaus der alten Mark Brandenburg. Dazu gibt es Dörfer wie Jerichow und

Scharlippe, Wust und Briest, Klitsche und Zabakuck, Schönhausen und Sandau – Namen von poetischem Klang.

Hier retteten sich in den ersten Maitagen des Jahres 1945 die Überlebenden des letzten Aufgebots – Soldaten, Kinder und Greise, Frauen und Verwundete – vor den anrückenden Russen auf das rettende linke Elbufer, an dem die Amerikaner ihren Vormarsch angehalten hatten. In ihre Gefangenschaft zu geraten war damals das große Los: die Rettung vor sowjetischen Lagern und Sibirien.

Wer heute durch Sandau fährt, wird schlagartig mit dieser Vergangenheit konfrontiert. Denn die Straße nach Havelberg führt an der Ruine des Kirchturms und den zu seinen Füßen liegenden großen Gesteinstrümmern vorbei, die bis in den Mai 1945 die Westmauer des Kirchturms gebildet hatten; so lange, bis sie von einer der letzten Granaten dieses Krieges getroffen wurde. Ansonsten aber liegt das Land da, als habe es die Zeit nicht verheert, sondern verschlissen. Die Kennzeichen der Moderne, Elend und Überfluß, stechen dem Betrachter hier nicht ins Auge. Noch schützt die Abgelegenheit vor beidem. Die Lebensverhältnisse scheinen bescheiden, aber das ist nichts Neues. Haushalten mußte man hier immer.

Angesichts solcher Rahmenbedingungen ist es nicht selbstverständlich, daß Menschen, die im Westen Deutschlands und mit den dortigen Maßstäben aufgewachsen sind, hierherziehen, und zwar nicht, weil sie als Beamte hierherversetzt werden oder weil es für sie mit beruflichem Aufstieg und anderen materiellen Anreizen verbunden ist, sondern einfach nur deshalb, weil es ihr Wunsch ist.

Zu denen, die die Ausnahme von dieser Regel bilden, gehört der ehemalige Polizeipräsident von Braunschweig, Christoph von Katte. Seit dem 13. Juli 1991 bewohnt er einen alten roten Backsteinbau in einem Ort namens Kamern. Das Dorf ist so klein, daß man es sogar im Straßenatlas vergebens sucht.

Warum geht einer von Braunschweig nach Kamern, statt nach München, Hamburg oder Genf, wenn er wohlhabend und so unabhängig ist wie Katte als gestandener Jurist, ehemaliger Polizeipräsident und Beamter im einstweiligen Ruhestand? Die Antwort hierauf ist eine Geschichte – die des Christoph von Katte und seiner Vorfahren. Denn daß er sich 1991 dazu entschloß, mit Frau und vier Kindern dorthin zu ziehen, wo sich Fuchs und Hase gute Nacht sagen, erklärt sich nicht nur aus Bedürfnislosigkeit und Freude am einfachen Leben, sondern vor allem mit dem Blick auf die Familie und ihre Geschichte. Die Kattes sind hier zu Hause, in Hohenkamern seit 1865 und im Elbe-Havel-Winkel seit Beginn des 13. Jahrhunderts. Die Existenz des Balchewinus Catus nobilis ist 1221 erstmals belegt, wie man dem Stammbaum derer von Katte entnehmen kann, der seit 1991 wieder dort hängt, wo er hingehört, nämlich im Herrenhaus von Hohenkamern. Teile der Familie wurden im Laufe der Jahrhunderte in Ostfriesland, andere in Ostpreußen ansässig. Den Elbe-Havel-Winkel aber verließen die Kattes, deren Wappentier eine Katze ist, nie – sieht man von einer kleinen Unterbrechung ab: jenen 46 Jahren, die zwischen ihrer Vertreibung im Jahr 1945 und ihrer Rückkehr am 13. Juli 1991 liegen. Er ist ihr Kernland.

Etwa 35 Angehörige der Familie Katte gingen vor nunmehr gut einem halben Jahrhundert den schweren und rettenden Weg nach Westen. Einer von ihnen war Otto von Katte, Christophs Vater. Die Güter, die sie zurückließen, lagen fast alle im Elbe-Havel-Winkel, also am rechten Ufer der Elbe: Hohenkamern und Mahlitz, Wilhelmsthal und Zolchow, Roskow und Vieritz sowie gleich gegenüber am Ufer der Elbe Niedergönne, Dalchau und Bütnershof.

Von hier zogen die Kattes nach Westen. Christophs Vater Otto ging dorthin, wo der niedersächsisch gewordene Teil der Familie seit langem lebte: nach Ostfriesland. In der Gegend von Wittmund gelang es ihm, einen landwirtschaftlichen Betrieb aufzubauen. Dort wuchs Christoph, der am 2. März 1950 in Oldenburg geboren wurde, auf. Nach dem Abitur und dem Wehrdienst studierte er in Heidelberg, Bonn, Freiburg und Harvard Rechtswissenschaften. Dem Dr. jur. folgte nach dem Assessorexamen die erste Tätigkeit in der freien Wirtschaft. Sie endete, als der damalige niedersächsische Innenminister Hasselmann ihn zum Leiter seines Ministerbüros machte. Das Amt des Polizeipräsidenten von Braunschweig war dann die nächste Sprosse seiner Karriereleiter.

Mit der Bewältigung dieser Aufgabe war der gerade 39jährige voll ausgelastet, als am 9. November 1989 das von fast niemandem mehr für möglich Gehaltene geschah: Die Mauer verlor ihren Daseinszweck.

An diesen Augenblick erinnert sich Christoph von Katte genau. Er war in Wiesbaden auf einer Tagung des Bundeskriminalamtes, als ihn die Nachricht von der Maueröffnung erreichte. »Ich überlegte nur einen Augenblick, dann meldete ich mich beim Tagungsleiter ab und fuhr direkt nach Braunschweig. Meine Absicht war es, zusammen mit dem Oberbürgermeister den von mir erwarteten Strom von Deutschen aus der DDR zu kanalisieren und zu versorgen.«

Vieles von dem, was er sich ausgedacht und vorgenommen hatte, mußte er jedoch anderen überlassen, denn als er ankam, waren die Trabbis und Wartburgs schon da. Die geographischen Fakten, so lernte Katte gleich am ersten Tag des Mauerfalls, waren nicht länger von den politischen suspendiert: Der Weg von Magdeburg nach Braunschweig war wieder kürzer als der von Wiesbaden nach Braunschweig. Noch etwas mußte der Polizeipräsident bei dieser Gelegenheit lernen: das Improvisieren. Für Planungen ließ die Wiedervereinigung vom 9. November an keine Zeit mehr, im Kleinen so wenig wie im Großen. In Braunschweig klappte es dennoch vorzüglich: »Kaffee kochen, Decken austeilen, Geld verschenken, weinen, lachen, glücklich sein« sind die Worte, die ihm von jenen Tagen geblieben sind. So ging das alte Jahr zu Ende.

Das neue begann damit, daß Hunderttausende die Silvesternacht auf dem Platz feierten, auf dem noch zwei Monate zuvor die tödlichen Regeln des Schußwaffengebrauchs gegen »Republikflüchtlinge« gegolten hatten. Rund um das Brandenburger Tor sangen, tranken, tanzten und jubelten die Menschen. Tag und Nacht hörte man, sobald man der Mauer näher kam, den hellen Ton der Hämmer, mit denen »Mauerspechte« Teile des spröden Betons aus den Mauerplatten herausschlugen, um sie als Souvenir mitzunehmen. Erste Lücken entstanden, durch die man »einfach so« von West- nach Ostberlin und zurück schlüpfen konnte. Es war ein geheimer Zwang, der die Menschen dazu verführte, diesen Weg auszuprobieren. Das hatte mit den nun bloß noch Formalie gewordenen Grenzkontrollen an den offiziellen Übergangsstellen nichts zu tun, sondern mit dem Bedürfnis, sich zu vergewissern: Man mußte die Mauer anfassen, immer wieder, und man mußte durch ihre frisch geschlagenen Lücken schlüpfen, um das Unfaßbare zu begreifen.

Katte beherrschte damals noch ein anderer Gedanke: der Wunsch, an den Ort zu fahren, den er wie alle Kattes zu Zeiten der SED-Herrschaft nicht besuchen konnte und den er dennoch kannte. Das war das Verdienst seines Vaters, der die verlorene Heimat im Bewußtsein seiner Kinder lebendig erhalten hatte. Familientage, zu denen die Kattes alle drei Jahre zusammenkamen, hatten dazu beigetragen, die persönliche Vertrautheit innerhalb des Familienverbandes zu erhalten. Das, was die Alten, die 1945 fliehen mußten, erzählten, sorgte zudem dafür, daß die Nachwachsenden das Gefühl für die familiäre Identität entwickelten. Teil davon war das Wissen, daß die Kattes »eigentlich« im Raum von Elbe und Havel zu Hause waren.

Überdies wurden die menschlichen Beziehungen zu den dort Zurückgebliebenen bewußt gepflegt. Der Hof von Vater Katte in Ostfriesland war das Reiseziel manchen Kamerners, der den alten Katte von früher kannte. Dazu bedurfte es zweierlei: seiner Einladung und des begehrten Status eines Rentners. Nur er eröffnete damals für die meisten DDR-Bürger die Möglichkeit, in den Westen zu reisen. Für Kattes Kamerner Freunde und Bekannte waren Westreisen meist gleichbedeutend mit dem Besuch bei ihrem ehemaligen Gutsherrn. Den kannten sie so gut wie er sie. Man wußte, woran man miteinander war und daß man sich aufeinander verlassen konnte. Vor allem aber wußten Kattes Freunde aus Kamern, daß sie sich ihrer Abhängigkeit von seiner Gastfreundschaft – Rentner bekamen nur zehn D-Mark von ihrem Staat mit auf den Weg – nicht zu genieren brauchten. Otto blieb in der Erinnerung der Kamerner einer von ihnen. Darüber, was von den Machthabern der DDR zu halten war, brauchten Gastgeber und Gäste in all den Jahren kein Wort zu verlieren.

So also standen die Dinge zwischen den Kattes und ihren einstigen Mitbürgern, als Mauer und Stacheldraht um die Jahreswende 1989/90 ihre Funktion verloren hatten. Am 3. März 1990 chauffierte der gerade vierzig Jahre alt gewordene Katte seinen inzwischen 90jährigen Vater dorthin, von wo er 45 Jahre zuvor hatte fliehen müssen. Der Anblick, den das Areal des einstigen Gutsgeländes bot, hatte sich in den viereinhalb Jahrzehnten nicht wesentlich verändert. Zur rechten Seite lagen Scheune, Kuhstall, Schmiede und das Wohnhaus, das sich der Schäfer und der Schweizer (so heißt derjenige, der auf Gütern für das Melken der Kühe zuständig ist) von alters her teilten, links daneben der Schweine- und der Pferdestall, davor die einstige Försterei und gleich daneben das ehemalige Herrenhaus, dessen Turm aus unerfindlichen Gründen abgerissen worden war, das sonst jedoch unverändert, wenn auch offenkundig ungenutzt und leergeräumt war. Aus den anderen Gebäuden aber, den einstigen Ställen und Scheunen, waren Wohnhäuser geworden, deren Bewohner nun auf die Neuankömmlinge zugingen und sie begrüßten. Ein freudiges Wiedersehen – diesmal nicht in Ostfriesland, sondern im Havelland. Die Alten kannten sich, die Jüngeren stellten sich vor und erklärten, welche Aufgaben sie in der LPG besaßen. Gemeinsam ging man von einem Gebäude zum nächsten, erklärte, wer es bewohnte und wer es umgebaut hatte. Den Pastor und den Bürgermeister suchten die Kattes ebenso auf wie diejenigen Familien, die in den umgebauten früheren Wirtschaftsgebäuden des Hofes wohnten. Ihr Erwerb und Umbau war deshalb möglich geworden, weil sie von der LPG, in der das frühere Gut Hohenkamern aufgegangen war, nicht genutzt wurden. So waren die einstigen Gutsgebäude zumeist noch von den ehemaligen Mitarbeitern Kattes erworben worden, an die 1945 bei der Bodenreform auch Kattesches Land verteilt worden war, das aber nach wenigen Jahren in einer Landwirtschaftlichen Produktionsgenossenschaft kollektiviert wurde.

Das einzige Gebäude, für das sich aus diesen Veränderungen keine neue Nutzung ergab, war das einstige Herrenhaus. Dort wurde schließlich eine Ausbildungsstätte des Zivilschutzes eingerichtet. Die hatte im Frühjahr 1990 den Bau schon geräumt, so daß er seine einstigen Besitzer nun leer und heruntergekommen, ansonsten aber intakt und renovierbar empfing. Sollten die Kattes zurückkommen und dort wieder anfangen, wo sie nach 1945 hatten aufhören müssen?

Diese Frage beschäftigte nicht nur den alten Katte, sondern auch die Kamerner, die damit aber keine Befürchtung, sondern eine Hoffnung verbanden. »Mensch Otto, komm doch«, versuchten sie den alten Herrn zu überreden. Einige boten ihm die Rückgabe des ihnen und ihren Vätern vor 45 Jahren zugeteilten Landes an – falls er zurückkommen würde. Daß die entschädigungslose Enteignung von 1945 im vereinten Deutschland keinen Bestand haben könne, das hielten die Kamerner für selbstverständlich. »Otto«, so sagte der alte Schimschok, dessen Vater schon Schweizer bei den Kattes gewesen war, »ich habe Dein Land nur treuhänderisch verwaltet. Ich gebe es Dir zurück.« Das sei nicht die Meinung eines einzelnen gewesen, sondern habe der damals vorherrschenden Grundeinstellung entsprochen, erinnert sich Christoph von Katte. Die Erfüllung des damit verbundenen Wunsches, seinen Lebensmittelpunkt wieder dorthin zu verlegen, wo er bis 1945 gewesen war, überstieg jedoch die innere Kraft des 90jährigen. Und auch Christoph konnte nicht einfach ja sagen und kommen. Als Polizeipräsident von Braunschweig war er gebunden.

Das änderte sich mit dem Ergebnis der niedersächsischen Landtagswahl, die zwei Monate nach diesem Besuch stattfand. Die CDU verlor die Regierungsmehrheit. Angesichts der Verschiebung der politischen Gewichte im Land lag es nahe, daß die SPD den herausgehobenen und politisch wichtigen Posten des Braunschweiger Polizeipräsidenten mit einem Mann ihrer Couleur besetzen wollte. Katte ging in den einstweiligen Ruhestand und war damit frei, sich neuen Aufgaben zuzuwenden.

Welche das waren, darüber brauchte er nun nicht mehr lange nachzudenken. Von der Treuhand kaufte er für 50 000 Mark das einstige Gutshaus der Familie zurück und zog mit seiner Frau und seinen vier Kindern Philipp, Friedrich Wilhelm, Ludolf August und Victoria vom westdeutsch gepflegten Braunschweig mitten in die liebgewonnene Einöde zwischen Elbe und Havel. Am 13. Juli 1991 trafen die Kattes in Hohenkamern ein und bezogen ihr neues Heim. Von der einstigen Pracht und Herrlichkeit war freilich nicht viel geblieben. Das ganze Haus, so erzählt Katte, hatte nur noch ein bewohnbares Zimmer. Darin habe die Familie zunächst einmal zu sechst geschlafen. Im Keller konnte eine Dusche und die Toilette benutzbar gemacht und ein Herd installiert werden.

Wer Hohenkamern heute besucht, kann sich davon überzeugen, wie gründlich sich die Dinge verändert haben. Äußerlich ist dem Gebäude von diesem Wandel freilich am wenigsten anzumerken. In seiner strengen Architektur eher an ein Postamt oder eine Kadettenanstalt erinnernd, präsentiert sich der einstöckige Bau dem Besucher. Karmesinrot wie am Tag der Fertigstellung leuchten die Ziegel, nach strenger Ordnung riecht das makellose Weiß der großen Fensterrahmen. Dadurch, daß der nur noch auf alten Fotos und Ansichtskarten erhaltene Turm, der einen Hauch von England und Tudor-Flair zwischen Elbe und Havel gebracht hatte, zu DDR-Zeiten abgerissen wurde, tritt der preußisch nüchterne Kern heute um so deutlicher hervor. So steht er für Pünktlichkeit, Sauberkeit und Funktionalität. Würden die Steine des Turms einmal nachts sprechen oder seine Balken ächzen, es klänge wie »Ach–tung ... Die Augen – links!«

Romantische Assoziationen beschwört dieses Haus nicht herauf – und dennoch gehört es einer versunkenen Welt an. Drei Stufen führen zur zweiflügligen weißen Eingangstür, deren blanke Messingbeschläge schon von weitem blinken. Wer sie passiert, findet sich in einer ganz anderen Atmosphäre wieder: Über einige weitere Stufen erreicht man die im Hochparterre gelegene Eingangshalle. Die Tapete läßt den Raum noch höher erscheinen, als er ist. Handbreite Streifen in Grün und Weiß wechseln einander ab, unterbrochen nur von den in weißem Schleiflack gehaltenen hohen Türen, hinter denen sich inzwischen die Wohnräume der Familie und die Büroräume der Kanzlei befinden, die Katte aufgebaut hat. Alles macht den Eindruck dezenter hanseatischer Eleganz, so wie sie schon das Ideal der Generation war, die diesen Bau errichten ließ. Es sind insbesondere die alten Türen und Beschläge, die zu neuer Schönheit gekommenen Holzdielen und das Spiel von Licht und Farben, die den alten Bau zu neuem Leben erweckt haben.

Wie groß der Unterschied zwischen diesem heiteren Ensemble und jenem Zustand ist, den die Kattes bei ihrem Einzug vorfan-

242

den, verrät ein Ausflug in den ersten Stock, in dem die Arbeiten bei unserem Besuch noch nicht abgeschlossen waren. An den Wänden des langen Ganges hafteten Reste alter schmutziggrauer Anstriche, der Boden war noch von dunkler Farbe verdeckt – ein Bild, dazu ausersehen, der ganzen Trostlosigkeit des real existierenden Sozialismus Form und Stimmung zu verleihen.

Es mag noch einige Jahre dauern, bis die Kattes die Renovierung ihres Hauses abschließen können, und noch mehr Zeit werden sie benötigen, bis sie ihren Besitz so wiederhergestellt haben, wie er einmal war. Aber das ist nichts, worüber sie klagen. Im Gegenteil, es füllt ihr Leben und gibt ihnen immer neue Anreize und Ziele. Das Wichtigste haben sie indessen schon erreicht: »Die Frage, ob ich mich hier zu Hause und von den anderen Kamernern angenommen fühle, kann ich mit einem uneingeschränkten Ja beantworten«, sagt Katte, fünf Jahre nachdem er den Schritt getan hat.

Das Hauptverdienst daran mißt er seinem Vater und seiner Frau zu. Den Erzählungen des Vaters sei es zu verdanken, daß er sich hier nach seinem Umzug binnen wenigen Wochen tatsächlich zu Hause und zugehörig gefühlt habe. Zudem habe er den Kontakt zum Dorf über die Jahrzehnte der Trennung hin aufrechterhalten. Seine Frau hingegen nehme sich die Zeit, in der Nachbarschaft Besuche zu machen und sich die Lebensgeschichten derer anzuhören, die ihr Leben unter den Bedingungen des SED-Regimes zu gestalten hatten. Daß sie als gelernte Krankengymnastin gelegentlich praktische Hilfe leisten könne, komme dem rasch entstandenen Beziehungsgeflecht ebenso zugute wie seine Tätigkeit als Rechtsanwalt und die damit verbundene Möglichkeit, sich bei ihm Rat holen zu können.

Daß die Familie in diesem Verhältnis den größten Gewinn ihrer Rückkehr sieht, ist auch deshalb verständlich, weil es den landläufigen Vorstellungen von dem mitmenschlichen Verhältnis zwischen zurückgekehrten Alteigentümern und ihrer neuen Umgebung nicht entspricht. Fakten belegen das. Der alte Schimschok hatte seinem früheren Gutsherrn und Freund bei seinem Besuch angekündigt: »Ich gebe Dir Dein Eigentum zurück, das mir zugeteilt wurde« – und darauf bestand er. So fand im September 1991 beim Notar die Rückübertragung von zwölf Hektar Land und Wald statt und im Anschluß daran im benachbarten Schönhausen im Gasthof »Fürst Bismarck« ein gemeinsames Essen. Eine materielle Gegenleistung wollte Schimschok nicht. Für ihn war und blieb die Enteignung Kattes ein Unrecht, das es zu beseitigen galt. In dieser unbedingten Konsequenz blieb Schimschok zwar allein, immerhin aber waren weitere fünfzehn Kamerner Familien bereit, das ihnen zugeteilte Land aus dem Katteschen Besitz gegen »eine symbolische Summe«, wie Katte den Sachverhalt umschreibt, an ihn rückübertragen zu lassen. 85 Hektar Wald und achtzig Hektar Ackerland des ehemals knapp achthundert Hektar umfassenden Gutsbesitzes hat Katte auf diese Weise zurückerhalten. Sechzig Hektar hat er von der Treuhand gepachtet und anderes Land zum marktüblichen Preis hinzugekauft.

Wichtig für das allgemeine Klima ist aber auch, daß zwischen den Kattes und jenem Drittel der Kamerner, die das ihren Eltern oder Großeltern vor fünfzig Jahren zugeteilte Land nicht verkaufen wollen, kein Spannungsverhältnis besteht. Verkaufen oder Nichtverkaufen ist in Kamern keine Frage der Sympathie oder der Feindseligkeit. Daß die menschlichen Beziehungen stimmen, darauf läßt auch der Zustand des Familienbegräbnisses der Kattes schließen. Gleich hinter dem Gutsareal befindet sich ein kleiner bewaldeter Hügel. Dort hatten die Kattes, nachdem sie 1865 das Gut gebaut und bezogen hatten, einen kleinen Familienfriedhof angelegt. In den Jahrzehnten der DDR war er allmählich zugewachsen, die Grabkreuze waren umgestürzt, die Einfassungen beschädigt worden. Alsbald wucherte Gestrüpp darüber, dann breitete sich der Wald aus und überließ den Platz dem Vergessen. 1990 konnte keiner mehr genau die Stelle angeben, wo sich die Gräber befunden hatten. Da holten die Kamerner alte Gemarkungskarten hervor, auf denen der Platz eingetragen war, gruben ihn aus, stellten die Kreuze wieder auf und restaurierten die Gräber, damit die Kattes, wenn sie zu Besuch kämen, das tun könnten, was als selbstverständlich von ihnen erwartet wurde: ihre Toten besuchen.

Auch beruflich hat Katte einen neuen Anfang gemacht: Aus dem Polizeipräsidenten wurde zunächst einmal ein Rechtsanwalt.

Noch 1991 beantragte er eine Zulassung beim Landgericht in Magdeburg, wo er sich mit seiner Kanzlei fürs erste niederließ. Die Entfernung von mehr als achtzig Kilometern zwischen Magdeburg und Kamern aber war Grund genug, 1993 seine Zulassung in Magdeburg zurückzugeben. Seither ist er als Anwalt beim Amtsgericht im benachbarten Havelberg, beim Landgericht in Stendal und beim Oberlandesgericht von Sachsen-Anhalt in Naumburg zugelassen. Seine Kanzlei aber hat er in sein Haus in Kamern verlegt. Von hier aus sind Havelberg, wo seine Kinder die Schule besuchen, ebenso wie Stendal für ihn in Minuten erreichbar; nur Termine in Naumburg zwingen ihn zu größeren Reisen.

Die Verlagerung seiner anwaltlichen Tätigkeit nach Kamern ermöglicht es Katte, sie mit einer weiteren zu verbinden, mit der eines Forst- und Landwirts. Die Beschäftigung mit dem Wald, die Rinder-, vor allem aber die Pferdezucht sind für ihn und seine Frau, die wie er leidenschaftlich gern reitet, mehr Passion als Arbeit, tragen aber auch zum Einkommen der Familie bei. Vorerst jedoch übertreffen die Investitionen, die er vor allem zum Ankauf von Land und Wald tätigt, den Ertrag aus dem Verkauf von Schlachtrindern und Holz bei weitem. Der Ankauf von Land steht auf der Prioritätenliste der Kattes bisher vor allem anderen – selbst vor dem Einbau der nicht nur von der Hausfrau vermißten Zentralheizung und dem Abschluß der Renovierung des Oberge-schosses. Der Grund dafür ist die Überzeugung, daß die derzeit bestehenden Chancen zum Landerwerb genutzt werden müssen, da niemand weiß, wie lange sie noch gegeben sind.

So leben die Kattes aus freiem Entschluß bis auf weiteres eben-so spartanisch, wie es ihre Vorfahren bis 1945 auch taten, nämlich mit Ofenheizung. Das ist für sie ein spürbarer Verzicht, denn selbst im Sommer bleiben die hohen Räume kühl, und wenn man abends in den mit antiken Schränken, Tischen und Vitrinen ein-gerichteten und langen schweren Vorhängen ausgestatteten Räu-men zusammensitzt, dann dauert es keine Stunde, bis Frau von Katte die bereitliegenden Decken verteilt, die auch am Abend eines heißen Julitages benötigt werden. Hier am Mittellauf der Elbe sind aber nicht nur die Sommer gelegentlich kühl, sondern die Winter so kalt, daß der Fluß zufriert. Dann ist es fast unmöglich, das ganze weitläufige Haus zu beheizen.

Dennoch sind alle sechs Mitglieder des Familienrats bisher hart gegen sich selbst geblieben. Immer wenn sich die Frage stellte, ob man nun endlich den Auftrag zum Heizungsbau vergeben oder das gerade vorliegende Angebot, ein Stück Wald oder Ackerland zu kaufen, nutzen solle, entschied er sich – wie Katte schmunzelnd verrät – »einstimmig, wenn auch ohne Begeisterung« gegen die Verbesserung des Lebensstandards.

Inzwischen sind Christoph von Katte und seine Familie nicht mehr die einzigen ihres Stammes im Elbe-Havel-Kreis. Enno von Katte, sein zehn Jahre jüngerer Bruder, hat das alte Familiengut Wilhelmsthal östlich von Jerichow erworben, das er zusammen mit seiner Frau und seinen vier Kindern bewohnt. Am anderen Ufer der Elbe, nur wenige Kilometer westlich von Kamern, hat sich sein Vetter Henning von Katte von Lucke mit seiner Familie auf dem Gut Bütnershof eingerichtet. Während Henning selbst in Stendal für eine Bank tätig ist, pachtete sein damals 76jähriger Vater das zum Gut gehörende Land, das bis 1945 im Besitz der Familie war. Inzwischen ist er achtzig Jahre alt und noch immer aktiv, zusammen mit zwei Braunschweiger Landwirten, die ihn unterstützen. Somit sind, bilanziert Christoph von Katte nicht ohne Genugtuung, sechs Jahre nach der Wiedervereinigung wieder sechzehn Kattes an Elbe und Havel ansässig, sechs Erwachsene und zehn Kinder.

Ein Ort blieb bisher unerwähnt, der mit dem Namen Katte über Jahrhunderte hin enger verbunden war als jeder andere – das Dorf Wust. Hier lebte jener Zweig der Familie, deren Sohn Hans Hermann auf Befehl Friedrich Wilhelms I. hingerichtet wurde. Er hatte dem Kronprinzen bei dem Versuch geholfen, nach England zu fliehen, und war auf Befehl des Königs am 6. November 1730 in der Festung Küstrin hingerichtet worden.

Heute ist die Geschichte jenes gescheiterten Fluchtversuches weitgehend vergessen und nicht nur den Schülern, sondern wohl auch manchem Lehrer nicht mehr bekannt. 1730 hatte sich das Verhältnis zwischen dem Kronprinzen und seinem Vater so verschlechtert, daß Friedrich eine Reise seines Vaters zum Rhein, auf der er ihn begleiten mußte, zur Flucht nach England nutzen wollte. Der Leutnant im Regiment Gensdarmes, Hans Hermann von Katte, der zur Suite des Kronprinzen gehörte, war bereit, ihn dorthin zu begleiten. Einen Brief an Katte, der Einzelheiten des Fluchtplans enthielt, hatte Friedrich unvollständig adressiert, so daß der Brief geöffnet und sein Inhalt dem König mitgeteilt wurde. Daraufhin wurden Friedrich und sein Freund vor ein Kriegsgericht gestellt, das freilich nicht, wie der König wollte, das Todesurteil fällte. Im Fall des Kronprinzen erklärte es sich für nicht zuständig. Katte dagegen wurde zu lebenslanger Haft verurteilt. Auch nachdem der König dieses Urteil als zu mild verworfen und zurückgewiesen hatte, weigerten sich die das Gericht bildenden fünfzehn Offiziere, ein Todesurteil zu sprechen. Der Vorsitzende, General Achaz von der Schulenburg, erklärte dem wütenden König unbeeindruckt, er könne in diesem Fall aus Gewissensgründen kein Todesurteil verhängen. Daraufhin verfügte es der König am 1. November 1730 selbst. Seine berühmt gewordene »Cabinetsordre« endete mit dem später vielzitierten Satz: »Wenn das Kriegs-Recht dem Katten die Sentence publicirt, soll ihm gesagt werden, daß es Seiner Königlichen Majestät leid thäte, es wäre aber besser, daß er stürbe, als daß die Justiz aus der Welt käme.«

Das, worum es dem König eigentlich ging, ist ihm gelungen: Der Widerstand des Kronprinzen wurde gebrochen. Nach 1730 befolgte Friedrich die Wünsche des Vaters. Er heiratet die Frau, die der Vater ihm ausgesucht hat, ohne sie zuvor auch nur gesehen zu haben. Sie ist ihm gleichgültig. Die Hochzeit ist ihm eine Formalität. Schon kurze Zeit später zieht er sich zurück und ignoriert sie zeitlebens.

Als Friedrich Wilhelm am 31. Mai 1740 stirbt, soll eine der ersten Anordnungen, die der junge König trifft, die Familie von Katte die Dankbarkeit spüren lassen, die er seinem Freund nicht mehr erweisen konnte. Bereits am 6. August erhebt er den Vater seines toten Freundes, Hans Heinrich, und die beiden Stiefbrüder des Hingerichteten, Friedrich Albrecht Wilhelm und Friedrich Wilhelm Ludwig von Katte, in den preußischen Grafenstand. Aber das Unglück, daß die Familienmitglieder dieser Generation heimsucht, bestimmt auch ihr Schicksal. Acht Jahre später duellie-

*Die Kattes sind hier zu Hause – in Hohen-Kamern seit 1865, im Elb-Havel-Winkel seit dem Beginn des 13. Jahrhunderts.*

*Parade des ersten Garderegiments zu Fuß am Opernplatz 1837. Gemälde von Franz Krüger mit mehr als 150 Personen, darunter auch Gottfried v. Katte (1789–1866) zu Pferd. Vorn ein Teil des Hauses, in dem Hans Hermann v. Katte 1704 geboren wurde. Das zweite Haus nach der Oper ist das frühere Kattesche Palais, das 1817 sub hasta an die Krone gekommen war, damals »Palais Wilhelm«, später das Palais des alten Kaisers.*

*Der Zweig der Kattes, die in Wust ansässig waren, ist schon Ende des vorigen Jahrhunderts erloschen. Geblieben sind Erinnerungen an die Familie, geblieben ist die Gruft, wo auch der Sarg Hans-Hermann von Kattes steht, des Kronprinzen Freund, den der König 1730 hinrichten ließ.*

*In den Elb-Havel-Winkel, nach Kamern zurückgekehrt: Christoph von Katte und seine junge Familie bewohnen seit 1991 ein altes rotes Haus in dem kleinen Dorf, das man sogar im Straßenatlas vergeblich sucht.*

*Wer Kamern heute besucht, kann sich davon überzeugen, wie sehr die Dinge sich verändert haben. Und die Kattes haben begonnen, an dem Ort, der einst die Heimat ihrer Vorfahren war, wieder heimisch zu werden.*

*Die Havel am Zusammenfluß mit der Elbe.*

ren sich die beiden Katte-Brüder um einer Frau willen. Beide sterben an den einander zugefügten Verletzungen.

Damit war die in Wust ansässige Linie der Familie ausgestorben. Namensvettern erbten das Gut. Ende des vorigen Jahrhunderts erlischt auch dieser Zweig der Familie. Seitdem sind die Kattes in Wust nur noch Teil der Geschichte. Geblieben sind Erinnerungen an die Familie und ihre sterblichen Überreste. Sie sind in der Gruft bestattet, wo neben vielen repräsentativen und reichgeschmückten Barocksärgen ein Sarg steht, der ganz unscheinbar ist: Das ist der Sarg, in den Hans Hermann von Kattes Leichnam gelegt wurde, nachdem ihn das Schwert des Scharfrichters Coblentz am 6. November 1730 enthauptet hatte. Der König, der sein Gnadengesuch zurückgewiesen hatte, gestattete Kattes Vater die Umbettung des zunächst in Küstrin Beigesetzten in die Familiengruft und schuf damit zugleich die Frage, an welcher Stelle der unehrenhaft Gestorbene denn im Kreise der hochwohllöblich verblichenen Familienmitglieder abzustellen sei. Man entschied sich für den Platz, an dem er heute noch steht: nahe dem Sarg seiner damals schon verstorbenen Mutter, aber am Rande der Familiengesellschaft und damit der Gesellschaft schlechthin – dorthin, wo er durch seine Verurteilung gerückt worden war. Wenn Besucher in das ansonsten unscheinbare Dörfchen Wust kommen, dann zumeist deshalb, weil sie das Grab Kattes anzieht.

Seit 1991 gibt es im Sommer einen zusätzlichen Anreiz, das Dorf und seine Umgebung aufzusuchen. Den verdankt Wust ebenfalls den Kattes, genauer gesagt: Maria von Katte. Sie lebt und arbeitet im niedersächsischen Wolfenbüttel an der gleichen Bibliothek, an der einst Gotthold Ephraim Lessing als Bibliothekar ihr Vorgänger war. Zwischen Ende Juni und Ende Juli, für vier Wochen also organisiert sie die »Sommerschule Wust« für englische Sprache, Literatur, Theater und Musik. Dank ihrer Kenntnisse und Beziehungen gelingt es ihr, Professoren und Dozenten von so namhaften Institutionen wie dem Trinity College aus Dublin, dem Christ's College aus Cambridge, der Harvard University, dem Deutschen Theater in Berlin sowie von deutschen Universitäten wie Magdeburg oder Berlin als ehrenamtliche Lehrer in das abgelegene Dorf zu verpflichten, aber auch Dichter wie Günter de

Bruyn zu einer Lesung in der alten Dorfkirche zu bewegen. So entsteht zwischen Gutshaus, Bauernkaten und Dorfkirche für vier Wochen ein Musenhof, an dem die Lernenden wie die Lehrenden den Kontakt zu den Bewohnern suchen und wohl auch finden – ein Sympathiebeweis und zugleich ein Geschenk derer von Katte an den Ort, der einst die Heimat ihrer Vorfahren war, und an die Gegend, in der sie begonnen haben, wieder heimisch zu werden.

# Abbildungsnachweis

Die Deutsche Bibliothek – CIP-Einheitsaufnahme
Feldmeyer, Karl:
Schwierige Heimkehr: Neusiedler auf altem Boden/
Karl Feldmeyer. – 1. Aufl. – Berlin: Siedler, 1997
ISBN 3-88680-615-4

Der Siedler Verlag ist ein Unternehmen
der Verlagsgruppe Bertelsmann

Alle Rechte vorbehalten,
auch das der fotomechanischen Wiedergabe.
Lektorat: Wolf J. Siedler jr.
Satz: Bongé + Partner, Berlin
Druck und Buchbinder: GGP, Pößneck
Printed in Germany 1997
ISBN 3-88680-615-4
Erste Auflage